# 日本司法省視察記 一・二

## 일본 사법성 시찰기 일·이

조사시찰단기록 번역총서

7

# 日本司法省視察記 一・二

일본 사법성 시찰기 일·이

엄세영 편저 / 강혜종·유종수 옮김

보고사
BOGOSA

이 책은 1881년 조사시찰단으로 일본에 다녀온 엄세영의 『일본사법성
시찰기(日本司法省視察記)』총 7책 중 1책과 2책을 번역하여 엮은 것이다.

이 시찰기는 엄세영의 개인적인 소감을 찾아보기 힘든 딱딱한 글이지
만, 1책에 붙인 서문에서 간략하게나마 일본 법제에 대한 그의 인식을
살펴볼 수 있다. 과거 불문율이 반복되고 형관이 아니면 율서를 보기
힘들 정도였던 일본은, 새롭게 과조를 세우고, 각종 신법을 제정하는
변화의 중심에 있었다. 징역의 시행과 동등권의 실현, 지금의 변호사라
고 할 수 있는 대언인(代言人) 제도 등은 엄세영이 포착한 일본 신법 체제
의 특징이었다.

엄세영은 『문견사건(聞見事件)』에서도, 고신(拷訊)의 폐지와 징역의 시
행을 언급한다. 아울러 이 과정에 오랫동안 형관(刑官)을 맡아 율령에
밝았던 사법대서기관(司法大書記官) 마쓰오카 야스타케(松岡康毅)의 고
심이 있었다고 전한다. 척양론을 주장했던 일본의 형관이 '옛 것을 혁파
하고 새 것을 창제하는[革舊創新]' 시대의 선택지 앞에 선 모습에는, 언뜻
엄세영이 겹쳐 보이는 듯하다. 조종(祖宗)의 구장(舊章)을 두고 섣불리
변법(變法)을 논할 수 없었던 조선은, 바야흐로 서구 근대화라는 풍랑
속에서 새로운 선택지를 마주하게 된 것이다.

『일본사법성시찰기』 1, 2책은 19세기 후반 조선이 조우한 서구 근대 법 체제를 확인할 수 있는 유의미한 자료라고 할 수 있다. 사법성의 직제 와 각종 사무장정, 구법을 대체하여 새롭게 시행될 형법의 전모는, 그가 목도한 메이지 일본 '유신의 정치[惟新之政]'를 단적으로 보여준다. 엄세 영이 한역하여 조선에 전했던 이 자료의 가치가, 본 번역서 출간을 계기 로 거듭 재발견되기를 바란다.

2020년 늦가을
강혜종·유종수

서문 · 5

일러두기 · 9

해제 · 11

## ◇일본 사법성 시찰기(日本司法省視察記) 일 … 21

서(序) ································································································· 21

사법성 ······························································································· 25

사법성 직제 사무장정 ········································································· 28

대심원 직제 ······················································································ 34

상등재판소 직제 ················································································ 35

지방재판소 직제 ················································································ 37

도쿄재판소 지청(支廳) 관할 구분과 취급 가규칙 ································· 38

구재판소(區裁判所) 가규칙 ································································ 39

규문판사(糾問判事) 직무 가규칙 ························································ 41

검사 장정 ·························································································· 44

법학기숙생도 규칙 ············································································· 45

사법경찰 가규칙 ················································································ 52

경찰규칙 부록 ··················································································· 57

경시청 처무규칙 장정 ········································································· 58

부현관 직제 ······················································ 72

원로원 직제 장정 ················································ 79


◇ **일본 사법성 시찰기**(日本司法省視察記) 이 … 85

형법목록(刑法目錄) ············································ 85

제1편 총칙 ························································ 89

제2편 공익에 관한 중죄와 경죄 ······························· 113

제3편 신체·재산에 대한 중죄와 경죄 ························· 145

제4편 위경죄 ····················································· 167


[원문] 日本司法省視察記 一 ·································· 175

　　　 日本司法省視察記 二 ·································· 219


[영인] 日本司法省視察記 一 ·································· 552

　　　 日本司法省視察記 二 ·································· 432

## 일러두기

1. 서울대학교 규장각한국학연구원 소장 필사본『日本司法省視察記』(奎3703-v.1-7)를 저본으로 하여 번역하였다.
2. 번역문, 원문, 영인본 순서로 수록하였다.
3. 일본의 지명과 인명은 일본어 독음으로 표기한 다음 ( )안에 한자를 병기하였다.
4. 원주는 번역문에【 】로 표기하고 본문보다 작은 글자로 편집하였다. 원문에서도 동일한 방식으로 편집하였다. 각주 및 간주는 모두 역자 주이다.
5. 원문의 인명과 지명 등 고유명사는 밑줄을 그어 표시하였다.

# 일본 사법성 시찰기 일·이

## 1. 기본서지

▶ 일본사법성시찰기 일(日本司法省視察記 一)

1) 표제: 日本司法省視察記 一

2) 판사항: 필사본(筆寫本)

3) 발행사항: 없음

4) 표기문자: 한문(漢文)

5) 형태사항: 第1冊 (59張)


▶ 일본사법성시찰기 이(日本司法省視察記 二)

1) 표제: 日本司法省視察記 二

2) 판사항: 필사본

3) 발행사항: 없음

4) 표기문자: 한문

5) 형태사항: 第2冊 (78張)

## 2. 저자

저자 엄세영(嚴世永, 1831~?)[1]의 본관은 영월(寧越), 자는 윤익(允翼), 호는 범재(凡齋)이며, 엄석우(嚴錫愚)의 아들이다. 1864년 증광문과에 병과로 급제하였고, 주서, 홍문관 수찬, 서장관 등을 거쳐 1875년에는 이조 참의에 제수되었다. 1881년(고종 18) 4월 초부터 윤 7월까지, 조사시찰단(朝士視察團)의 일원으로 수행원 최성대(崔成大) 등과 함께 사법성(司法省) 등 메이지 일본의 문물과 제도를 시찰하였고, 귀국 후 『문견사건(聞見事件)』, 『일본사법성시찰기(日本司法省視察記)』를 편찬하여 8월 25일 복명 시에 고종에게 올렸다. 시찰 경험을 바탕으로 경리통리기무아문사로서 율례사 당상에 제수되었으며, 김홍집 내각 성립 후 농상아문대신, 판중추부사를 지냈고, 1900년까지 중추원일등의관, 경상북도관찰사 등을 역임한 이후, 1902년 12월에 장례원경에서 궁내부특진관으로 제수된 기록이 보인다. 1910년(순종 4)에 숙민(肅敏)으로 증시(贈諡)되었다.

## 3. 구성

총 7책으로 구성된 『일본사법성시찰기』의 제1책은 사법성의 현황을 알 수 있는 기본 정보, 사법성 직제 사무장정(司法省職制事務章程), 대심

---

1   저자에 관한 정보는 『한국역대인물종합정보시스템』, 『조선왕조실록』, 『승정원일기』, 허동현, 「1881년 朝士視察團의 明治日本 司法制度 이해-엄세영의 『司法省視察記』와 『聞見事件을 중심으로」, 『진단학보』 84, 진단학회, 1997 등을 참조하였다. 기존 정보에 엄세영의 몰년은 1900년인데, 황현의 『매천야록』 권3에는 1899년에 엄세영의 사망 기사가 실려 있고, 『조선왕조실록』과 『승정원일기』에는 1902년 12월(양력 1903년 1월) 기사에 엄세영이 관직에 제수된 기록이 있으므로, 추후 자세한 조사가 필요하다.

원(大審院) 직제(職制) 및 장정(章程), 상등재판소(上等裁判所) 직제 및 장정, 지방재판소(地方裁判所) 직제 및 장정, 도쿄재판소 지청 관할 구분과 취급 가규칙(東京裁判所支廳管轄區分及取扱假規則), 구재판소 가규칙(區裁判所假規則), 규문판사 직무 가규칙(糾問判事職務假規則), 검사 장정(檢事章程), 법학기숙생도 규칙(法學寄宿生徒規則), 사법경찰 가규칙(司法警察假規則), 경찰규칙 부록(警察規則附錄), 경시청 처무규칙 장정(警視廳處務規則章程), 부현관 직제(府縣官職制), 원로원 직제 장정(元老院職制章程) 등의 순으로 구성되었다. 1책에는 목차가 없고 서문이 있다. 제2책은 1882년 시행 예정이었던 『형법(刑法)』을 한역한 것으로, 제1편 총칙(總則), 제2편 공익관중죄경죄(公益關重罪輕罪), 제3편 신체재산대중죄경죄(身體財産對重罪輕罪), 제4편 위경죄(違警罪)로 나누되 각기 장(章), 절(節)의 체제 아래에, 개별 조문(條文)을 나열하였다.

## 4. 내용

사법성은 1871년 형부성(刑部省)과 탄정대(彈正台)를 대신하여 설치되었고, 제2차 세계대전 이후 1947년 12월 법무청(法務廳)이 설치되면서 폐지되었다. 『일본사법성시찰기』 1책의 내용은 이러한 사법성의 조직 및 규모 등의 현황, 사법성 소속 여러 기관 및 관련 기관의 직제와 장정 등으로 구성되었다.

1책에 붙인 서문에는 고대로부터 당시까지 일본 사법제도의 통시적 변천 과정을 언급한 이후, 사법성 설치 및 각종 신법이 제정된 양상과 『일본사법성시찰기』 7책의 구성 등을 서술하였다. 엄세영은 일본의 전통적 사법체제에 불문율이 많았고, 형관이 아니면 법률서를 접하기 어려울 정도로 사법제도가 비밀스럽게 시행되었으나, 메이지 유신으로 제도를 일신하여, 1871년 사법성을 설치하였으며 1882년 시행될 형법까지 신법을 제정하게 되었다고 설명하였다. 또한 『일본사법성시찰기』의 전체 구성을 "『사무장정(事務章程)』·『형법(刑法)』·『치죄법(治罪法)』·『소송법(訴訟法)』·『감옥칙(監獄則)』·『신율강령(新律綱領)·개정율례촬요(改定律例撮要)』·『개정율례(改定律例)』"로 언급하면서, 개정이 거듭되었던 당시 일본의 법제가 앞으로도 가변적이라는 전망을 덧붙였다.

본문에는 사법성의 기본 정보인 소속 관원의 구성과 인원수, 예산 등에 대해 먼저 소개하고, 이어서 사법성 직제 사무장정(司法省職制事務章程), 대심원(大審院) 직제(職制) 및 장정(章程), 상등재판소(上等裁判所) 직제 및 장정, 지방재판소(地方裁判所) 직제 및 장정, 도쿄재판소 지청 관할 구분과 취급 가규칙(東京裁判所支廳管轄區分及取扱假規則), 구재판소 가규칙(區裁判所假規則), 규문판사 직무 가규칙(糾問判事職務假規則), 검사 장정(檢事章程), 법학기숙생도 규칙(法學寄宿生徒規則), 사법경찰 가규칙(司法警察假規則), 경찰규칙 부록(警察規則附錄), 경시청 처무규칙 장정(警視廳處務規則章程), 부현관 직제(府縣官職制), 원로원 직제 장정(元老院職制章程) 등을 수록하여, 사법성의 소관 업무 현황을 폭넓게 파악할 수 있도록 하였다.

특징적인 부분으로, 먼저 사법성 직제 사무장정의 사법경의 역할에 대한 내용을 보면, 사법경은 입법 후 사법성을 통해 급히 시행되는 주임(主任) 법안에 대해서 입법기관인 원로원(元老院)에 참석하여 그 이해를 변론할 수 있다고 하였는데, 이는 입법과 사법이 분리되었지만 논의의 내용이 사법과 관련되기 때문이라고 밝혔다. 또한 사법성의 생도과(生徒課)가 법학교를 총괄하며 생도들을 감독하였는데, 총 53조로 이루어진 법학기숙생도 규칙을 통해 프랑스어로 법률학을 전수(專修)하며 엄격한 기숙사 생활을 하였던 법학교 생도들의 교육 방식 및 생활상을 구체적으로 살필 수 있다.

한편 1책에는 대심원, 상등재판소, 지방재판소, 도쿄재판소, 구재판소 등의 직제와 사무, 검사의 권한 범위와 역할 등 재판소의 주요 기능 및 운영 체계를 알 수 있는 자료뿐만 아니라, 내무성(內務省) 관할인 경시청(警視廳)의 규칙과 부현관(府縣官) 직제 등, 사법성과 업무 교섭이 이루어지는 관련 기관의 자료도 수록하였다. 경시청은 도쿄부 이하 경찰 사무를 총괄하는 기관으로, 소방대 및 감옥 등도 관할하였는데, 1책에 수록된 각 경찰서 경찰사(警察使) 임시 주의사항, 사법경찰 가규칙, 경시청 처무규칙 장정 등을 통해 해당 기관의 정보를 자세히 알 수 있다. 각 경찰서 경찰사 임시 주의사항, 경시청 처무규칙 장정과 부현관 직제는 박정양(朴定陽)이 편찬한 『일본국내무성각국규칙(日本國內務省各局規則)』에 각각 각 경찰서 경찰사 주의사항(各警察署警察使心得), 경시청 처무규정(警視廳處務規程), 각 부현관 직제(各府縣官職制)로 수록되어 있는데, 내용은 대체로 동일하나 한역 양상에 차이점이 확인되므로 추후 구체적으로 비교하여 살펴볼 필요가 있다.

『일본사법성시찰기』 2책에 한역하여 수록한 형법은 일본의 현행 형법과 구별하여 『구형법(舊刑法)』(메이지 13년 태정관포고(太政官布告) 제36호)이라고 부르는 것이다.

『구형법』의 제정 과정을 간단히 살펴보자면, 메이지 정부가 법률고문을 맡고 있던 귀스타브 에밀 보아소나드(Gustave Émile Boissonade)에게 『프랑스형법전』을 기본으로 한 형법 초안의 작성을 의뢰하였고, 완성된 초안은 이토 히로부미(伊藤博文)의 지시 하에 설치된 형법초안심사국(刑

法草案審査局)에서, 원로원·사법성·법제국으로부터 선출된 위원들에 의해 심익·수정을 거친 후 원로원의 심의를 거쳐 확정하였다. 그리하여 마침내 1880년 7월 17일에 지금의 형사소송법에 해당하는 『치죄법(治罪法)』과 함께 제정·공포되고, 2년 후인 1882년 1월 1일에 시행되면서 종래의 형벌 법규로 기능하던 『신율강령』 및 『개정율례』를 대체하게 되었다.[2]

엄세영이 한역한 제2책은 총 4편 430조로 이루어진 일본의 『구형법』과 정확히 일치한다. 전체를 충실히 한역하는 것에 중점을 두면서 자의에 의한 산삭은 가하지 않은 것으로 보이는데, 주요 내용을 살펴보면 아래와 같다.

제1편 총칙은 제1조에서 제115조에 이른다. 법례(法例), 형례(刑例), 가감례(加減例), 불론죄급감경(不論罪及減輕), 재범가중(再犯加重), 가감순서(加減順序), 수죄구발(數罪俱發), 수인공범(數人共犯), 미수범죄(未遂犯罪), 친속례(親屬例)의 10개 장으로 나누고 필요한 경우에는 아래에 절을 만들어 그 밑에 다수의 조문을 나열하였다. 형법에 있어 총칙은, 현대의 법체계상 각론과 구별되는 형사에 관한 일반적인 사항을 규정하는 부분이다. 이것은 동양 고래의 형률에서 '명례(名例)'에 해당하는 것이기도 하지만, 일본 『구형법』은 완전히 서구화된 형법체계를 따르고 있다.

제2편 공익관중죄경죄(公益關重罪輕罪; 공익에 관한 중죄 및 경죄)는 각론에 해당하는 첫 부분으로 제116조에서 제291조에 이른다. 국가·사회의 공익에 관한 법익을 지키기 위한 형벌 규정으로, 대황실죄(對皇室罪; 황실에 대한 죄), 관국사죄(關國事罪; 국사에 관한 죄), 정밀해죄(靜謐害罪;

---

2  吉井 蒼生夫, 「ミニ·シンポジウム近代日本の法典編纂――一八八〇年刑法(旧刑法)を再讀する總論――一八八〇年刑法(旧刑法)再讀の視角」, 『法制史研究』 47, 1997, 143-146쪽, 3장 구형법의 편찬과정 개관을 참조.

정온을 해치는 것에 관한 죄), 해신용죄(害信用罪; 신용을 해치는 것에 관한
죄), 해건강죄(害健康罪; 건강을 해하는 것에 관한 죄), 해풍속죄(害風俗罪;
풍속을 해치는 것에 관한 죄), 훼기사시급분묘발굴죄(毁棄死屍及墳墓發掘罪;
시신을 훼기하거나 분묘를 발굴하는 것에 관한 죄), 상업급농공업방해죄(商業
及農工業妨害罪; 상업이나 농공업을 방해하는 것에 관한 죄), 관리독직죄(官吏
瀆職罪; 관리의 독직에 관한 죄) 등 9개의 장(章)으로 나누고 제2장, 제3장,
제4장, 제5장에는 절을 두어 그 아래에서 조문을 나열하였다.

제3편 신체재산대중죄경죄(身體財産對重罪輕罪; 신체 및 재산에 대한 중
죄 및 경죄)는 신체와 재산이라는 개인의 법익을 보호하기 위한 형벌 규정
으로, 제292조부터 제4편 위경죄(違警罪)의 앞인 제424조에 이르는 부분
이다. 신체대죄(身體對罪; 신체에 대한 죄), 재산대죄(財産對罪; 재산에 대한
죄) 2개의 장 각각에 13개의 절과 10개의 절을 두어 그 아래로 조문을
나열하였다.

제4편 위경죄는 각론의 마지막이자 일본『구형법』의 끝부분으로, 장
이나 절을 별도로 설치하지는 않고 제425조부터 제430조까지 6개의 개
별 조문으로 구성되어 있다. 위경죄는 일종의 경범죄(輕犯罪)를 처벌하
는 형벌 규정인데, 일본이나 한국의 현행 '협의(狹義)의 형법전' 안에서
는 해당 불법의 태양을 규율하지 않고, 한국의『경범죄처벌법(輕犯罪處
罰法)』과 같은 다른 형사특별법(刑事特別法)에서 경미한 범죄에 관해 따
로 규정해 놓고 있다. 이는 위경죄의 주형(主刑)이 형사처벌의 가장 낮
은 수위인 과료(科料)와 구류(拘留)에 불과한데다가 범행의 정도와 양태
가 경미하고 다양하여 다른 형사법의 일반법 성질을 가지는 형법전에
규정하기보다는 별도의 특별법으로 규율하는 것이 합리적이라는 입법
자의 판단에서 기인한 듯하다.

## 5. 가치

『일본사법성시찰기』는 근대 법제의 초기 수용 양상을 확인할 수 있는 귀중한 자료라고 할 수 있다. 엄세영은 "사법경 중심의 사법행정체계 등 일본의 근대적 사법제도를 조선 최초로 파악·소개한 인물"[3]로 평가받은 바 있는데, 1책은 특히 이러한 사법성의 사법행정체계를 구체적으로 파악할 수 있는 자료를 두루 수록하고 있다. 또한 앞에서 언급한 바와 같이 특히 1책에는 서문을 통해 사법성의 연원 및 일본 사법체제의 변천, 『일본사법성시찰기』의 구성 등 엄세영의 인식과 자료 안팎의 정보를 확인할 수 있다. 따라서 전근대에서 메이지 시기까지 일본 사법체제를 바라보는 조사시찰단의 통시적 인식과 추후 전망의 일면을 살필 수 있다는 점에서 더욱 자료적 가치가 있다고 할 것이다.

2책에 수록된 이른바 『구형법』은 당시 공포 후 시행 전인 일본의 가장 최신의 형법을 한역한 것이다. 이 법은 『청율(淸律)』의 영향을 많이 받은 것으로 보이는 『신율강령』과 『개정율례』를 대체한 서구식 형법전이었다. 즉, 엄세영은 조선의 지식인 관료로서 『대명률(大明律)』을 위시한 동양 전래의 형법체계 안에서 사유하고 생활하다가 전혀 이질적인 역사와 원리에 기반한 어휘로 구성된 작품을 번역한 것이라고 할 수 있다. 따라서 일본 『구형법』의 원의를 전달하는 것이 상대적으로 어려웠을 것으로 생각되는데, 그럼에도 일본 『구형법』 원문과 대조해보면 몇몇 경우를 제외하고[4] 대부분은 정확하게 한역되었음을 알 수 있다.

---

3   허동현, 앞의 논문, 143쪽.
4   몇몇 …… 제외하고: 예를 들어 제77조 2항이나 제359조 같은 경우에는 부정의 함의가 포함되지 않아 정반대의 의미로 바뀐 경우며, 제374조 같은 것은 아예 한역문(漢譯文)이

대다수의 법률 용어 및 기타 술어는 종래 조선의 지식인 및 사법 관료들이 쓰는 어휘로 굳이 환원하지 않고 대부분 있는 그대로 옮겼다. 일본에서 만들어진 전문적인 신조어를 얼마나 이해하였는지는 확인하기 어렵다. 다만, 『구형법』의 어휘를 그대로 사용함으로써 일본에 의해 이해되고 변용된 근대적인 '서양 언어'를 소개하고 있다고 할 수 있다.

이러한 2책 이외에, 6책에 해당하는 『신율강령급개정율례촬요(新律綱領及改定律例撮要)』, 7책에 해당하는 『개정율례총목록(改定律例總目錄)』이 더해지면 근대 일본의 전체 형사법이 망라된다. 또한 1책에 등장하는 사법성의 직제, 각종 사무장정, 대심원 직제 등의 규정과, 형사절차법인 3책 『치죄법』, 사법권의 현실적인 집행을 가능하게 하는 5책의 『감옥칙』까지 포함하면, 이 보고서만으로도 메이지 시대 일본 사법체계의 전체를 온전히 조망할 수 있다는 점에서 엄세영의 『일본사법성시찰기』는 결코 과소평가될 수 없는 편찬서라고 할 것이다. 이는 1883년에서 1884년 사이에 『한성순보(漢城旬報)』에서 일본의 법원조직·소송절차나 서구의 사법제도 등을 대중에게 소개한 것보다 앞서는 작업으로 평가된다. 또한 이후에 비록 타율적이지만 1895년 홍범14조가 선포된 뒤 사법제도 개혁의 일환으로 제정된 법률 제1호 『재판소구성법(裁判所構成法)』은 선행한 『일본사법성시찰기』의 한역 성과와 분리할 수 없으며, 1905년 을사늑약 체결 직전에 근대적인 형법 용어와 체재를 일부나마 수용하여 제정한 법률 제3호인 『형법』에서도 『일본사법성시찰기』의 편린을 찾아 볼 수 있다.

---

누락되어 있다. 그밖에 소소한 오탈자와 교감이 필요한 부분이 30개가 넘는다.

# 일본 사법성 시찰기 일

## 서(序)[1]

신이 맡은 사법성(司法省)[2]은, 곧 일본의 법(法)과 금법(禁法)을 관장하는 곳입니다. 도쿄궁성(東京宮城)의 동남지역에 있으며, 수년전 화재가 나서 새로 지어 운영하는데, 서양 제도(制度)를 모방하였습니다.

그 법은, 신세(神世) 시대에 손톱을 뽑고 머리카락을 자르는 등의 형벌(刑罰)이 있었음이 이 나라의 역사책 여기저기에 보이며, 중세(中世) 시대에는 당(唐)의 제도를 참고하여 썼고, 또 그 후에 『대명률(大明律)』을 본떴다고 하지만, 음형(淫刑)과 참벌(慘罰)이 『대명률』의 규정과 일체 상반되었고, 사람이 범죄를 저지르면 이전 판결과 비교하여 그 경중을 정하니, 이른바 불문율을 반복함이 많았습니다.

그 율서(律書)로는 『영의해(令義解)』[3]니, 『대보령(大寶令)』[4]이니, 『백개

---

1 원문에는 '序'라는 제목이 없으나, 번역문에 편의상 표기하였다.
2 사법성(司法省): 일본의 행정 관청으로, 주로 교도소의 관리 및 사법 행정 등을 실시하였다. 1871년 형부성(刑部省)과 탄정대(彈正台)를 대신하여 설치되었고, 제2차 세계대전 이후 1947년 12월 새롭게 법무청(法務廳)이 설치되면서 폐지되었다.
3 『영의해(令義解)』: 고대 일본에서 제정된 법률인 양로령(養老令)에 대한 주석서이다. 833년에 기요하라노 나츠노(清原夏野)가 책임자가 되어 편찬하였다.
4 『대보령(大寶令)』: 701년에 제정된 법령서이다. 『대보율령(大寶律令)』이라고도 한다.

조(百個條)』[5]이니 불리는 것들이 모두 심히 비밀스럽게 다루어져, 형관이 아니면 본 자가 없습니다. 이에 무진년(戊辰, 1868)에 일왕이 정무를 살펴 제도를 일변시키며, 나라 안에 맹세하여 말하기를, "옛날부터 전해진 누습(陋習)을 타파하고, 천지의 공도(公道)를 기틀로 삼는다."라고 하였습니다. 이에 과조를 세움이 다소 번잡하고, 법을 숭상함이 매우 치밀하였는데, 오늘 시행하다가 내일 폐지하였습니다.

신미년(辛未, 1871)에 이르러 이전 법규를 모두 없애고, 사법성을 설치하였는데 3국 8과의 제도가 있습니다. 이에 동일한 구내에 대심원(大審院)[6]·재판소(裁判所)·검사국(檢事局)·상등재판소(上等裁判所)[7]를 설치하고, 또한 각 지방재판소(地方裁判所), 각 구재판소(區裁判所)로 명명한 곳을 두어서, 민사(民事), 형사(刑事), 고소(告訴)·고발권(告發勸), 규문(糾問), 공판(公判), 선고(宣告) 등의 예(例)를 서로 조검(照檢)하여, 처음에 192조를 만들었다가, 다시 318조로 바꾸었습니다.

대개 고신(拷訊)을 폐지하고 징역을 시행하는 동등권(同等權)이 설법(設法)의 대강(大綱)입니다. 저들의 말에, "형을 시행하여 억울하게 자복하게 하기 보다는, 평문(平問)[8]하여 사정을 얻는 것이 낫고, 죄를 의심하

---

5　『백개조(百個條)』: 8대 쇼군 도쿠가와 요시무네(德川吉宗)의 명에 의하여 1742년에 완성된 『어정서백개조(御定書百個條)』를 이르는 것으로 보인다.

6　대심원(大審院): 메이지 초부터 쇼와(昭和) 전기까지 일본의 최고재판소이다. 행정아문(行政衙門)의 3원(院) 9성(省) 중 3원의 하나이며, 1875년에 건립하여 1947년에 폐지되었다.

7　상등재판소(上等裁判所): 메이지 시대 일본의 근대 사법기관 중 하나로, 1875년에 사법성 재판소와 출장재판소(出張裁判所)를 대신하여 만들어진 기관이다. 1881년 공소재판소(控訴裁判所)로 바뀌었다.

8　평문(平問): 죄인을 문초할 때, 고문하지 않고 심문하던 일을 말한다.

면서 자복을 받는 것보다는 살게 해주어 스스로 새로워지는 것이 낫다."
고 하였습니다. 이에, 쌀을 찧고, 기름을 짜고, 땅을 태우고, 밭을 김매
고, 흙과 돌을 옮겨, 황지(荒地)를 개간하는 류가 있었습니다. 옛날에는
윤형(閏刑)⁹으로 화족(華族)¹⁰과 사족(士族)¹¹을 다스렸는데 지금은 폐지
하여, 대소와 귀천을 막론하고 균등하게 보아 고르게 대하니, 곧 법률상
동등권(同等權)이라는 것입니다. 사구(司寇)¹²가 힐간(詰奸)하는 법규를
본떠서, 경찰(警察)과 순사(巡査)를 두었고, 국인(國人)이 죄를 준다는 뜻
을 취하여, 말을 대신하고 곁에서 듣도록 하였습니다.

　무진년 이래 삼년 전후로, 개역(改易)이 일정하지 않았고 더욱 생겨나
고 더욱 새로워졌으니, 경오년(庚午, 1870)에는 『신율강령(新律綱領)』¹³이
있었으며, 계유년(癸酉, 1873)에는 『개정율례(改定律例)』¹⁴가 있었는데, 금
석(金石)과 같은 과조(科條)를 끊어내고, 지난해 겨울에 이르러 형법 430
조를 반시(頒示)하였고, 치죄법(治罪法) 480조는 장차 내년 임오년(壬午,
1882) 1월을 실시 시기로 삼았습니다. 현재 시행되는 것은 새 법과 옛
법을 호용(互用)하는데, 실시하기를 기다렸다가 다 폐지하고, 단지 형법

9　윤형(閏刑): 율령제의 오형(五刑)인 태(笞)·장(杖)·도(徒)·유(流)·사(死) 이외에, 관리
의 관직을 강등시키거나 승려를 사찰 내의 노역에 종사시키는 등, 신분에 따라 행한 특별한
형벌을 뜻한다.
10　화족(華族): 1869년부터 1947년까지 존재했던 근대 일본의 귀족 계급을 이르는 말이다.
11　사족(士族): 에도 시대의 무사 계급이나 구게(公家) 등의 지배 계층 중, 녹봉을 받으나
메이지유신 이후 화족(華族)으로 인정되지 않은 자들에게 부여한 신분 계급이다.
12　사구(司寇): 중국 주나라 때에, 육경(六卿) 가운데 형벌과 경찰의 일을 맡아보던 벼슬.
13　『신율강령(新律綱領)』: 일본 메이지 초기에 전국적으로 시행된 형법전(刑法典)으로,
1870년에 전 6권, 8도(圖) 14율(律) 192조(條)로 제정·공포하였다.
14　『개정율례(改定律例)』: 『신율강령』의 추가법(追加法)이다. 1873년에 『신율강령』의 규
정을 추가·개정하여 메이지 6년 태정관포고(太政官布告) 206호(號)로 공포하였다.

(刑法)과 치죄법(治罪法)만을 시행할 것입니다.

대개 형법·치죄법·헌법(憲法)·소송법(訴訟法)·민법(民法)·상법(商法)은 프랑스인이 말하는 6법입니다. 효험이 다 이루어지지는 않았고 갖춘 것이 반포되지는 못하였으니, 소송의 한 조목 같은 것이 이것입니다. 그러므로 『사무장정(事務章程)』·『형법』·『치죄법』·『소송법』·『감옥칙(監獄則)』·『신율강령』·『개정율례촬요(改定律例撮要)』·『개정율례』의 7책으로 번등(翻謄)하고 편차하였으니, 우러러 예감(睿鑑)을 더럽힘이 지극히 무람없습니다.

일인(日人)들의 변경은 다반사보다 쉽고, 각국의 사무는 매양 수유(水乳)로 화합하니, 지금 행해지는 신법을 오랫동안 지속할 것이라고 성급히 말할 수는 없습니다.

# 사법성

【사법성은 고지마치구(麴町區) 야요스가(八代洲街)에 있다.】

사법성은 재판과 사법성경찰사무처에 관하여 관리하며, 아래에 열거된 여러 국(局)은, 각기 그 주무를 관리한다.

의사국(議事局) 형사국(刑事局) 민사국(民事局)

## 사법관원 합계

4,220인

그 중 3,947인은 여러 재판소

그 중 273인은 【그 중, 외국 2인】 사법성

## 법학생도 총원

229인

그 중 4인은 해외유학【프랑스】

그 중 100인은 기숙

그 중 125인은 통학

## 사법성의 1년간 유입·유출 공화(公貨)

일 년간 지출·소비하는 금액은 178만 5천원(圓)

## 사법관원 구별

칙임(勅任) 9인

주임(奏任) 282인

판임(判任) 1,669인

등외(等外) 1,501인

어용괘(御用掛) 6인

어용(御傭) 753인 중 【외국인 2인】

## 경(卿)[15]·대보(大輔)[16]·판사·검사 연봉 월봉표

경 월급 500원

대보 월급 400원

| 【연봉】 | 판사 | | | | | | | | | | 판사보 | | | | | |
|---|---|---|---|---|---|---|---|---|---|---|---|---|---|---|---|---|
| | 칙임 | | | 주임 | | | | | | | 판임 | | | | | |
| 사천오백원 | 사천이백원 | 삼천오백원 | 이천사백원 | 이천백원 | 일천팔백원 | 일천오백원 | 일천백원 | 구백육십원 | 칠백이십원 | 육백원 | 사십오원 | 사십원 | 삼십오원 | 삼십원 | 이십오원 | 이십원 |

---

15 경(卿): 메이지 시대 태정관(太政官)에 소속된 각 성(省)의 장관으로, 칙임관(勅任官) 중 최고위의 직제이다. 태정관제가 끝날 때까지 존재하다가, 내각제로 이행하며 대신(大臣)으로 바뀌었다. 1881년 조사시찰단 방문 당시 사법경은 다나카 후지마로(田中不二麻呂)이다.

16 대보(大輔): 해당 성의 장관인 경(卿)에 이은 차관급에 해당하며, 칙임관에 해당한다. 1881년 조사시찰단 방문 당시 사법대보는 다마노 세이리(玉乃世履)이다.

| | | 검사장 | 검사 | | | | | | | | 검사보 |
|---|---|---|---|---|---|---|---|---|---|---|---|
| | | 【월봉】 이백오십원 | 이백원 | 백칠십오원 | 백오십원 | 백이십오원 | 백원 | 팔십원 | 육십원 | 오십원 | 월봉은 판사보와 동일하다. |

대심원과 여러 재판소는 대·중·소 속관을 폐지하고 다시 등급을 나누어 정하였다.

1등속 8등 월봉 60원

2등속 9등 동 50원

3등속 10등 동 45원

4등속 11등 동 40원

5등속 12등 동 35원

6등속 13등 동 30원

7등속 14등 동 25원

8등속 15등 동 20원

9등속 16등 동 15원

10등속 17등 동 12원

# 사법성 직제 사무장정

## 직제

### 경(卿) 1인

1. 부하 관원을 통솔하고 판사를 감독하며 소관의 모든 사무를 관리한다.
1. 부하 관원 및 판사의 진퇴와 출척(黜陟)은, 주임 이상은 갖추어 문서로 보고하고, 판임(判任) 이하는 전행(專行)한다.
1. 은사(恩赦)의 특전(特典)을 봉행(奉行)한다.
1. 주관 사무에 대하여, 법을 만들고 포령(布令)할만한 것이 있거나, 법령을 보정(補正)할만한 것이 있으면, 그 의견을 주청한다.
1. 주임(主任) 법안을 시행함에 있어서 원로원(元老院)[17] 의석(議席)에 참석하여, 그 이해를 변론할 수 있다. 【주임을 시행한다는 것은, 법이 만들어진 후, 사법성에서 급히 시행하는 것을 말한다. 원로원은 입법을 논의하는 관청이고, 사법(司法)은 만들어진 법을 집행하는 직이니, 진실로 서로 섞일 수 없으나, 그 논의한 바가 사법의 소관과 관계되므로 경은 그 논의를 참고한다.】

### 대보(大輔) 1인

보는 경의 직임을 담당하는데, 경에게 사고가 있으면 대리한다.

---

17 원로원(元老院): 일본 메이지 시대 일본의 입법기관이다. 1875년 오쿠보 도시미치(大久保利通), 이토 히로부미(伊藤博文), 기도 다카요시(木戸孝允), 이타가키 다이스케(板垣退助) 등이 메이지 정부의 방침을 토의한 오사카회의(大阪會議)를 바탕으로 태정관(太政官)의 좌원(左院)을 원로원으로 개칭하여 1875년 4월 25일에 설치되었다.

**소보(小輔) 1인**

대보 다음가는 직을 맡는다.

**대서기관(大書記官) 3인**

**권대서기관(權大書記官) 【지금 현임(現任)이 없음.】**

**소서기관(小書記官) 2인**

**권소서기관(權小書記官) 1인**

경의 명령을 받아, 각각 그 주무를 관리한다.


**1등속**

**2등속**

**3등속**

**4등속**

**5등속**

**6등속**

**7등속**

**8등속**

**9등속**

**10등속**

각 국(局)·과(課)·속(屬)에 종사(從事)한다.

## 검사(檢事)

경의 명령을 받아, 여러 재판소에 파견되어 검탄(檢彈)과 공소(公訴) 사건을 맡아 처리한다.

## 검사보

검사에게 일을 받아, 검탄과 공소를 나누어 맡는다.【검사에게 일을 받는 것은 그 지시를 받는 것을 이른다.】

## 사법성 사무장정

주관 사무는 아래에 기록하여 열거한 것으로, 경은 그 의견을 상주(上奏)하여, 재가를 거친 후에 시행한다. 그 밖의 것은 경이 전행(專行)할 수 있다.

그 시행에 대해서는, 경이 모두 그 책임을 진다.

제1조   행정재판사항
제2조   사법경찰사무를 변경하는 사항
제3조   법정에 대한 규정을 정하는 사항
제4조   주관 사무에 대하여 포달(布達)[18]을 작성하는 사항
제5조   부하 관리와 생도를 외국에 파견하는 사항
제6조   여러 재판소와 검사국의 폐지와 설치 및 여러 재판소장의 임면 사항

---

**18** 포달(布達): 어떤 사실을 널리 통지한다는 의미 외에, 1886년(메이지 19) 2월 공문식(公文式) 법령이 제정되기 이전에 발포된 행정명령을 뜻한다.

제7조  각 국의 폐지와 설치, 국장 임면 사항

제8조  여러 재판소 및 각국의 처무 규정을 정한 사항

제9조  외국인 해고의 사항

제10조  새롭게 일을 만들거나 옛 법규를 변경하는 각 사항

## 각 국(局)·과(課)의 직무 순서

### 의사국(議事局)

1. 서기관(書記官)은 의사국 직원의 회기를 정하여, 일이 긴요하거나 의
   문스러운 경우 회의한다.

1. 사법경과 사법경보는 수시로 그 의석에 임한다.

1. 그 담당 사무는 매월 게시하고 기록하여 월보(月報)로 만들며, 또 그
   모든 공문으로 편찬된 것을 보존한다.

1. 의사국 내에서 분장한 사무는 편의에 따라 명명(命名)하고, 괘(掛)를
   두어 그 일을 맡긴다.

### 형사국(刑事局)

1. 대개 각소(各所)에서 신청한 사건으로 형사와 관련된 것은, 사법경의
   명령을 받아 그 안을 만든다.

1. 대개 형사와 관계된 것은, 그 법률의 옳고 그름을 살펴서, 개정과 흥
   폐(興廢)에 대한 초안을 작성한다.

## 민사국(民事局)

1. 대개 가소(各所)에서 신청한 사건으로 민사와 관계된 것은, 사법경의 명을 받아 그 안을 만든다.

1. 대개 민사와 관계된 것은, 그 법률의 옳고 그름을 살펴서, 개정과 흥폐(興廢)에 대한 초안을 작성한다.

## 내기과(內記課)

1. 장관·차관이 직접 열람하고 전달하는 사무들을 관장하고, 서기의 일을 담당하며, 각 과의 서류를 주고받는다.

## 서무과(庶務課)

1. 각 관청과 인민(人民)의 일로, 사법성과 관계된 일체의 문서를 주고받으며, 각 국·과에 배부하고, 또한 각 국과 과에서 보내온 것은 부책(簿冊)에 등기(登記)하여 그 규정에 따라 배달 처분한다.

1. 모든 국·과 안의 누락된 사무는, 사법경의 명령을 받아 임시로 처분한다.

1. 월보 외에 별도로 고과표를 편성한다.

## 직원과(職員課)

1. 사법관원의 이력부(履歷簿) 및 진퇴와 출척 등의 일을 관리한다.

1. 대언인(代言人)의 원서(願書)를 조열(照閱)하고, 시험하는 일을 맡는다.

1. 외국인의 신상에 관한 일을 관리하고, 그 조약 서류를 보존한다.

## 편찬과(編纂課)

1. 제반 편찬과 제반 번역 일을 맡는다.

1. 편찬과 번역 서류 등을 정돈하고 간인하며, 편의에 따라 간행한다.

1. 사법성이 관장하는 일체의 서류를 보관하고, 또한 사법부 내 각소의 서적 명부를 관장한다.

## 표기과(表記課)

1. 각소에서 진달한 민사·형사에 관한 모든 표와 각 국·과의 월보 등을 점검하고, 각기 그 종류에 따라 만들며, 상고한 안을 조목대로 기록한다.

## 회계과(會計課)

1. 사법성 및 모든 부 소관의 일체의 금전을 출납하고 장속(贓贖)·영선 (營繕)[19]·용도(用度)[20]를 담당한다.

## 생도과(生徒課)

1. 법학교(法學校)를 총괄하며 생도 등을 감독한다.

## 검사국(檢事局)

### 국장(局長)

1. 검사 직제 장정에 의거하여 일체를 금칙(禁飭)한다.

---

**19** 영선(營繕): 건축물의 신축과 수리를 뜻한다.

**20** 용도(用度): 예산을 계획하거나 필요한 물품을 구매하는 일 등을 뜻한다.

# 대심원 직제

장(長) 1인 【일등판사로 채운다.】
원장은 분과(分課)를 관장하고 주임에게 명령을 내리며, 수시로 각 법정에서 청리(聽理)하는 민·형사 사건을 맡는다.


판사(判事)[21]
제1장(掌) 민·형사의 상고에서 파훼(破毁)[22]한 것을 불법적으로 판결한
      것과 내외(內外)의 교섭에 관한 사건으로 일이 중대한 것과
      판사의 범죄를 판리(判理)한다.
제2장 사죄안(死罪案)을 심열(審閱)한다.


장정(章程)


제1조    대심원은 민사·형사의 상고에서 파훼한 상등재판소 이하 심판
      이 불법인 것을 받아, 통일된 법헌(法憲)을 주지(主持)하여 처리
      한다.
제2조    파훼 심판이 불법일 경우, 타 재판소로 옮겨 판결하게 하거나,
      대심원이 편의에 따라 스스로 판결한다.

---

21 일본 대심원 직제에 근거하여 '刑'을 '判'으로 바로잡아 번역하였다.
22 파훼(破毁): 파기(破棄). 상급법원이 하급법원의 원심(原審) 판결을 취소하는 일을 말
한다.

제3조  이미 다른 재판소로 옮겨 판결하게 하였는데, 그 재판소가 대심
원의 뜻을 따르지 않으면, 대심원은 스스로 판결한다.

제4조  육군·해군재판소에서 행한 재판이, 만약 권한을 넘긴 것이 있
으면 그 재판을 파훼하여, 상당(相當) 재판소에 붙인다.

제5조  각 판사의 범죄는, 위경죄(違警罪)[23]를 제외하고 대심원이 심판
한다.

제6조  내외의 교섭에 관한 민·형사 사건으로 중대한 것을 심판한다.

제7조  각 상등재판소에서 올려 보낸 사죄안(死罪案)을 심열(審閱)하고,
잘못된 것은 송환할 것을 비가(批可)하여, 곧 의율(擬律)하고 환
부(還付)한다.


## 상등재판소 직제

【도쿄(東京)·오사카(大阪)·나가사키(長崎)·미야기(宮城)】


장(長) 1인 【칙임판사(勅任判事)로 채운다.】

소장은 분과를 관장하고, 주임에게 명령을 내리며, 수시로 각 법정에
임하여 민·형사 사건을 청리(聽理)한다.


---

23  위경죄(違警罪): 구류나 과태료에 해당하는 죄를 말한다. 중범죄나 경범죄와 함께 범죄
의 3분류 가운데 하나로서 1880년(메이지 13)에 예전 형법에 의해 규정되었으며, 1908년(메
이지 41) 현행 형법 시행 때 내용을 개정하여 경찰범처벌령(警察犯處罰令)으로 분류되었다.

## 판사

**제1장(掌)** 관할 내익 공소(控訴)[24]를 받아 복심(覆審)한다.

**제2장** 관할 내의 사죄옥(死罪獄)을 판결한다.


## 판사보

판사에게 일을 받아 심판한다. 【판사의 지시를 받는 것을 말한다.】


## 장정

**제1조** 상등재판소는 지방재판소의 재판에 불복하여 공소(控訴)한 것
　　　을 복심(覆審)한다.

**제2조** 각 지방재판소가 구신(具申)한 사죄안을 판결하고, 대심원의 비
　　　가(批可)를 얻은 후에, 원재판소로 송부하여 선고하게 한다.

**제3조** 각 지방재판소가 보내 온 종신 징역안을 심비(審批)한다.

---

**24** 공소(控訴): 항소(抗訴)의 옛 표현으로, 초심에 불복하여 다시 상등 재판소에 소송하여
그 복심(覆審)을 청구하는 것이다.

# 지방재판소 직제

【도쿄(東京) 교토(京都) 오사카(大阪) 요코하마(橫濱) 니가타(新潟) 고베(神戶)】

【하코다테(函館) 나가사키(長崎) 미토(水戶) 구마가야(熊谷) 히로사키(弘前) 센다이(仙臺)】

【후쿠시마(福島) 시즈오카(靜岡) 마쓰모토(松本) 가나자와(金澤) 나고야(名古屋) 마쓰에(松江)】

【고치(高知) 우라와(浦和) 히로시마(廣島) 구마모토(熊本) 가고시마(鹿兒島)】


장(長) 1인 【주임판사(主任判事)로 채운다.】

소장이 분과를 관장하고 주임에게 명령을 내리는 것은, 타 판사와 동일하다.


## 판사

초심(初審)의 민사 심판, 형사 징역 이하를 맡는다.


## 판사보

판사에게 일을 받아 심판한다.


## 장정

제1조   지방재판소는 일체의 민사 및 형사 징역 이하를 심판한다.

제2조   지방재판소는 민사심판의 경중을 막론하고 모두 초심(初審)한다.

제3조　내외의 교섭에 관한 민·형사 사건으로 사안이 가벼우면 직접
　　　재결하고, 무거우면 한편으로는 청리(聽理)하고, 한편으로는 사
　　　법경(司法卿)에게 구신(具申)한다.

제4조　사죄(死罪)는 심문하고, 문안 증빙과 의율안(擬律案)을 갖추어서
　　　상등재판소에 체송(遞送)하여, 행하(行下)를 얻으면 선고할 수
　　　있다. 【행하(行下)를 얻는다는 것은, 상등재판소가 대심원(大審院)의
　　　비가를 거쳐서 내려 보내는 것을 말한다.】

제5조　종신 징역은 의율안을 갖추어, 상등재판소의 심비(審批)를 취한
　　　후에 선고한다.


# 도쿄재판소 지청(支廳) 관할 구분과 취급 가규칙


제1조　제1·제2·제7 대구(大區)는 도모에마치(巴町) 지청, 제3·제4·제
　　　8·제9 대구(大區)는 후지미정(富士見町) 지청, 제5·제6·제10·
　　　제11 대구(大區) 2는 나가정(長町) 지청에서 소를 낸다.

제2조　민사 소송은 전액 10원 이하이다.

제3조　형사 소송의 징역은 30일 이하이다.
　　　단, 타청 관할의 갑과 본청 관할의 을이 사송(詞訟)에 걸려있으
　　　면 또한 본조를 준수한다.

제4조　민사 소송에서 공소하고자 하면, 본년(本年) 다이조칸(太政官)에
　　　서 포고한 제93호를 조준(照準)하여, 도쿄재판소에서 공소한다.

제5조　형사 재판에서 상고하고자 하면, 본년 태정관(太政官)에서 포

고한 제93호를 잘 준수하여 상고한다.

제6조  대개 민사 사송에 걸려있는 일은, 금액의 다소와 일의 경중을 막론하고, 그 정원(情願)을 맡아서 지청에서 권해(勸解)한다.

## 각 지방재판소 지청 설치

1. 각 관하(管下)에 편의에 맞는 지역을 택하여 구획을 정하고 지청을 설치하며, 대리관(代理官)을 두어, 부현재판소 장정 사무를 나누어 참조하고, 일을 취급할 수 있다.

   단, 대리하여 사죄(死罪)·종신 징역에 대하여 비가(批可)를 구할 수 있는 경우는 모두 본청 소장 소속에 속하고, 기타 사정이 번거로운 경우 또한 소장이 취하여 결정한다.

1. 본청과 소속 지청 관할 내에 그 구획을 정하여 구재판소(區裁判所)를 두고 권해 등의 사무를 취급하는 일을 한다.

# 구재판소(區裁判所) 가규칙

제1조  구재판소는 토지의 편의에 따라 그 구를 획정하고 설치한다. 단, 본 지청 소재지에, 그 지청 내에 법정을 하나 설치하여, 일시(日時)를 나누어 해당 청의 법정을 사용하고, 구재판소의 사

무를 수행한다.

제2조  민사는 전액 백 원이 최고액이며, 백 원 이하는 해딩 지빙에서 편의에 따라 그 정한(程限)을 정할 수 있다.

단, 토지·인사 등과 관계된 것은, 편의에 따라 정한을 미리 정하고 재판을 할 수 있다.

제3조  형사는 3년 징역이 최대한이며, 3년 이하는 해당 지방에서 편의에 따라 그 정한을 정하고, 사정이 번거로운 경우는 심안(審案)을 갖추어 본 관청에서 의견을 모아 결정할 수 있다.

제4조  민사 공소(控訴)의 경우, 메이지 8년 제93호의 포고를 참조하면, 상등재판소에 곧바로 나갈 수 있다.

제5조  위경죄(違警罪)를 제외하고, 형사 상고의 경우, 메이지 8년 제93호의 포고를 참조하면, 대심원에 곧바로 나갈 수 있다.

제6조  대개 민사의 일과 관계되면, 금액의 다소와 일의 경중에 구애되지 않고 사송인의 정원(情願)을 맡아 권해한다.

제7조  권해를 바라는 자는 소장을 작성하여 해당 청에 곧바로 출두하여 그 사유를 진술할 수 있다.

제8조  권해는 반드시 쌍방 당사자 스스로 출두한 후에 가능하다.

제9조  대개 권해는 정규(定規)에 얽매이지 않는다.

단, 비록 권해가 불참이나 참석에 늦어지는 것과 관계되더라도, 재판소 성규(成規)에 의거하여 처분한다. 지청과 아울러 구재판소 칭호의 법식은, 모두 그 지방 명을 앞에 붙인다.

어느 재판소 【지명】 지청, 어느 【지명】 구재판소.

# 규문판사(糾問判事) 직무 가규칙

## 제1장 직원

**제1조**  각 부현재판소 판사나 판사보와 중에 규문괘(糾問掛)를 두고, 이를 규문판사라고 칭한다.

단, 대심원 상등재판과 재판소를 설치한 현에서는, 임시로 편의에 따른다.

**제2조**  규문판사는 규문사무를 볼 때, 부득이하게 통상적인 재판 업무도 맡는다.

## 제2장

**제3조**  현행범을 규문판사에게 바로 알릴 때에는, 검사관을 기다리지 않고 스스로 검사처분을 행한 이후 검사에게 보낸다.

**제4조**  검사가 보낸 범죄 문서 증빙을 수취할 때, 반드시 규문을 속행해야 한다.

**제5조**  규문은 단독으로 속관(屬官)을 불러다 행하고, 절목에 따라 구서(口書)[25]를 기록하며, 구서가 완성되면 읽어서 본범이 듣도록 하고 보인(寶印, 도장)과 무인(拇印, 지장) 같은 것으로 화압(花押,

---

**25** 구서(口書): 죄인이 자백한 내용을 받아 적은 서류이다.

수결)하며, 본범이 수긍하지 않을 때에는 그 사유를 기록하도록 하고, 규문판사가 문서의 말미에 서명 날인한다.

**제6조**  규문판사는, 범행 현장에 가서 검시하는데, 검사 속관을 1인 동반한다.

**제7조**  규문판사는 범죄 증빙을 획득하고, 범인의 가택을 임검(臨檢)하며, 와장(窩藏)[26]이 의심되면 그 집을 임검하며 장증(贓證)을 차압할 수 있고, 또한 경찰관에게 현장에 가서 검시 하도록 위임할 수 있다.

**제8조**  범죄를 와장한 집이 이미 관외에 있으면, 그 지역 규문판사에게 문서로 통지하여 그 규문을 요구할 수 있다.

**제9조**  규문판사는 죄의 경중을 논하여 피고인을 호출하고, 구인(拘引)이나 구류(拘留) 등을 행할 수 있다.

단, 구인 순사와 등외(等外)의 관리는 시행할 수 없다.

**제10조**  규문판사는 시의(時宜)에 의하여 규문하고 임시 구류를 풀 수 있다.

단, 보관인(保管人)이 보관서약서를 제출하는 것이 필요하다.

**제11조**  피고인이 관할 밖에 있을 경우, 그 지역 규문판사에게 문서로 통지하여 규문을 요구할 수 있다.

---

**26** 와장(窩藏): 범죄인을 숨겨주거나 훔친 물건을 은닉하는 행위나 사람을 가리킨다.

## 제4장 증인문공(證人問供)

**제12조** 규문판사는 범죄의 증인을 호출할 수 있으며, 증인이 이미 관할 밖에 있으면, 제11조 규칙을 따른다.

**제13조** 증인 각인은 격리하여 심문하고, 절목에 따라 구서(口書)하여 기록한다. 구서가 완성되면 증인에게 읽어주고, 감결(甘結)[27]에 보인이나 무인으로 화압하며, 규문은 문서의 말미에 서명 날인한다.

**제14조** 구서의 자구는 고쳐 넣거나 지우거나 나중에 써 넣는 것을 불허하고, 만약 고쳐 넣거나 지우거나 나중에 써 넣는 경우에는, 반드시 본 증인의 인인(認印)이 필요하다.

**제15조** 증인이 만약 질병이 있어서 출두하지 못하면, 호출에 따라 속관을 인솔하여, 그 집에 가서 신문하거나, 경찰관에게 위임하여 신문한다.

**제16조** 증인이 질병 사고를 핑계 대는 경우, 그 죄의 사실을 발견한 때에, 인치(引致)[28]·신문하여, 병에 걸린 것이 사실이 아닌 건은, 검사에게 보낸다.

---

**27** 감결(甘結): 상급 관서에서 하급 관서로 내리는 문서 양식이다.
**28** 인치(引致): 신체의 자유를 구속한 자를 일정한 장소로 연행하는 것을 말한다.

## 제5장 규문제(糾問濟)

**제17조** 규문판사는 규문의 일을 끝내고, 피고인의 죄가 위경죄에 그치거나 무죄이면 돌려보낸다는 것을 검사에게 통지한 후, 경찰관에게 이송하거나 석방한다.

**제18조** 피고의 죄의 경중에 따라 돌려보내는 경우, 곧 증빙문서를 갖추어 검사에게 환부(還付)한다.

# 검사 장정

**제1조** 검사 안검(按檢)의 업무는, 범죄가 발각 될 때에 예방을 시작하여 범죄가 발생하지 않도록 간여한다.

**제2조** 검사는 공판을 요구하고, 그 재판에 불복하여 상고할 때에, 재판에서 간모(干冒)를 논의하고, 재판의 옳고 그름을 논쟁한다.

**제3조** 재판이 이루어진 후, 범인은 각 부(部)의 관청에 보내는데, 사전(赦典)을 간청하는 경우는 의견을 갖추어 사법경에게 올린다.

**제4조** 대개 중대범죄나 국사범이나 내외의 교섭에 관련된 중범은 각 검사가 속히 갖추어 사법경에게 올리고, 한편으로는 처분을 행하며, 한편으로는 지휘를 요청한다.

**제5조** 지방 경찰 관리는 검사를 보조하고, 현행범죄를 안검(按檢)하여, 검사와 경찰관리에게 체송(遞送)하고, 검찰 사무를 검사에게 보내서 관리·감독을 받는데, 태만하고 소홀하면 질책하는 것이

검사의 일이다.

**제6조**   검사는 범인을 체포하여 경관에게 이첩하고, 순사가 그 긴급한 정도에 따라 곧바로 지령을 내리도록 한다.

**제7조**   경관 중 1인은 갱심(更審) 검사국에서, 검사의 지휘를 받아, 전 편(專便)[29]으로 사무를 검찰하는 일을 한다.

# 법학기숙생도 규칙

## 제1절 총칙

**제1조**   법학기숙생도는, 프랑스어로 법률학을 전수(專修)한다.

**제2조**   수학 연간은 8년으로 정하고, 앞의 4년은 예과로, 뒤의 4년은 본과로 한다.

**제3조**   학년은 9월 11일에 시작하고, 다음해 7월 10일에 마친다.

**제4조**   학년은 전후 2기로 나누고, 전기는 9월 11일부터 다음해 2월 10일 까지, 후기는 2월 11일부터 7월 10일까지로 한다.

**제5조**   매 학기 대시험을 시행하고, 매주 토요일에 소시험을 시행하며, 열등한 자는 퇴교시킨다.

**제6조**   본과가 끝날 때까지 비상하게 우등한 자는, 때에 따라 편의에 맞게, 프랑스에 유학하도록 명할 수 있다.

---

**29** 전편(專便): 어떤 일을 부탁하여 특별히 보내는 인편(人便)을 뜻한다.

**제7조**    아래에 열거한 요일은, 휴일로 정한다.

대제일(大祭日)

일요일

토요일【단, 오전 11시 반】

하절기 휴업【7월 11일부터 9월 10일까지】

동절기 휴업【11월 29일부터 1월 4일까지】

임시휴일은 그 시기가 되면 게시할 수 있다.

**제8조**    아래에 기재한 것은 관청에서 공급할 수 있다.

1. 식료

1. 의복【단, 메이지 9년 해당 성의 제31호로 포달한 것은, 징모(徵募)한 생도에게 1년에 한하여 두 번 공급한다.】

1. 모화(帽靴)[30]【단, 1년에 두 번 공급한다.】

1. 의복의 세탁과 수선【단, 기관이 공급하는 의복 이외에는, 자신이 비용을 낸다.】

1. 약이(藥餌)

1. 학용품인 지필묵의 류.

1. 석탄과 등유의 류.

1. 용돈【한명에게 한 달 치의 돈 1원 50전을 보낸다.】

**제9조**    학과에서 필수적으로 사용하는 서적은 관청에서 빌려주고, 또한 기타 서적은 종람실(縱覽室)에서 참고하여 볼 수 있다.

**제10조** 질병에 걸린 자는, 각 침실과 교내 병실에서 치료하고, 전염병에 걸린 자는 다른 병원에 입원할 수 있다. 병에 걸린 자가 친속

---

**30** 모화(帽靴): 사모(紗帽)와 목화(木靴)를 말한다.

등이 사는 곳에서 요양하고자 하는 경우, 그 내용을 증인에게 원출(願出)할 수 있는데, 단, 본과의 의원에게 치료를 받지 않으면 자비로 약을 복용할 수 있다.

제11조 부모를 간병하는 경우 외에는 귀성(歸省)을 허락하지 않는다. 단, 귀성은 왕복을 제외하고, 30일을 초과할 수 없다.

제12조 대시험의 기간에, 귀성을 원출한 자는 허가를 받지 못할 수 있다.

제13조 하기 휴업 기간에는 반드시 하숙하게 한다. 단, 귀성·여행은 그 내용을 계출(屆出)[31]한다.

제14조 하기 휴업 기간에, 귀성·여행·하숙하는 자에게는, 회료(賄料)와 용돈을 지급하고, 기타의 경우는 용돈을 지급하지 않는다.

제15조 정규 수업 시간에, 부득이한 사고가 있어 원출하고 임시로 외출하는 경우는 사정에 따라 허락할 수 있다. 비록 정규 수업 시간이지만, 비상 사정이면 외출을 허가할 수 있다.

제16조 외출시에 반드시 법자모(法字帽)를 쓰고, 양복을 착용해야 한다.

제17조 외출시에 문을 지키는 관원에게 각기 그 이름표를 제출하고, 귀교시에 이름표를 받는다. 임시 외출을 허락받은 경우, 임시 외출표와 이름표를 교부하고, 모두 문을 지키는 관원에게 차출(差出)할 수 있다.

제18조 외출자는 반드시 폐문 시간에 맞추어 도착해야 한다. 단, 폐문 시간은 수시로 게시한다.

제19조 외출중에 병기(病氣)가 있고 또한 부득이한 사고가 있어서, 폐

---

31 계출(屆出): 상사나 해당 기관에 사실을 보고하는 것을 말한다.

문 시간에 맞춰 돌아오지 못한 경우는, 증인의 증서를 가지고 귀교하고, 증서를 사무괘(事務掛)에게 곧비로 보낸다. 단, 오후 10시가 지나면 허락하지 않는다.

만약 10시까지 학교에 도착하기 어려워서 밖에서 숙박하면, 그 사유를 상세히 기재하여 증인의 증서를 다음날 오전 8시에 맞추어 보내야 한다.

**제20조** 밖에서 숙박한 자가, 다음날 오전 8시에 맞추어 귀교하기 어려우면 속히 그 사정을 증인에게 계출하고, 같은 날 오후 10시에 반드시 귀교해야 한다.

**제21조** 외출중에 질병에 걸려 귀교하기 어려우면, 그 병증에 따라 의원을 보내 진찰받도록 할 수 있다.

**제22조** 외출시에 증인이 부재하여 증서를 얻지 못하면, 증인을 대신하여 증서를 보내고, 다음 날부터 3일 내에 증인의 원본 서류로 증빙할 수 있다.

## 제2절

**제23조** 교장(敎場)에 출석하라는 종소리에 따라 곧바로 교장으로 나오고, 각자 정해진 자리에서 타인의 자리를 침범하지 않아야 한다.

**제24조** 교사는 자리에 나가고 퇴장할 때에 입례(立禮)를 받을 수 있다.

**제25조** 수업 중에 멋대로 교장 밖으로 나가는 것을 금하고, 만약 부득이한 사고가 있으면, 그 내용을 교사와 교원에게 보고하고, 인허를 얻은 후에 비로소 교장을 나갈 수 있다.

**제26조** 교장에서, 떠들고 몸을 움직이는 것을 금한다.

제27조 기계·의자·괘판(掛板) 등에, 낙서나 훼손하는 것을 금한다.

제28조 교사, 교원보다 먼저 교장을 나가는 것을 금한다.

제29조 수업시간이 아니면 교장에 들어오는 것을 금하고, 수업을 마친 후에는 교장에 남는 것을 금한다.

제30조 교사, 교원에게 질의하고 교사, 교원과 문답하면 반드시 일어나야 한다.

제31조 타인이 질문하는 때에 자기가 또 질문하는 것을 금한다.

제32조 수업 중에 외부에서 온 사람을 응접하는 것을 불허한다.

단, 부득이한 사고가 있으면, 교사·교원의 인허를 받을 수 있다.

제33조 질병이 있어서 교장에 출석할 수 없는 경우는, 그 내용을 계출(屆出)하고, 의원의 진찰을 받도록 보낼 수 있으며, 결석 증서를 차출(差出)한다.

단, 병기(病氣)가 있어 결석하는 경우는, 당일 외출을 허락할 수 있다.


## 제3절 사칙(舍則)

제34조 외부에서 온 사람의 응접은, 반드시 응접소에서 해야 하며, 각자의 기숙사 방으로 끌어들이는 것을 금한다.

제35조 기숙사 안에 장난감과 패사(稗史)류를 가지고 들어가는 것을 금한다.

제36조 함부로 소리치고 노래하거나 기숙사 안에서 급히 뛰어다니는 것을 금한다.

제37조 취침 시한이 되면, 곧바로 불을 끄고 취침해야 하고, 대화와 기

타 편안한 수면을 방해하는 행위를 금한다.

**제38조** 병기(病氣)의 내용을 계출한 경우는, 외부에서 취침 시한 전 취침하는 것을 금한다.

**제39조** 밤에 등을 휴대하고 방 밖으로 나가는 것을 금한다.

**제40조** 병기의 내용을 계출한 경우는, 외부의 침실에 서적과 등을 가지고 들어가는 것을 금한다.

**제41조** 식당 밖에서 음식을 먹는 것을 금한다.

**제42조** 정해진 시간 외에, 밥을 먹고 목욕을 하는 것을 금한다.

**제43조** 부옥(部屋)에 함부로 소변을 보거나 무단으로 들어가는 것을 금한다.

**제44조** 뜰에 있는 식물을 꺾어서 갖거나, 다른 곳에 심는 것을 금한다.

**제45조** 기숙사 방, 교장, 휴게소 등의 장소에 불결한 물건을 두는 것을 금한다.

**제46조** 교내·교외에서 품행에 어긋나는 행위를 금한다.

**제47조** 이 규칙과 기타 때때로 고시되는 규칙을 어긴 경우와 과원(課員)의 지휘를 어긴 경우는, 경중에 따라 금하며, 또한 퇴교를 명령할 수 있다.

## 제4절

**제48조** 신원 보증인의 경우, 인수증서에 인감을 대조한 것을 첨부하여 보낸다.

단, 해당 증서는, 구장(區長)의 오쿠인(奧印)[32]이 필요하다.

**제49조** 생도 보증인의 신원이 바르지 않으면, 본적이건 기숙하는 곳의

적이건 간에, 도쿄부(東京府) 15구 안의 1호(戶)에 거주한 경우로
제한한다.

단, 관리(官吏)·준관리(準官吏) 외에 만 20년 이하는, 이후에 학
교 생도 보증인으로 한다.

제50조 생도가 적(籍)을 옮기거나, 적을 두고 있는 부·현의 분합(分合),
성씨와 이름의[33] 변개 등의 사항이 있으면, 증인에게 계서를 보
낼 수 있다.

제51조 증인이 적을 옮기거나, 거주지를 옮기거나, 적을 두고 있는 부·
현이 분합하고, 성씨와 이름의 변개 및 개인(改印)이 있으면, 부
계서(副屆書)를 인감을 대조하여 보낸다.

제52조 증인이 현(縣)으로 돌아가거나, 여행하거나, 사망 등을 했을 때
에는, 속히 대리 증인을 세우고, 생도 신원 인수증서 및 인감을
대조한 것을 보낸다.

제53조 증인의 원사서(願伺書)는, 모두 분명하게 2통을 보낸다.

단, 용지는 반지(半紙)[34]여도 된다.

---

32 오쿠인(奧印): 서류 끝에 찍는 관청이나 개인의 도장을 의미한다.

33 원문에서 누락된 氏名은 51조의 내용을 바탕으로 포함시켜 해석하였다.

34 반지(半紙): 일본 종이의 한 종류이다.

# 사법경찰 가규칙

## 제1장

**제1조** 대개 사법경찰처분은 구류인의 신체를 획득하는 데에 그치고,
사람이 거주하는 집에 진입하고, 물건을 압송하는 일이나, 사람
의 서간을 열어보는 등의 일은, 사법경찰관의 경우, 다만 사법
경찰관 위임을 받은 경우에 한정한다.

**제2조** 사법경찰처분의 일은, 범죄자를 탐찰(探察)·검시(檢視)하고, 그
증거를 취하여 각 재판소에 보내는 것이다.

**제3조** 사법경의 명령을 받아, 사법경찰관의 일을 행하는 경우는 아래
와 같다.

제1. 검사보와 검사

제2. 지방경부(地方警部)와 경부보(警部補).【지방은 편의에 따라
구(區)의 호장(戶長)이 경부의 일을 겸하기도 한다.】

제3. 경찰관리는 그 위경범에 대해 전권이 있으며, 그 밖의 다
른 범죄를 제외하면, 검사보가 자격을 따져보고, 검사의
검시 직무를 대행할 수 있다.

단, 검사가 파견된 현은 지방의 명을 받는다.

경시청(警視廳)[35] 장관과 지방장관은 도쿄부를 제외하고, 급

---

**35** 경시청(警視廳): 일본 도쿄 도를 관할하는 경찰 본부이다. 내무성(內務省)의 경보국(警
保局) 산하의 조직으로 1874년 1월 15일 도쿄 경시청이라는 이름으로 창설되었다. 치안·보
건·범죄 예방 등의 업무를 담당하였다.

한 업무가 있을 때 곧바로 사법경찰의 일을 전행(專行)하고, 이후 이를 검사에게 보고한다.

　단, 검사가 파견된 부·현의 지방관은, 일반적인 범위내의 검사의 일을 수행한다.

## 제2장 검사의 사법경찰 직무

**제4조** 검사는 위경범을 제외하고, 그 죄범에 대한 고소와 피고인의 고발을 모두 수취하고, 자신이 현행범을 검시한 후에는 검시명세서(檢視明細書)를 작성하며, 그밖에 사법경찰관의 검시명세서를 수취하여, 상당재판소에 그 재판을 요구한다.

**제5조** 범죄가 일어난 지역이 검사와 범인이 머무르는 지역이거나 기류지(寄留地)[36]이면, 검사와 범인이 출현한 지역의 검사가, 앞 조항의 직무를 수행할 수 있다.

**제6조** 중범죄가 만일 범행의 정황이 번거로우면, 검사가 규문판사에게 보내서 하조(下調)를 청하고, 하조가 끝난 후에, 검사는 다시 증빙문서를 수취하여 재판소에 소(訴)를 행하고 그 재판을 요구한다.

**제7조** 규문판사가 검사에게 하조한 것에 불복한 때에는, 다시 다른 규문판사에게 하조를 요구하거나, 바로 판사에게 보내서 재판을 요구한다.

---

**36** 기류지(寄留地): 본적지를 떠나서 거주하고 있는 처소를 뜻한다.

## 제3장 경부(警部)의 사법경찰 직무

**제8조** 현행범죄를 경부(警部)이면서 먼저 알게 된 경우는, 바로 범행 장소에 가서 일체의 검사가 할 수 있는 일을 행한다.

**제9조** 만약 어떤 사건을 검사에게 보냈는데, 경부가 동시에 검시를 행하고 범행 장소에 이르렀을 때에는 경부가 검사에게 넘긴다.

**제10조** 검사와 규문판사가 경부에게 자기 직권 내의 일부를 행하도록 위임하면, 경부가 받들어 행한다.

**제11조** 경부가 수취한 고소·고발 문서는, 범죄를 행한 것을 살핀 검시 명세서와 기타 서류와 같은 것은 검사에게 속히 보내고 검사의 처분을 받들어, 구류가 지체되지 않도록 한다.

## 제3장 사법경찰의 현행범 처분

**제12조** 현행범죄와 현행이 종료된 범죄를 현행범이라고 한다. 여러 사람이 범죄의 주범이라고 함께 지명한 경우, 만약 흉기·문서·기타 범죄를 증빙할만한 물건을 지니고 있는 범인을 판별하며 조사할 때는, 비록 시일이 지난 경우라도 또한 현행범에 준한다.

**제13조** 현행중범을 순사가 발견하여 알게 된 때에는, 사법경찰관에게 급히 보고하고, 범인이 붙잡은 시체나, 흉기물과 같은 일체의 증적을 온전히 보호하여 원상태를 보존하며, 타인의 동요를 막고 또한 증인이 떠나는 것을 금하여, 사법경찰관이 도착하기를 기다린다. 사법경찰관은 최선의 보고를 받고, 즉각 범행 장소에

가서 검시(檢視) 처분을 행한다.

단, 사법경찰관이 먼 곳에 있는 경우는, 순사가 곧바로 검시처분을 행하고 사법경찰관에게 보고하며, 보고를 받은 사법경찰관에게 질병과 장애가 있으면 순사에게 위임하여 그 처분을 마무리할 수 있다.

제14조 사법경찰관은 범죄의 정황, 범행 장소의 모양, 사람을 살상하거나, 살상 당한 광경을 본 목격자를 시찰하고, 증빙물건을 취하여 압수하고 검시하여, 명세서(明細書)를 작성하는데, 이를 검시 처분이라고 이른다.

제15조 사법경찰관이 범행 장소에서 검시를 끝낼 때까지, 사람들을 막아서 장소에 출입할 수 없도록 하며, 이를 어기는 자는 구류판사에게 곧바로 보낸다.

제16조 사법경찰관은 순사와 살상 피해 목격자, 주변인과 범행 전후의 사정을 아는 자 등, 일체의 관련된 사람들을 조사하고 진술을 듣고, 각각의 구서를 작성하여 화압(花押, 수결)이나 보인(寶印, 도장)을 받는다.

단, 스스로 화압할 수 없거나, 또한 증인(證印)이 없는 경우는 무인(拇印, 지장)을 찍도록 한다.

제17조 현행범의 증거로 피고인을 체포하면, 곧바로 그 규문 구서를 작성하고, 피고인의 화압이나 보인이나 무인을 받는다. 피고인이 도주할 때에는 순사에게 쫓아서 체포하도록 명령한다.

제18조 사법경찰관은 흉기와 장물을 압류한 문서와 기타 증빙물건을 피고인에게 보이고, 답변을 요구한 후 구서에 기재한다.

제19조 압류한 물건은 명세서에 기입하고 물건은 봉인하며, 기물(器物)

과 같은 것은 봉인하지 않는다.

**제20조** 사법경찰관은 기술인【의사·분석사·선축공·조각공의 류】으로 하여금 면전에서 직접 살펴보도록 하고, 증서를 작성한 후 화압하거나 보인하고, 2인 이상 함께 직접 살피면, 따로 증서를 작성하도록 한다.

**제21조** 사법경찰관은 검시처분을 끝내고 그 범죄 증거를 얻었을 때, 피고인을 구류하거나 보호 관리하고, 그 명세서와 구서, 증인 구서 및 증빙 문서와 물건을 판사에게 속히 보내고 그 재판을 요청한다.

## 제4장 사법경찰관의 비현행(非現行) 처분

**제22조** 현행법에 제외된 죄범의 고소나 고발, 경부의 고소·고발 문서를 송부하면, 검사는 그 서류를 검토하고, 또한 한 번 묻고 확인하며, 그것이 법률에 저촉되는 지를 판별하며 조사할 때는, 문서를 갖추어 규문판사에게 송부한다.

단, 시의에 맞게 제17조, 20조, 21조 규칙을 통용한다.

# 경찰규칙 부록

## 【외국공사 및 공사관 소속원】

제1조　외국공사는 우리나라의 헌법으로 구속되는 것이 통의(通義)이다. 그 소속원 및 가옥·거마 역시 그러하다.

제2조　내국인이 공사에게 고용되어 명부에 있으면, 그 속례(屬隷)와 같다. 만약 체포하거나 규문할 일 등이 있으면, 외무성은 공사에게 알리고, 공사가 허락한 후에 행한다. 대개 행하는 일은 공사가 관여할 수 없다.

제3조　내국인이 고용되면 외무성에 그 명부를 보고하고, 외무성은 사법경찰관에게 보고한다. 경찰관은 그 성명을 항상 기재해 두고, 체포할 만 한 자가 있어 그 자를 만나면 그 명부의 기록과 대조한다. 그 진상을 발견하면 공사관에 보내서, 공사에게 상세히 보고한 뒤에 행한다.

## 외국공사관

제4조　공사관에 들어가는 허락을 받지 못하면, 들어갈 수 없다. 만약 중범죄를 저지른 자가 도망쳐서 공사관으로 들어가면, 공사관 문을 지키는 자에게 알려, 관주(館主)의 허락을 받아 체포할 수 있다.

제5조　공사관과 서기관의 집에 대한 예(例)로는, 비록 그 거마·가축에 접근하는 것이 용인되지 않지만, 부득이한 일이 있으면 외무성

에 요청한 후에 처리한다.

공사의 소속원이 범죄를 저지르거나, 범죄를 저지른 내국인이 공사관 내에 머무르는 경우.

**제6조**　공사에 부속(附屬)된 외국인의 현행 살상·표도(剽盜)[37] 등 대죄의 경우는, 그 증거 자료를 얻으면 현장에서 그 사람을 구류하고, 바로 공사관에 보고하며, 공사관에 송부한 후 외무성에 보고한다.

**제7조**　범죄 사실을 알게 되거나, 다른 이를 통해 범죄가 드러나서 죄과를 밝혀 심문해야 할 대상인 경우, 내국인이면서 공사관 안에 머무르면, 그 주위를 봉쇄한 후 외무성에 알린다. 외무성은 관주(館主)에게 그 사람을 포박할 것을 요구하고, 관주가 거절하면 다시 외무성에 알려서 처리한다.


# 경시청 처무규칙 장정[38]


## 여러 국의 일반 권한

국장은 총감에게 일을 받아 국의 사무를 관리한다.

국장은 과장 이하의 요속(僚屬) 및 특무경원(特務警員)을 독려·지휘하고, 그 상벌과 출척을 구장(具狀)[39]으로 총감에게 보고한다.

---

37　표도(剽盜): 남을 협박하여 빼앗음을 뜻한다.

38　박정양(朴定陽)이 편찬한 『일본국내무성각국규칙(日本國內務省各局規則)』 2책에는 "경시청 처무규정(警視廳處務規程)"으로 수록되어 있다.

단, 특무경원의 진퇴에 관해서는 미리 순사총장에게 조회(照會)하고, 국장이 관장하는 사무가 성규(成規)·정칙(定則)·전례·관행과 관계된 것은 총감을 대신하여 전결하여 시행하고, 그렇지 않은 것은 처분 방안을 구장(具狀)으로 총감에게 보고하고 명령을 청한다.

국장이 관장하는 사무 중 필요한 경우가 있으면, 곧바로 경찰사와 왕복한다.

국장은 국의 사무를 일보(日報)로 총감에게 올린다.

부국장은 국장의 직무를 돕고, 국장에게 사고가 있으면 대리할 수 있으며, 과장은 국장에게 일을 받아 과료(課僚)를 지휘하고 과의 사무를 분간하여 처리하며, 그 예규 외에는, 국장에게 의견을 자세히 보고하고 명령을 청한다.

과장은 과의 등외(等外)의 관리의 출척과 상벌을 구장으로 국장에게 보고한다.

과장은 과의 사무를 국장에게 일보(日報)로 올린다.

과장은 과장의 지휘에 속하여 사무를 분장(分掌)한다.

과료(課僚)가 자신의 신상에 관련된 일로 총감에게 청원서를 올린 경우는, 반드시 먼저 과장을 경유하고, 과장은 국장에게 (청원서를) 올리고, 과장은 총감에게 구신(具申)하여 명령을 청한다. 과장의 청원서는 또한 국장을 경유하여 총감에게 올려야 한다.

대개 국(局)에서 괘(掛)라고 일컫는 것은 과(課)와 비슷하다.

---

**39** 구장(具狀): 어떤 일의 내용을 상세히 적어 보고하는 서류를 뜻한다.

## 내국(內局)

**국장 1인**

**부국장 1인**

국장은 다른 국 및 순사본부, 소방본서를 직접 점검하여, 총감에게 문서를 올리고, 주무에 대해 문의하며, 또한 의견을 자세히 갖추어 총감에게 진술한다.

국 중 사무는, 4과로 나눈다.

제1과 국가 일의 전반을 경찰한다.

제2과 정사(政事)의 결사·집회, 신문지·잡지·그림 등의 간행 및 광고·연극에 관계된 것.

제3과 외국인의 사무·번역 및 총기·탄약 및 총렵에 관계된 것.

제4과 총감과 왕복하는 문서를 접수하고, 전신(電信) 및 현관을 감독한다.

## 서기국(書記局)

**국장 1인**

**부국장 1인【혹은 2인】**

**국장 부서기**

국 중 사무는, 문서부와 회계부 2부로 나눈다.

## 문서부(文書部)

부(部) 중 사무를 3괘로 나눈다.

제1 이력괘(履歷掛) 본청 직원의 진퇴와 출척 및 이력과 근무일수를 감독함.

제2 규칙괘(規則掛) 본청 시설 안팎의 여러 규칙 및 본청 직원의 상벌을
조사함.

제3 기록괘(記錄掛) 기록을 편찬하고, 표를 제작함.


## 회계부(會計部)

**부장(部長) 1인** 【부장(副長)으로 채운다.】

**부장 부서기(附書記)**

부 중의 사무를 5괘로 나눈다.

제1 검사괘(檢査掛) 회계 일반에 관한 검사.

제2 출납괘(出納掛) 경비의 출납.

제3 조도괘(調度掛) 필요한 물품을 적절히 구비함.

제4 영선괘(營繕掛) 청사를 새로 짓거나 수리함.

제5 잡역괘(雜役掛) 본청 시설 안팎을 청소하고, 파손·화재에 주의를 기
울이며, 용무원을 감독함.


## 제1국

**국장 1인**

**부국장 1인**

**국장 부서기**

국 중 사무는, 3과로 나눈다.

제1과 영업과 시장의 도량형 및 국사(國事)에 관한 결사·집회.

제2과 건축·도로·거마·수륙·운륜(運輸)·수재와 화재·소방.

제3과 위생사무 및 도축장, 건강에 위험하고 해가되는 물품의 판매와
제조.

## 제2국

**국장 1인**

**국장 부서기**

국 중의 사무는 4과로 나눈다.

제1과 범죄자 검거.

제2과 창기(娼妓) 및 사창(私娼)을 빌려주거나 확산하는 일.

제3과 감창(監倉) 및 징역장, 걸식하는 무뢰배.

제4과 기아·미아·실종자와 유실물·내국(內國)의 난파선 표류.

## 순사본부(巡査本部)

**총장 1인**

**부총장 1인**

총장은, 방면감독 이하의 모든 관원들을 독려·지휘하고, 본부 안팎의 여러 사무를 관리하고, 본부의 모든 관원의 질서와 평화를 보호·유지하는 책임을 맡는다.

순사장(巡査長) 이하의 상벌과 출척은 총감에게 모두 구장(具狀)으로 보고한다.

단, 특무원의 상벌과 출척은 해당 국장의 조회(照會)에 의하고, 총감에게 의견을 상세하게 보고한다.

순사의 상벌과 출척에 관한 사령(辭令)을 받들어 행한다.

순사부장 이하의 상벌과 휴가, 기타 정규·전례·관행은 전결 시행하고, 순사를 지원하는 사람이 있으면, 시험 후 총감에게 구장(具狀)으로 보고하며, 사무에 대한 구두 보고를 총감에게 올린다.

부총장은 총장을 돕고, 총장에게 사고가 있을 때에는 곧바로 총장을 대리한다.

본부를 내근부·외근부 2부류로 나눈다.

## 내근부(內勤部)
### 제1 본부사무소(本部事務所)

**사무장(事務長) 1인 【**방면감독(方面監督)으로 채운다.**】**
총장의 명을 받고, 본부의 일체의 사무를 관리한다.

**사무 【**순사장(巡査長) 이하로 채운다.**】**
사무장에게 일을 받아 분장하고, 문서를 주고받으며, 명부를 표로 제작하고, 순사 지원자의 시험용 마필 등의 일을 나누어 담당한다.

### 제2 의무소(醫務所)
**의장(醫長) 1인**
총장의 명령을 받아, 그 순사 지원자의 체격을 검사하고 순사의 질병을 치료·진단한다.

**의원(醫員)**
의장의 수술을 보조한다.

## 외근부(外勤部)
부(部)를 일반 업무와 특별 업무 2종류로 나눈다.
특별 업무 일반 업무

**방면감독(方面監督) 5인**

관할 내를 5방면으로 나누어 각 1방면을 담당한다.

담당하는 방면의 내둔소(內屯所) 및 교번소(交番所)를 순시하고 행무(行務)를 감독한다.

혹은 총장을 대리하여, 순사장 이하를 편의에 따라 지휘하기도 한다.

## 순사둔소(巡査屯所)

각 군·구에 별표에 따라 배치한다.

순사장 이하의 처무규정은 별도로 정한다.

**황거힐(皇居詰)**

**예비구(豫備具)**

**위생괘(衛生掛)**

**도로괘(道路掛)**

**제거괘(諸車掛)**

**철도괘(鐵道掛)**

**여점병하숙괘(旅店並下宿掛)**

**시장괘(市場掛)**

**유원관물장괘(遊園觀物場掛)**

**형사탐정괘(刑事探偵掛)**

**풍속괘(風俗掛)**

특별 업무에 복무할 때, 순사는 그 인원의 다과와 사무의 정도에 따라 경찰사·순사장·순사부장(副長)·순사부장(部長)이 편의대로 관리·감독한다.

특별 업무는 본부에 있는 둔소나 다른 장소에 파견되어, 각기 주무에 종사하는 것이다.

특별 업무에 복무할 때는, 반드시 국장의 근무에 부속되어, 해당 국장의 지휘를 받고 신분은 총장의 관할에 속한다.

## 경찰서 【각 군(郡)·구(區)에 배치하고, 별표에 따른다.】

### 경찰사(警察使)

관할 내의 행정·사법 일체의 경찰 사무를 집행한다.

부속된 서기와 순사를 모두 감독·지휘하는데, 그 상벌과 출척을 총감에게 구장(具狀)으로 보고한다.

단, 순사의 진퇴에 관계된 것은 미리 총장에 조회(照會)한다.

대개 경찰관에게 주의·승인·검시(檢視) 등의 일을 신청한 경우, 그 신청한 바를 듣고 적절하게 변통하여 처리할 수 있으며, 순사가 나포한 죄범 구치인(拘致人)을, 언뜻 보아 그대로 지나치지 못하는 경우도 또한 동일하다.

단, 별도의 규칙에 관계된 것은, 그 규칙에 따른다.

직무상 필요한 경우는, 관할 내의 둔소(屯所)에 있는 순사장 이하를 불러 집행을 맡긴다.

관할 내에 특무경원(特務警員)을 파견하여 그 장소를 감시하더라도, 필요한 경우 해당 경원을 돕도록 한다.

위식(違式)과 위사(違事) 범죄를 자세히 조사하고 전례를 살펴 처분한다.

물품을 유실하거나 습득한 자의 신고에 대해 듣는 즉시 분명히 결정할 수 있는 경우는 전례를 살펴 처분하고, 그렇지 않은 경우는 본청에 이임

(移任)한다.

사무는 총감에게 일보(日報)로 올린다.

## 경찰부사(警察副使) 【위와 같고, 경찰사의 다음 직을 맡는다.】

## 서기(書記)

경찰사·경찰부사에게 사고가 있으면 그 직무를 대리할 수 있다.

## 순사 【특무원으로 채운다.】

경찰의 명령을 받아, 탐정·나포에 종사한다.

## 소방본서(消防本署)

### 사령장(司令長)

대사령 이하 서원(署員)의 상벌과 출척은, 총감에게 구장(具狀)으로 보고하고, 관장하는 사무가 성규(成規)·정칙(定則)·전례·관행에 관계되면, 전결 시행하며, 소방수의 상벌과 출척 및 휴가 또한 동일하다.

### 사령부장(司令副長)

### 대사령(大司令)

사령장(司令長)의 명령을 받아, 문서를 주고 받고, 명부를 표로 만들거나 소방수 지원자의 검사 및 기계·마필 등의 일을 모두 담당한다.

사령장과 사령부장에게 사고가 있으면 그 직무를 대리한다.

### 중사령(中司令)

### 소사령(小司令)

대사령의 지휘에 속하며, 그 사무를 나누어 담당한다.

### 의원(醫員)

사령장의 명령을 받아, 소방수 지원자의 체격을 검사하고, 대원이 직무
상 부상을 입은 경우 치료·진단한다.

### 소방분서(消防分署)

### 중사령(中司令)

### 소사령(小司令)

### 소방수(消防手)

### 소방대분견소(消防隊分遣所)

### 소사령

### 소방수

가지하시 감옥서(鍛治橋監獄署)
이치가야 감옥서(市谷監獄署)
이시카와지마 감옥서(石川島監獄署)[40]

---

40 원문에 누락된 '島'를 포함하여 번역하였다.

### 전옥(典獄)

서기·간수장 이하 시원(署員)의 상벌과 출척은 총감에게 구장(具狀)으로 보고하고, 관장하는 사무가 성규(成規)·정칙(定則)·전례(典例)·관행(慣行)이면, 전결(專決) 시행한다.

연보(年報)와 일보(日報)를 총감에게 올린다.

### 부전옥(副典獄)

### 서기(書記)

전옥·부전옥에게 사고가 있으면 그 직무를 대리한다.

### 간수장(看守長)

### 간수부장(看守副長)

### 간수

## 경찰서 배치 및 인원표

경찰서 25처(處)【도쿄부 아래 15구(區), 5군(郡)이 있는데, 대구(大區) 5처에 2서(署)를 설치하였으므로 25처가 된다.】

### 경찰사(警察使) 25인

### 경찰부사(警察副使) 25인

### 서기 80인【매 서(署)마다 3인을 배치하는데, 대서(大署) 5처(處)에는 4인을 배치하였으므로 80인이다.】

### 특무순사(特務巡使) 86인【매 서마다 3인을 배치하는데, 대서 11처에 4인을 배치하였으므로 86인이다.】

합 216인.

## 순사둔소(巡査屯所) 배치인표

순사둔소 31처【도쿄부 아래 5방면(方面)으로 나누는데, 매 방면마다 6둔소를
　　　배치하고, 방면 외에 1둔소를 더 배치하였으므로 31처가 된다.】
**순사정부장(巡査正副長) 31인**
**순사부장(巡査副長) 270인**【매 둔소마다 최소 6인에서 최대 18인까지】
**순사 770인**【매 둔소마다 각 26인인데, 소둔(小屯) 5처에는 24인을 배치하고,
　　　1처에는 배치하지 않는다.】
파출소 330처【매 둔소마다 파출된 자는, 최소 5인에서 최대 42인까지】
합 3,095인.


## 각 경찰서 경찰사(警察使) 임시 주의사항[41]

제1조　경찰사는 관할 내의 안녕을 유지하고, 범죄가 발생하기 이전에
　　　예방·경계한다. 이미 발생한 범죄는 수사·체포하여, 그 죄악을
　　　단절시켜, 이후에 실질적인 보호가 달성되도록 하며, 오로지 민
　　　정을 잘 살피는 것을 위주로 한다.
제2조　경찰사가 직무상 의견을 스스로 결정하지 못하는 것은 총감에
　　　게 구장(具狀)으로 보고한다.

---

**41** 박정양이 편찬한 『일본국내무성각국규칙』 2책에는 "각 경찰서 경찰사 주의사항(各警察
署警察使心得)"으로 수록되어 있다.

제3조   인민(人民)의 소서(訴書)·원서(願書)·계서(屆書) 등은, 경찰사가
　　　　반드시 직접 듣고, 그 서면 한통은, 구술(口述)이나 또는 서면으
　　　　로 사실을 명료하게 밝히고, 서기와 당사자가 함께 공동으로 서
　　　　명하고 날인한다.

　　　　단, 본 문서를 각국에 교부하고, 그 문서 번호와 주요 내용을
　　　　부책(簿冊)에 남겨둔다.

제4조   앞 조항의 서면은 경찰사도 반드시 서명하고 날인해야 한다.

제5조   죄의 경중을 따지지 않고 범행 상황을 시찰하고, 사법경찰 가규
　　　　칙 제8조·제14조에 의거하여 처분한다. 【이는 사법성이 주관한다.】

제6조   대개 범죄의 소(訴)가 있는데, 3일 이내에 죄인을 포박하지 못하
　　　　면, 부책(簿冊)에 그 주요 내용을 기재하고, 그 증빙물건과 함께
　　　　제2국에 보낸다.

　　　　단, 도난을 당하여 각 지역의 신고자에게 물품에 대해 보고해야
　　　　하는 경우, 다음날 오전 11시에 제2국에 보내야 한다.

제7조   국사범(國事犯)을 알게 되면 속히 총감에게 구장(具狀)으로 보고
　　　　하고, 만약 총감이 부재중이면 내국장(內局長)에게 신고한다.

　　　　단, 다급한 비상사태인 경우에는 알맞은 처치 후에 구장(具狀)
　　　　으로 보고 할 수 있다.

제8조   인명(人命)·강도·기타 중대한 사건은 곧바로 전신(電信)과 기타
　　　　방법으로 제2국에 급히 보고한다.

제9조   대개 범죄인을 나포하면 제2국으로 보내고, 다만 여러 죄가 아
　　　　울러 발생한 때에는, 단지 주죄(主罪)의 증빙을 획득하고, 그 나
　　　　머지는 본범(本犯)의 자백으로 조서를 기재한다.

제10조  사상(死傷)의 변고는 시험규칙(視驗規則)에 근거하여 처분하고,

그 시험서류(視驗書類)는 속히 제2국으로 보낸다.

제11조 【삭제】

제12조 범죄의 탐정·나포 등이 다른 부·현 및 개척사(開拓使)와 관계되면 제2국에 신속히 신고하고, 해당 국(局)의 처분에 맡긴다.

제13조 탐정·나포 등의 일에 제2국원이 경찰서에 파견될 때는 그 상의(商議)를 받는다.

제14조 대개 규칙·조례를 위반한 범죄를 저지르면, 타관(他官) 출행을 차류(差留)하고, 제2국에 조서를 송부한다.

단, 몰래 매음을 저지르는 경우, 이 제한을 받는다.

제15조 대개 유실물을 습득하여 신고한 자가 있으면, 그 품목을 상세히 기재하고, 본인에게 수령서를 양도하며, 그 서류와 물품을 제2국에 송치한다.

단, 그 물품이 매우 크거나 이미 부패하고 상하여 송치할 수 없으면, 편의에 따라 처분하고 서류를 송치한다.

제16조 숙직할 때, 서기 1인, 형사·순사 1인이 근무한다.

# 부현관 직제[42]

메이지 8년 【11월】 부현 직제 사무장정을 폐기하고 부현관 직제를 정하
여 별책으로 이 내용을 상달(上達)한 후의 일이다.

메이지 11년 7월 25일 태정대신(太政大臣)은 산조 사네토미(三條實美)이다.

## 직제

### 부지사(府知事)[43] 1인
### 현령(縣令)[44] 1인

제1. 부지사·현령은 부내(部內)의 행정과 사무를 총괄하여 다스리고 법
　　률 및 정부의 명령을 집행하는 것을 전장(專掌)한다.

제2. 부지사·현령은 비록 내무의 감독에 속하지만, 각 성(省)이 주임하
　　는 사무는, 반드시 각 성의 경(卿)에게 지휘를 받는다.

제3. 부지사·현령은 법률 및 정부의 명령을 집행하는데 중요하다고 생각
　　되는 것은, 그 실시 순서를 정하여 부(部) 내에 포달(布達)하고, 적절
　　하게 처분 하며, 허가를 받은 사건은, 규칙을 세워 부 내에 포달하고
　　발행한 후, 곧바로 각 성의 주무(主務) 경(卿)에게 보고한다.

---

42 박정양이 편찬한 『일본국내무성각국규칙』 1책에는 "각 부현관 직제(各府縣官 職制) 무
인(戊寅)"으로 수록되어 있다.

43 부지사(府知事): 일본의 광역 자치체인 부(府)의 수장이다.

44 현령(縣令): 일본에서 1871년부터 1886년까지 설치되었던 현(縣)의 장관(長官)에 대한
칭호이다.

제4. 부지사·현령의 포달 및 처분 법률이, 만약 정부 명령과 서로 배치되거나 또는 권한을 침해하면, 태정대신(太政大臣)이나 각 성의 주무 경이 취소를 명령한다.

제5. 부지사·현령이 행정 사무를 가지고, 주무 경에게 품청(稟請)하고, 명령을 기다린 뒤에 처분하는 경우, 별도로 정한 규칙을 따른다.

제6. 부지사·현령은 지방세를 징수하여 부(部) 내의 지출비용을 충당하고, 그 예산·결산을 갖추도록 하여, 내무경(內務卿)·대장(大藏卿)에게 보고하며, 부·현회의 방안이 있으면, 회의에 부쳐야 한다.

제7. 부지사·현령은, 그 속관(屬官)을 판임(判任)하고 진퇴를 결정하며, 분과(分課)를 반드시 명령한다.

제8. 부지사·현령은, 그 군장(郡長) 이하 이원(吏員)을 판임하고 진퇴를 결정하며, 그 군(郡)의 업무를 지휘·감독한다.

제9. 부지사·현령은 비상 사변이 있으면, 진대(鎭臺) 및 분영(分營)의 장교(將校)와 논의하고, 편의에 따라 처분할 수 있다.

제10. 부지사·현령은 부회(府會)·현회(縣會)의 소집과 회의의 중지를 전행한다.

제11. 부지사·현령이 발의한 안건은 부회나 현회에 부쳐 의결한 뒤에, 인가 여부를 결정한다.


## 대서기관(大書記官)

**소서기관(小書記官)** 【부(府)에는 대·소서기관 각 1원(員)을 두고 현(縣)에는 대·소서기관 중 1인을 두는데, 만약 개항한 현의 사무가 번거롭고 바쁘면, 상급 부서에 청하여 부례(府例)에 의거하여 각 1원을 둔다.】

제1. 서기관은 부지사·현령을 도와 부내의 행정과 사무를 담당하는 참판(參判)이다.

제2. 부지사·현령이 만약 임소(任所)에 없거나 또는 사고가 있으면 서기관이 대리하여 맡는다.

### 속(屬)【1등부터 10등까지】

속은 부지사·현령에게 일을 받아 서무(庶務)를 나누어 담당한다.

### 경부(警部)【1등부터 10등까지】

경부는 부지사·현령에게 일을 받아 관할 내의 경찰 임무를 담당한다.

### 전옥(典獄)

전옥은 부지사·현령에게 일을 받아, 감서(監署)의 사무를 총괄하여 다스린다.

### 부전옥(副典獄)

전옥의 다음가는 직을 맡는다.

### 서기(書記)

각각 그 주무에 종사한다.

### 간수장(看守長)

감옥의 계율(戒律)과 치안(治安)을 담당하고, 간수(看守)의 근무 태도를 시찰한다.

## 간수

감옥의 계율과 치안에 종사한다.


## 군장(郡長) 1인 【팔등(八等) 상당】

제1. 군장의 봉급은 지방세에서 지출하고, 한 달에 팔십 원 이하로 하여, 각 지방관의 편의에 따라 부지사·현령이 정한다.

제2. 군장은 해당 부·현에 본적(本籍)을 둔 사람을 임명한다.

제3. 군장은 부지사·현령에게 일을 받아 군에 법률·명령을 시행하고, 한 군의 사무를 총괄하여 다스린다.

제4. 군장은 법률·명령·규칙에 의거하여 위임받은 조건에 관계되는 것을 편의대로 처분한 뒤에 부지사·현령에게 보고한다.

제5. 군장의 처분에 부당한 것이 있으면, 부지사·현령이 명령하여 취소한다.

제6. 군장은 정·촌의 호장(戶長)을 감독한다.


## 군서기(郡書記) 【10등부터 17등까지】

군서기의 봉급은 지방세에서 지출하고, 그 액수는 부지사·현령이 적당하게 정한 바를 따른다. 그 선임·진퇴는 군장의 구장(具狀)에 의거하여, 부지사·현령이 명한다.

시가지에 배정된 구장(區長) 및 서기는, 모두 군장·군서기의 경우와 동일하다.


아래에 열거한다.

제1. 분군(分郡)이나 여러 군에 하나의 군장을 두거나, 구(區)를 정하는 일.

제2. 군(郡)·구(區)의 경계를 재편성 하거나 정((町)·촌(村)의 비지(飛地)[45]를 재편성 하는 일.

제3. 관에서 지급하는 경비를 예산하여 한 해의 상액(常額)을 정하는 일.

제4. 아직 예규(例規)가 없는 관금(官金)을 출납하는 일.

제5. 관금을 보관하여 지키는 규칙 및 관금을 바꾸거나 맡기는 방법을 만드는 일.

제6. 부·현의 관사(官舍) 및 감옥을 새로 건축하는 일.

제7. 홍수나 가뭄을 당한 자의 조세를 모두 정해진 기한보다 2개월 뒤로 연기하는 일.

제8. 토지 종류를 변환하는 일.

제9. 토지의 전환에 의거하여, 토지 조세를 감면하여 받는 일.

제10. 토지 가격을 검토하고 조세액을 정하는 일.

제11. 하항(河港)·도로·제방·교량·개간(開墾) 등의 류가 다른 관할지에 관계되거나 정액(定額) 외의 관청의 비용을 지출하여 토공(土功)을 일으키는 일.

제12. 제반 대하금(貸下金)의 반납 기한을 6개월 이상 연기해 주거나, 대하금을 없애주는 일.

제13. 관림(官林)을 벌채하는 일.
    단, 치수(治水)와 도로 정비를 위하여 3등 관림(官林)의 대나무와 나무를 사용하는 것은 이 제한을 받지 않는다.

제14. 관지(官地)·관택(官宅) 및 그 곳의 나무와 돌을 매각하는 일.

제15. 주류의 세율로 사용할 금액을 정하는 것.

---

**45** 비지(飛地): 한 나라의 영토로서 다른 나라의 영토 안에 있는 땅을 말한다.

제16. 관청에서 사용하기 위한 토지를 사들이는 일.

제17. 신사와 사찰 같은 제세지(除稅地)의 구역을 바로잡는 일.

제18. 관림(官林)을 불하(拂下)하는 일.

제19. 관유지와 민유지의 벌채를 금하는 일.

제20. 삼림지 및 대나무와 나무에 대해 관유지와 민유지의 구별을 정하는 일.

제21. 광산의 차구(借區) 경계에 관한 일.

제22. 광산의 차구세(借區稅)를 유예하거나 감면하는 일.

제23. 갱법(坑法)을 위반한 자를 처분하는 일.

제24. 예전 금화·은화 및 통화(通貨)하기에 손상된 돈을 교환해 주는 일.

제25. 외국인의 내지 여행에 관한 일.

제26. 외국인이 거류지 외에 주거하는 일.

제27. 거류지의 지소(地所)를 외국인에게 대여하는 일.

제28. 내국인과 외국인의 결혼원(結婚願)을 허가하는 일.

제29. 학교 보조금 예규(例規) 외에 지출하는 일.

제30. 사립학교 운영을 정지하는 일.

제31. 부지사·현령의 명의로, 외국인과 조약을 맺는 일.

제32. 부지사·현령의 명의로, 관금(官金)의 변상하거나 빌리는 계약을 맺는 일.

제33. 규례가 없는 은전(恩典)에 따라 시행하는 일.

제34. 신사와 사찰의 창립·부흥·복구 등, 원(員) 수 증가 청원의 허가 여부의 일.

제35. 개간지가 되기까지의 기간이 10년 걸린 황무지는 면세해 주고, 5년 이상은 감면해 주는 약속기간을 부여해 주는 일.

단, 그 연기(年期)를 계산하여, 당초부터의 기산(起算)이 이 연한 을 넘는 경우, 또한 본 계산을 따른다.

1. 포고(布告)·포달(布達)·지령(指令)으로 전임하는 사건 및 정 규(定規)·성규(成例)가 있는 사건은, 지방관이 각자 책임을 지고 처분하고, 상사(上司)에게 품청하는 예(例)는 두지 않는 다. 만약 예규에 의거하여 시행하기 어려운 사정이면, 특별 처분을 요구해야만 이유를 갖추어 신청할 수 있다.

1. 여러 회사의 설립에 관한 원(願), 여러 광산을 새로 채굴한다는 원, 도서 판권에 대한 원, 약을 판매하는 원 등이, 조약·규칙 에 의거하여 지방관을 경유한 것은, 부(府)·현(縣)에서 사무를 관장하여, 각 성(省)에 품청(稟請)하는 류와 같지 않으므로, 지사(知事)·현령(縣令)이 오서(奧書)[46]를 쓰고 도장을 찍어서 그 사실을 공증하고, 사무를 주관하는 각 성(省)에 진달한다.

1. 이후로 발행되는 법률·규칙의 조건으로, 부·현의 장관이 상 급 기관에 품청한 후 처분한 것은, 문건마다 명문(明文)으로 게재한다.

1. 중대하거나 예규(例規)에 없는 일 및 비상사무를 제외하고, 대개 지방의 일상 업무 조건으로 앞 조항에 게재하지 않은 것은, 그 지방관이 편의대로 처분한 후에 보고하게 한다.

---

**46** 오서(奧書): 문서의 맨 끝에 이름을 기록한다는 뜻이다.

# 원로원 직제 장정

의장(議長)

부의장(副議長)

의관(議官)

이상 일등관(一等官) 지위.

## 관등(官等)

대서기관(大書記官) 4등

권대서기관(權大書記官) 5등

소서기관(小書記官) 6등

권소서기관(權小書記官) 7등

대서기생(大書記生) 8등

권대서기생(權大書記生) 9등

중서기생(中書記生) 10등

권중서기생(權中書記生) 11등

소서기생(小書記生) 12등

권소서기생(權小書記生) 13등

## 직제

**의장(議長)** 1인【특별히 선임한다.】

의장(議場)에 임하여 정돈하고, 의장(議長)은 본원 장정을 준수하며, 아울러 조례·규칙을 집행하고, 판관(判官) 이하의 진퇴를 주관한다.

**부의장 1인【특별히 선임한다.】**

의장이 결원이거나, 또한 사고가 있어 결석하면, 그 사무를 대리한다.

**간사(幹事) 2원(員)**

의원 중에서 특별히 선임하고, 원(院) 중의 서무·회계 등의 일을 관리한다.

**의관(議官)**

본원의 장정을 따르고, 의안 논의를 맡는다.

이상 칙임관(勅任官).


**대서기관(大書記官)**

의장을 명을 받들어 의장(議場)·연장(演場)에 나가 사안을 논의하고, 의안을 읽고 논의한 사항을 기재하여, 상주 문안의 작성을 맡는다.

**권대서기관(權大書記官)**

의장에 속하거나, 의관(議官)이 그 과의 사무를 나누어 맡긴다.

**소서기관(小書記官)**

**권소서기관(權小書記官)**

대서기관과 같은 일을 맡는다.

이상 주임관(奏任官).


**대서기생(大書記生)**

각 과에 속한 서기·계산 등의 일을 맡는다.

**권대서기생(權大書記生)**

**중서기생(中書記生)**

**권중서기생(權中書記生)**

소서기생(小書記生)

권소서기생(權小書記生)

대서기생과 같은 일을 맡는다.

이상 판임관(判任官).


## 장정


제1조  원로원(元老院)은 법을 논의하는 기관이다. 대개 신법 제정과 구
법 개정을 논의하여 정하는 곳이다.

제2조  의관(議官)은 특별히 선임한다.

제3조  의관 칙임자(勅任者)는, 제1. 화족(華族), 제2. 칙주관(勅奏官)에
오른 자, 제3. 나라에 공로가 있는 자, 제4. 정치·법률에 학식이
있는 자를 등용한다.

제4조  의안(議案)은 칙명으로 내각에서 교부한다.

제5조  본원에서 논의하여 정한 것과 관계된 의안이 검시를 거치면, 종
류가 나뉘는데, 그 구분은 내각 스스로 정한다.

제6조  긴요하게 시행되는 사건으로, 원로원 검시를 거칠 겨를이 없는
것은, 내각 스스로 편의에 따라 포고한 후, 검시에 부친다.

제7조  신법 제정이나 구법을 폐지·개정한 것은, 함께 의견을 갖추어
상주하여 그 비가(批可)를 얻으면, 내각에서 성안(成案) 후 다시
본원(本院)으로 내려 보내서 의논하여 정하고 검시(檢視)한다.

제8조  참의(參議)·성(省)의 사장관(使長官) 및 법제관은 그 주임안(主任
案)의 일을 맡고, 내각 위원은 원로원에 나가 의안의 이취(理趣)
를 판명(辨明)한다.

**제9조**  대신(大臣)·참의·성(省)의 사장관(使長官)은 원로원에 출두하여, 의견을 진술할 수 있다. 단, 의원 수에는 들어가지 않는다.

**제10조** 원로원 대신·참의·성의 사장(使長)은 출두를 요구할 수 있다.

**제11조** 원로원은 입법에 관계된 건백서(建白書)[47]를 받는다.

**제12조** 원로원의 개폐는 조녕(詔命)에 의한다.

## 사무

**제1조**  의장·부의장·간사·집사는 본원의 직제 장정을 아래의 여러 조항과 대조하여 그 사무를 담당한다.

**제2조**  의장은 의관(議官)을 뽑아 위원(委員)으로 삼을 수 있고, 의원(議員)에게 명하여, 위원을 공선(公選)할 수 있다.

**제3조**  의장·부의장에게 모두 질병이 있으면, 다른 부의장을 임명하는 일은, 태정대신(太政大臣)을 거쳐 주청한다.

**제4조**  의장(議長)은 의장(議場)에서 그 직무를 행하고, 부의장·의관(議官)의 자리에 갈 수 있다. 만약 의장이 질병이 있어서 출석할 수 없거나, 회의 도중 자기 의견을 설명하고 의관의 자리에 들어가고자 하면, 부의장이 의장의 자리로 가도록 할 수 있다.

**제5조**  의장이 결원(缺員)이면 부의장이 총(總) 대의장(大議長)을 맡고, 만약 부의장이 회의 도중 자기 의견을 설명하고, 의관의 자리에 들어가고자 하면, 그 간사나 의관 중 임시로 자기의 대리인을 뽑을 수 있다.

---

47 건백서(建白書): 관청이나 윗사람에게 전하는 의견을 적은 서류를 뜻한다.

제6조   의장은, 청중원(聽衆員)의 의론이 상반되면, 그 가부를 결정한다.

제7조   간사가 의석에 임하여, 비록 의관(議官)의 자리에 있더라도, 정
해진 업무를 따라 곧바로 의석에 임하는 것은 아니다.

제8조   간사는 정해진 업무에 복무하고, 특히 위원의 선임을 받으며,
언제든지 스스로 위임국(委任局)에 가서 의견을 진술할 수 있다.

제9조   간사는 본원에 나아가서, 서무·회계 등의 일에 성규(成規)가 있
는 경우 결행한다.

제10조  본원의 서무·회계 등의 일은 간사의 이름으로 여러 성(省)의 장
관(長官)과 왕복한다.

제11조  간사는 회계연도에, 매번 다음 해의 경비를 예산하고, 표로 만
들 수 있다.


행 부호군(行副護軍) 신(臣) 엄(嚴)

# 일본 사법성 시찰기 이

## 형법목록(刑法目錄)

제1편 총칙

　제1장 법례

　제2장 형례

　　제1절 형명

　　제2절 주형처분

　　제3절 부가형처분

　　제4절 징상처분

　　제5절 형기계산

　　제6절 가출옥

　　제7절 기만면제

　　제8절 복권

　제3장 가감례

　제4장 불론죄(不論罪)와 감경

　　제1절 불론죄와 유서감경

　　제2절 자수감경

　　제3절 작량감경

제5장 재범가중

제6장 가감순서

제7장 수죄구발

제8장 수인공범

　제1절 정범

　제2절 종범

제9장 미수범죄

제10장 친족례

제2편 공익에 관한 중죄와 경죄

　제1장 황실에 대한 죄

　제2장 국사에 관한 죄

　　제1절 내란에 관한 죄

　　제2절 외환(外患)에 관한 죄

　제3장 정온(靜穩)을 해하는 죄

　　제1절 흉도취중죄

　　제2절 관리의 직무수행을 방해하는 죄

　　제3절 죄수도주죄(罪囚逃走罪) 및 죄인장닉죄(罪人藏匿罪)

　　제4절 부가형(附加刑)의 집행을 피하는 죄

　　제5절 사적으로 군용의 총포, 탄약을 만들거나 소유하는 죄

　　제6절 통신(通信)의 왕래를 방해하는 죄

　　제7절 주거침입죄

　　제8절 관봉인(官封印)을 파기하는 죄

　　제9절 공무집행을 방해하는 죄

　제4장 신용(信用)을 해하는 죄

제1절 화폐위조죄

제2절 위조관인죄

제3절 관문서위조죄

제4절 사인·사서위조죄

제5절 면허장, 감찰(鑑札) 또는 질병증서의 위조죄

제6절 위증죄

제7절 도량형위조죄

제8절 신분사칭죄

제9절 공선투표위조죄

제5장 건강(健康)을 해하는 죄

제1절 아편(阿片)에 관한 죄

제2절 음용하는 정수(淨水)를 오염시키는 죄

제3절 전염병 예방규칙에 관한 죄

제4절 위해물품 또는 건강을 해칠 수 있는 물품의 제조 규칙에 관한 죄

제5절 건강을 해칠 수 있는 음식물 또는 약제를 판매하는 죄

제6절 사적으로 의약 행위를 하는 죄

제6장 풍속을 해치는 죄

제7장 사체를 훼기(毀棄)하거나 분묘를 발굴하는 죄

제8장 상업 또는 농공업(農工業)을 방해하는 죄

제9장 관리의 독직죄

제1절 관리의 공익(公益)을 해하는 죄

제2절 관리의 인민(人民)에 대한 죄

제3절 관리의 재산에 대한 죄

제3편 신체·재산에 대한 중죄와 경죄

　제1장 신체에 대한 죄

　　제1절 모살(謀殺) 또는 고살(故殺)에 관한 죄

　　제2절 구타창상죄

　　제3절 살상(殺傷)에 관한 유서(宥恕) 및 불론죄(不論罪)

　　제4절 과실살상죄

　　제5절 자살(自殺)에 관한 죄

　　제6절 사적으로 사람을 체포·감금하는 죄

　　제7절 협박죄

　　제8절 낙태죄

　　제9절 유아(幼兒) 및 노병자(老病者)를 유기하는 죄

　　제10절 유아를 약취(略取)·유괴(誘拐)하는 죄

　　제11절 외설(猥褻)·간음(姦淫)·중혼죄

　　제12절 무고(誣告) 및 비방죄

　　제13절 조부모와 부모에 대한 죄

　제2장 재산에 관한 죄

　　제1절 절도죄

　　제2절 강도죄

　　제3절 유실물(遺失物)·매장물(埋藏物)에 관한 죄

　　제4절 가족재산(家族財産)의 분산(分散)에 관한 죄

　　제5절 사기로 재물을 취하는 죄 및 기탁받은 재산에 관한 죄

　　제6절 장물(臟物)에 관한 죄

　　제7절 방화·실화죄

　　제8절 결수죄

제9절 선박복몰죄

제10절 가옥 물품(家屋物品)을 훼괴(毀壞)하거나 동식물(動植物)을
   해하는 죄

제4편 위경죄

# 제1편  총칙

## 제1장 법례

**제1조**  무릇 법률에 벌을 줄 수 있는 죄는 세 가지로 구별한다.

  1. 중죄(重罪)

  2. 경죄(輕罪)

  3. 위경죄(違警罪)

**제2조**  법률 중에 어떤 행위에 대한 처벌 조항이 없는 것은 때에는 그것
   이 어떠한 행위라도 처벌할 수 없다.

**제3조**  이 법률은 반포하기 이전의 범죄에 대해서는 소급하여 적용되
   지 않는다.

   만약 범행이 신법 반포 이전에 있었고 아직 판결을 하지 않았다
   면 신구(新舊) 두 법을 비교하여 가벼운 것으로 처단한다.

**제4조**  이 형법은 해·육군(陸海軍)에 관한 법률[1]로 논죄할 수 있는 것에

---

[1] 해·육군(海·陸軍)에 관한 법률: 일반법인 형법에 대한 특별법을 말하는 것으로 이 조
항은 일반법인 형법에 우선하여 특별법인 군형법이 적용됨을 말한 것이다.

는 적용되지 않는다.

**제5조**  이 형법에는 해당 조문이 없으나 다른 법률이나 규칙에 형명(刑
名)이 기재되어 있으면 그 법률이나 규칙을 따른다.


## 제2장 형례

### 제1절 형명

**제6조**  형은 주형(主刑)과 부가형(附加刑)으로 구별한다.

주형은 선고(宣告)한다.

부가형은 법률에 선고하는 것과 선고하지 않을 것을 정한다.

**제7조**  중형의 주형은 아래와 같다.【아래에 기재한 것을 중죄의 주형으로
한다.】

1. 사형(死刑)

2. 무기도형(無期徒刑)

3. 유기도형(有期徒刑)

4. 무기유형(無期流刑)

5. 유기유형(有期流刑)

6. 중징역(重懲役)

7. 경징역(輕懲役)

8. 중금옥(重禁獄)

9. 경금옥(輕禁獄)

**제8조** 경죄의 주형은 아래와 같다.【아래에 기재한 것을 경죄[2]의 주형으로 한다.】

1. 중금고(重禁錮)
2. 경금고(輕禁錮)
3. 벌금(罰金)

**제9조** 위경죄의 주형은 아래와 같다.【아래에 기재한 것을 위경죄의 주형으로 한다.】

1. 구류(拘留)
2. 과료(科料)

**제10조** 부가형은 아래와 같다.【아래에 기재한 것을 부가형으로 한다.】

1. 공권박탈(公權剝奪)
2. 공권정지(公權停止)
3. 금치산(禁治産)
4. 감시(監視)
5. 벌금(罰金)
6. 몰수(沒收)

**제11조** 형을 시행하는 것과 범인을 검속(檢束)하는 방법 및 세목(細目)은 별도의 규정을 두어 정한다.

---

2 경죄: 원문은 '輕重罪'인데, 문맥 및 일본 『구형법(舊刑法)』에 의거하여 '重'자를 연문으로 보고 번역하였다. 참고로, 일본 『구형법』은 1907년(메이지 40년)에 일본의 현행 『형법』이 제정됨으로써 1880년(메이지 13년)에 제정되어 1882년(메이지 15년)에 시행된 이전의 형법을 지칭하는 말로 쓰이게 되었으니, 시행 연도를 기준으로 삼아 『메이지 15년 형법』이라고 부르기도 한다.

## 제2절 주형처분

**제12조** 사형은 교살(絞殺)로 하되 규칙에 정하니, 관리(官吏)가 감옥(監獄) 안에서 임검(臨檢)하여 시행한다.

**제13조** 사형은 사법경(司法卿)의 명령이 없으면 시행하지 못한다.

**제14조** 대사(大祀), 영절(令節), 국제일(國祭日)에는 사형의 집행을 금하고 시행하지 않는다.

**제15조** 사형을 선고받은 부녀자가 임신을 한 때에는 잠시 용서하여, 분만 후 100일을 경과하지 아니하면 사형을 집행할 수 없다.

**제16조** 사형자의 유해는 그의 친척이나 친구가 요구하면 내어 준다. 다만, 예식(禮式)을 갖추어 장례를 치르는 것은 허락하지 않는다.

**제17조** 도형(徒刑)은 무기(無期)와 유기(有期)를 구별하지 않고 해도(海島)로 보내어 정역(定役)에 복무시킨다.

유기도형은 12년 이상부터 15년 이하까지 복역(服役)한다.

**제18조** 부녀(婦女)로서 도형(徒刑)에 처단된 자는 해도(海島)로 보내지 아니하고 내지(內地)의 징역장에서 정역에 복무시킨다.

**제19조** 도형에 해당하는 죄를 지은 자로 60세에 이른 자는 일반인이 복무하는 정역을 면해주고 그의 체력으로 감당할 수 있는 정역에 복무시킨다.

**제20조** 유형(流刑)은 유기와 무기를 구분하지 않고 섬 지역의 감옥에 유폐시키되 정역은 복무시키지 않는다.

유기유형은 12년 이상 15년 이하로 한다.

**제21조** 죄가 무기유형에 해당하되 이미 5년을 경과한 때에는 행정관의 처분으로 유폐를 면하여 섬 지역에 한정하여 주거하게 할 수

있다.

유기유형에 해당하여 3년을 경과한 때에도 같다.

**제22조** 징역(懲役)은 내지의 징역장에 들어가서 정역에 복무하는 것이다. 다만, 만 60에 이른 자는 제19조의 예[3]를 따른다.

중징역(重懲役)은 9년에서 11년까지 복역하고 경징역(輕懲役)은 6년에서 8년까지 복역한다.

**제23조** 금옥(禁獄)은 내지의 감옥에 수감하되 정역은 복무시키지 않는다.

중금옥(重禁獄)은 9년에서 11년까지로 하고, 경금옥(輕禁獄)은 6년에서 8년까지로 한다.

**제24조** 금고(禁錮)는 금고장(禁錮場)에 구류한다. 중금고는 정역에 복무하고 경금고는 정역에 복무하지 않는다.

금고는 경중을 구분하지 않고 11일에서 5년까지로 하고, 각 본조에 따라 그 장단을 구별한다.

**제25조** 정역에 복무하는 죄수의 공전(工錢)은 감옥 규칙(監獄規則)에 따라서 일부를 감옥소의 비용으로 지불한 뒤 나머지를 죄수에게 급여한다. 다만, 현재 복역한 지 100일 미만인 자는 여기에 해당하지 아니한다.

**제26조** 벌금은 2원 이상으로 하되 각 본조에 따라 그 다과(多寡)를 구별한다.

**제27조** 벌금은 재판이 확정된 날로부터 1월 내에 완납하도록 한다. 만약 기한 내에 완납하지 않으면 1원을 1일로 절산(折算)하여 경금고

---

**3** 제19조의 예: 원문은 '第十條'인데, 문맥 및 일본 『구형법』에 근거하여 '十' 뒤에 '九'를 보충하여 번역하였다.

로 바꾸되 1원이 되지 않는 것이더라도 1일로 계산한다.

벌금을 금고로 바꾸는 것은 재판 없이 검찰관(檢察官)의 청구에 따라 재판관이 명령한다. 다만, 금고의 기간은 2년을 초과하지 못한다.

만약 금고 중에 벌금을 납입하는 때에는 이미 경과한 수감 일수를 공제하여 금고를 면제한다. 친척이나 타인이 대납(代納)한 경우 또한 같다.

**제28조** 구류(拘留)는 구류장(拘留場)에 유치하되 정역에 복무시키지 않는다. 형기는 1일에서 10일까지로 하되 각 본조에 따라 그 장단을 구별한다.

**제29조** 과료는 5전(錢)부터 1원 95전까지로 하되 각 본조에 따라 그 다과를 구별한다.

**제30조** 과료는 재판 확정일로부터 10일 내에 완납하도록 한다. 만약 기한 내에 완납하지 않으면 제27조에 따라 구류로 바꾼다.

## 제3절 부가형처분

**제31조** 공권박탈(公權剝奪)은 아래의 권리를 박탈시키는 것이다.

1. 국민의 특권
2. 관리가 될 수 있는 권리
3. 훈장·연금·위기(位記)[4]·귀호(貴號)·은결(恩結)을 소유하는

---

4  위기(位記): 서위(敍位), 즉 위계를 수여할 때 그 이유를 기록하여 본인에게 주는 문서를 말한다.

권리

4. 외국의 훈장을 패용하는 권리

5. 병적(兵籍)에 들어가는 권리

6. 재판소에서 보증인(保證人)이 되는 권리. 다만, 사실을 단순
   하게 진술하는 경우에는 이에 해당하지 않는다.

7. 후견인이 되는 권리. 다만, 친척의 허가를 얻어 자손이 된
   자는 이 경우에 해당하지 않는다.

8. 파산자(破産者)를 대신하여 관재인(管財人)이 되거나 회사 또
   는 공유재산을 관리하는 권리

9. 학교장 또는 교사, 학감(學監)이 되는 권리

**제32조** 중죄의 형으로 처단된 자는 별도의 선고 없이 종신토록 공권이
박탈된다.

**제33조** 금고에 처한 자는 선고를 기다리지 않고 현직(現職)을 잃고 형의
기간 내에 공권이 정지된다.

**제34조** 경죄의 형에 해당하고 감시(監視)를 부가 받은 자는 별도의 선고
없이 감시 기간에 한하여 공권이 정지된다.
주형(主刑)을 면제받고 감시가 부가된 자 또한 같다.

**제35조** 중죄의 형에 처단된 자는 별도의 선고 없이 주형 기간(主刑期間)
내에는 스스로 재산을 관리하는 것을 금지한다.

**제36조** 유형(流刑)에 처해진 죄수가 유폐(幽閉)를 면하게 된 경우에도
금치산(禁治産)인 상태로 있어야 한다. 하지만 행정관의 처분으
로 일부를 면할 수 있다.

**제37조** 중죄의 형으로 처단된 자는 별도의 선고 없이 감시를 부가하되,
그 기간은 본형(本刑)의 단기(短期)를 3등분(等分)하여 그 1등분

의 기간으로 한다.

**제38조** 경죄의 형에 부가하는 감시는 선고를 하여야 한다. 다만, 각 본 조에서 감시의 부가를 기재한 외에는 감시를 붙일 수 없다.

**제39조** 사형 또는 무기형을 받고 형의 시효기간(時效期間)이 지나 형의 집행이 면제된 자는 별도의 선고 없이 5년의 감시를 부가한다.

**제40조** 감시의 기간은 주형을 마친 날로부터 기산(起算)한다. 주형이 시효기간의 만료로 집행이 면제된 때에는 체포된 날로부터 기산한다.

주형을 면제하고 감시만 붙일 뿐인 때에는 판결한 날로부터 기산한다.

**제41조** 감시가 붙여진 자라도 그 정세(情勢)에 따라 행정관의 처분으로 임시로 감시를 면하게 할 수 있다.

**제42조** 부가(附加) 받은 벌금은 선고한다. 만약 1월 내에 완납하지 않으면 제27조로 조율하여 주형의 기간이 만료된 후에 경금고를 시행한다.

**제43조** 선고하여 몰수(沒收)하는 물건은 아래와 같다. 다만, 법률, 규칙에 특별히 몰수의 예를 둔 때에는 각각 그 법률, 규칙을 따른다.

1. 이미 법률로 제작을 금지한 물건

2. 범죄에 사용된 물건【이미 범죄에 공용(供用)된 물건이다.】

3. 범죄를 통하여 획득한 물건

**제44조** 이미 법률에서 제작을 금지한 물건은 그 소유자가 누구인지를 묻지 아니하고 몰수하되, 이미 범죄에 공용되었거나 범죄를 통하여 얻은 것은 범인이 소유한 것이거나 소유자가 없는 경우가 아니라면 몰수할 수 없다.

## 제4절 징상처분

**제45조** 형사재판의 비용은 전액 또는 일부를 범인에게 부과하되, 사용
되는 액수에 관해서는 별도의 규칙으로 정한다.

**제46조** 범인이 비록 형(刑)에 처단되거나 방면(放免)되더라도 마땅히 환
급해야 하는 장물(贓物) 및 배상하여야 하는 손해는 피해자의
요구에 응해야 하고 면탈할 수 없다.

**제47조** 수인의 공범(共犯)이 있는 경우에 재판 비용, 환급해야 하는 장
물, 배상해야 하는 손해는 모든 공범으로 하여금 연좌(連坐)하
여 책임을 지게 한다.

**제48조** 재판 비용, 환급해야 하는 장물, 배상해야 하는 손해는 피해자의
요구에 따라 형사재판소에 심판할 수 있고, 범인이 장물을 소유
하고 있으면 청구가 없더라도 피해자에게 곧바로 돌려준다.

## 제5절 형기계산

**제49조** 형기의 계산은 1일은 24시[5]이고, 1월은 30일이고, 1년은 역(曆)
을 따른다. 형을 받은 당일은 시각을 따지지 않고 1일로 산입하
고 방면하는 당일은 1일로 산입하지 않는다.

**제50조** 형은 재판이 확정된 후가 아니면 시행할 수 없다.

**제51조** 형기는 형명(刑名)의 선고일로부터 기산한다. 상소(上訴)를 하는

---

5  1일은 24시: 원문은 '二十二'인데, 일본 『구형법』에 근거하여 '二'를 '四'로 바로잡아
번역하였다.

때에는 아래의 예를 따른다.

1. 범인 자신이 상소를 하는 경우 그 주장이 정당하면 전 재판(前裁判) 선고일로부터 기산하고, 그 주장이 정당하지 않으면 후 재판(後裁判) 선고일로부터 기산한다.

2. 검찰관이 상소를 하는 경우 그 주장이 정당한지를 구별하지 않고 전 재판 선고일로부터 기산한다.

3. 상소 중에 보석이나 책부(責付)[6]가 된 경우 그 일수는 형기에 산입하지 아니한다.【책부는 일본에서 쓰는 말이다.】

제52조 형기의 도중에 도주하였다가 다시 체포된 자는 도주 일수(日數)를 제외하여 전후의 수형일을 계산한다.

## 제6절 가출옥

제53조 이미 중죄나 경죄의 형으로 처단된 자가 감옥의 규칙을 잘 지키고 개전(改悛)의 정상이 있으면 형기의 4분의 3이 경과한 후에 행정상의 처분으로 가출옥을 허가할 수 있다.

무기도형(無期徒刑)에 처단된 죄수가 15년이 경과한 경우에도 한 이와 같다.

유형(流刑)으로 처단된 죄수는 제21조에 따라 유폐를 면한 경우 외에는 가출옥의 예를 적용하지 않는다.

제54조 도형(徒刑)으로 처단된 죄수는 비록 가출옥이 허가되었더라도

---

6 책부(責付): 형사 피고인을 친족이나 기타의 사람에게 맡기고 구속(拘束)의 집행을 정지하는 형사절차법(刑事節次法) 상의 제도이다.

여전히 섬 지역에 거주시킨다.

**제55조** 이미 가출옥을 허가받은 자는 행정상의 처분으로 금치산의 일부를 면해줄 수 있다. 다만, 본형의 기한 내에 특별히 정한 감시(監視)를 붙인다.

**제56조** 가출옥 중에 다시 중죄나 경죄를 범한 자는 곧바로 가출옥을 금지하되 가출옥 중의 일수는 형기에 산입하지 아니한다.

**제57조** 형기의 내에 다시 중죄나 경죄를 범한 자는 가출옥을 허가하지 않는다.

## 제7절 기만면제[施期滿免除][7]

**제58조** 형의 집행을 피한 자가 법률에서 정한 기간을 넘긴 때에는 집행을 면제한다.

**제59조** 주형에 있어 기만면제의 연한은 아래와 같다.

1. 사형 30년
2. 무기도형 25년
3. 유기도형 20년
4. 중징역·중금옥 15년
5. 경징역·경금옥 10년

---

7  기만면제[施期滿免除]: 우리나라 형법 상 형사시효제도(刑事時效制度) 중의 하나인 '형의 시효'에 해당한다. 형의 시효란 형의 선고를 받은 자가 재판이 확정된 후 그 형의 집행을 받지 않고 일정한 기간이 경과한 때에 집행이 면제되는 것을 말하는데 이는 또 다른 형사 시효제도인 '공소시효(公訴時效)'가 일정한 기간의 경과로 미확정의 형벌권인 공소권을 소멸시키는 것과 구별되는 것이다.

6. 금고·벌금 7년

7. 구류·과료 1년

**제60조** 공권박탈(公權剝奪), 공권정지(公權停止), 감시(監視)는 기간의 경과로 면제되지 아니한다.

부가한 벌금은 주형과 동일하게 기간의 경과로 면제된다.

몰수는 5년을 경과하면 기만면제가 된다. 다만, 법률로 제작을 금지한 물건은 기만면제에 해당하지 않는다.

**제61조** 기만면제는 형의 집행을 피한 날로부터 기산한다. 한번 체포되어 다시 도망한 때에는 도주한 날로부터 기산하고, 궐석재판(闕席裁判)인 때에는 선고일로부터 기산한다.

**제62조** 형의 집행을 피한 자에 대해서 체포를 명한 때에는 최종의 영장(令狀)이 나온 날로부터 기만면제의 기간을 기산한다.

## 제8절 복권(復權)[8]

**제63조** 공권이 박탈된 자는 주형이 종료된 날로부터 5년이 지난 후에 그 정상(情狀)을 인하여 장래에 공권을 회복시킬 수 있다.

주형에 관해 기만면제(期滿免除)가 된 자는 감시(監視)가 붙은 날로부터 5년을 지나면 또한 이와 같이 한다.

**제64조** 대사(大赦)로 인하여 죄를 면한 자는 곧바로 복권(復權)이 되고, 특사(特赦)로 인하여 죄를 면한 자는 사면장(赦免狀)에 따로 그

---

8　제8절 복권(復權): 원문에는 누락되어 있으나, 목차 및 일본 『구형법(舊刑法)』에 의거하여 보충하였다.

것에 대해 기재한 것이 아니라면 복권될 수 없다. 사면으로 인하여 복권이 된 자는 감시를 면한다.

**제65조** 복권은 왕의 재결이 아니면 행할 수 없다.


## 제3장 가감례

**제66조** 법률에서 형을 가중하거나 감경하는 경우에는 아래의 몇 조(條)에 따라 가감한다. 다만, 가중한 것이 사형으로 될 수는 없다.

**제67조** 중죄의 형은 아래의 등급에 따라 가감한다.

1. 사형
2. 무기도형
3. 유기도형
4. 중징역
5. 경징역

**제68조** 국사(國事)에 관한 중죄의 형은 아래의 등급에 따라 가감한다.

1. 사형
2. 무기유형
3. 유기유형
4. 중금옥
5. 경금옥

**제69조** 경징역에 해당하는 자를 감경할 때에는 중금고에 처하되 2년에서 5년까지를 1등(等)으로 한다.

중금옥에 해당하는 자를 감경할 때에는 경금고에 처하되 2년에서 5년까지를 1등으로 한다.

**제70조** 금고와 벌금에 해당하는 자를 감경하는 경우 본조에 기재된 형기와 금액을 4등분하여 1등분을 감하는 것을 1등(等)으로 하고, 가중하는 경우에도 4등분 중의 1등분을 가중하는 것을 1등으로 한다. 경죄(輕罪)의 형은 가중한 것이 중죄(重罪)로 될 수 없다. 다만, 금고는 가중하여 7년까지로 할 수 있다.

**제71조** 금고가 다 감경되는 때에는 구류에 처하고, 벌금이 다 감경되는 때에는 과료에 처하되, 금고와 벌금을 감경할 때 금고의 단기가 10일 이하, 벌금의 하한 액수가 1원 95전(錢) 이하에 이를 때에는 또한 구류와 과료로 처단할 수 있다.

**제72조** 구류, 과료에 해당되어 형을 가감[9]할 수 있는 때에는 금고, 벌금의 예로 조율하되 4등분 중의 1등분을 가감하는 1등(等)으로 한다.

위경죄(違警罪)의 형은 경죄로 될 수 없다. 단 구류를 가중하는 경우 12일까지 될 수 있고 감경하는 경우 1일 이하로 내려갈 수 없으며, 과료를 가중하는 경우 2원 40전까지 될 수 있고 감경하는 경우 5전 이하로는 내려갈 수 없다.

**제73조** 금고, 구류를 가감하는 것을 통해 기한의 영수(零數; 우수리)가 1일 미만으로 생기는 때에는 그것을 버린다.

**제74조** 부가된 벌금은 주형에 따라 가감하는데, 그 금액의 4등분 중의 1등분을 가감하는 1등(等)으로 하고 다 감경되는 때에는 단지

---

**9** 가감: 원문에는 '減'으로 되어 있으나, 문맥 및 일본 『구형법』에 의거하여 '加減'의 뜻으로 번역하였다.

주형만을 부과한다.


# 제4장 불론죄 및 감경

## 제1절 불론죄와 유서감경

**제75조** 항거할 수 없는 강제 상황을 만나 자신의 의사로 행한 행위가
아닌 때에는 그것에 대해서는 그 죄를 논하지 아니한다.

천재(天災)나 의외의 변고로 인하여 피할 수 없는 위난(危難)을
만난 경우에, 자기와 친족의 신체를 방위하기 위하여 행한 것
또한 같다.

**제76조** 본속 장관(本屬長官)[10]의 명령을 쫓아 그 직무로 행한 것은 그
죄를 논하지 아니한다.

**제77조** 범죄 행위를 고의(故意)로 한 것이 아니라면 그 죄를 논하지 아
니한다. 다만, 법률이나 규칙에서 별도로 죄목을 정한 때에는
여기에 해당하지 아니한다.

죄가 되는 사실을 알 수 없는[11] 상황에서 범죄를 행한 자는 그
죄를 논하지 않는다.

죄가 무겁게 될 수 있다는 것을 범행 당시 알지 못했던 자는
무거운 것으로 논죄할 수 없다.

---

**10** 본속 장관(本屬長官): 일본의 당시 제도에서 어떤 관리가 소속된 관청의 장(長)을 말한다.
**11** 알 수 없는: 원문의 '可知'인데, 문맥 및 일본『구형법(舊刑法)』에 근거하여 '可' 앞에
'不'자가 보충하여 번역하였다.

법률이나 규칙을 알지 못한 탓에 죄를 범한 때에는 고의범(故意犯)으로 논할 수 없다.

**제78조** 범죄 시에 지각(知覺), 정신(精神)을 상실하여 시비를 변별하지 못한 자는 그 죄를 논하지 아니한다.

**제79조** 범죄 시에 12세 미만인 자는 그 죄를 논하지 않는다. 다만, 만 8세 이상인 자는 만 16세를 넘기지 않는 기간 동안 징치장(懲治場)에 유치(留置)할 수 있다.

**제80조** 범죄 시에 만 12세 이상 16세 미만인 자는 그 행위의 시비를 변별하는지 여부를 모두 상세히 살펴야 하니, 만약 시비를 변별할 수 없으면서 죄를 범한 때에는 그 죄를 논하지 아니한다. 다만, 그 정상을 인하여 만 20세를 넘기지 않는 기간 동안 징치장에 유치할 수 있다.

만약 시비를 변별할 수 있는 상태에서 범한 때에는 그 죄를 유서(宥恕)하되 본형에서 2등(等)을 감경한다.

**제81조** 범죄 시에 만 16세 이상 20세 미만인 자는 그 죄를 유서하되 본형에서 1등(等)을 감경한다.

**제82조** 농아자(聾啞者)가 죄를 범한 때에는 그 죄를 논하지 아니한다. 다만, 그 정상에 따라 5년을 넘기지 않는 기간 동안 징치장에 유치할 수 있다.

**제83조** 위경죄는 비록 만 16세 이상 20세[12] 미만의 자라도 그 죄를 유서할 수 없다.

만 12세 이상 16세 미만의 자는 그 죄를 유서하되 본형에서 1등

---

12 20세: 원문은 '一十'인데, 일본 『구형법』에 근거하여 '一'을 '二'로 바로잡아 번역하였다.

(等)을 감경하고, 12세 미만의 자와 농아자는 그 죄를 논하지
아니한다.

**제84조** 이 절에서 기재한 것 이외에 별도로 불론죄 또는 유서감경 등의
조문을 두는 경우에는 각 본조에 기재한다.

## 제2절 자수감경

**제85조** 죄를 범하고 그 사실이 발각되기 전에 관(官)에 자수한 자는 본
형에서 1등(等)을 감경한다. 다만, 모살(謀殺)이나 고살(故殺)에
관계된 자의 자수 감경은 여기에 해당하지 아니한다.

**제86조** 재산에 관한 죄를 범한 자가 자수한 경우에, 장물을 환급(還給)
하고 손해를 배상한다면 자수 감경 외에 본형에서 2등(等)을 이
어 감경하고, 비록 전부는 아니더라도 반액 이상을 환급하고 배
상한다면 1등(等)을 감경한다.

**제87조** 재산에 관한 죄를 범한 자가 피해자에게 자복(自服)한 때에는
관(官)에 자수한 자와 동일하게 전 2조로 조율하여 처단한다.

**제88조** 이 절에서 기재한 외에 본조에서 자수의 예를 별도로 들고 있는
때에는 각 본조를 따른다.

## 제3절 작량감경

**제89조** 중죄, 경죄, 위경죄를 구분하되 만약 그 죄를 범한 정상에 용서
할 만한 점이 있으면 작량(酌量)하여 본형을 감경할 수 있다.
법률상 비록 본형을 가중하거나 감경할 수 있더라도 작량할 수

있는 것은 또 감경할 수 있다.

**제90조** 작량하여 감경할 수 있는 자는 본형에서 1등(等) 또는 2등을 감경한다.

## 제5장 재범가중

**제91조** 이전에 중죄의 형으로 처단된 자가 중죄에 해당하는 죄를 다시 범한 때에는 본형에서 1등(等)을 가중한다.

**제92조** 이전에 중죄나 경죄의 형으로 처단된 자가 경죄에 해당하는 죄를 다시 범한 때에는 본형에서 1등(等)을 가중한다.

**제93조** 이전에 위경죄로 처단된 자가 위경죄에 해당하는 죄를 다시 범한 때에는 본형에서 1등(等)을 가중한다. 다만, 1년 이내에 재판소 관할지 내에서 위경죄를 다시 범한 것은 재범으로 논할 수 없다.

**제94조** 재범가중은 초범(初犯)의 재판이 확정된 후가 아니면 논할 수 없다.

**제95조** 형의 기간 내에 다시 죄를 범하여 그에 대해 형을 선고할 경우에, 정역(定役)에 복무시킬 수 있는 것을 먼저 집행하고 정역에 복무시키지 않는 것은 뒤에 집행한다. 만약 초범과 재범이 모두 정역에 복무하는 형에 해당하는 경우이거나 모두 정역에 복무하지 않는 형에 해당하는 때에는 그 무거운 형을 먼저 집행한다. 벌금, 구류에 해당하는 때에는 순서에 구애되지 않고 각각을 징수한다.

**제96조** 이미 육·해군 재판소에서 판결을 받은 자가 중죄 또는 경죄의

죄를 다시 범한 경우에, 초범의 죄가 일반 법률로 처단된 경우가 아니라면 재범으로 논할 수 없다.

**제97조** 대사(大赦)로 인해 죄를 면한 자는 다시 죄를 범하더라도 재범으로 논하지 아니한다.

**제98조** 비록 삼범(三犯)이상의 경우라도 그 가중하는 방법은 재범의 예와 같다.

## 제6장 가감순서[13]

**제99조** 범죄의 정상에 따라 총칙과 본형에서 동시에 가중하거나 감경할 수 있는 때에는 아래의 순서를 좇아 그 형명을 정한다. 다만, 종범(從犯), 미수범(未遂犯)의 죄를 감경하는 것과 기타 각 본조에 기재된 특별히 가중하거나 감경하는 경우에 해당하는 때에는 그 가감한 것을 본형으로 삼는다.

1. 재범가중
2. 유서감경
3. 자수감경
4. 작량감경

---

13 제6장 가감순서: 원문에는 누락되어 있으나, 목차 및 일본『구형법』에 근거하여 보충하였다.

## 제7장 수죄구발(數罪俱發)[14]

제100조　중죄 또는 경죄를 범하고 판결이 아직 나지 않은 상태에서 두
　　　　죄 이상이 함께 발각 되었다면 한결같이 무거운 것으로 처단
　　　　한다.

　　　　중죄(重罪)의 형은 형기가 긴 것을 무거운 것으로 하고, 형기가
　　　　같으면 정역(定役)이 있는 것을 무거운 것으로 한다.[15]

　　　　경죄(輕罪)의 형은 범한 바의 정상이 가장 무거운 것으로 처단
　　　　한다.

제101조　위경죄가 두 죄 이상이 함께 발각된 때에는 각각 그 형을 부과
　　　　한다. 만약 중죄, 경죄가 함께 발생된 때에는 한결같이 무거운
　　　　것을 따른다.

제102조　이전에 발각된 일죄(一罪)가 이미 판결을 거친 경우에, 뒤에 발
　　　　각된 여죄(餘罪)가 앞의 죄보다 가볍거나 같다면 죄를 논하지
　　　　아니하고, 이전에 발각된 죄보다 무겁다면 다시 죄를 논죄하되
　　　　이전에 발각된 형(刑)의 뒤에 발각된 형을 통산한다. 다만, 이
　　　　전에 발각된 형이 벌금이나 과료에 해당하고 이미 완납한 때에
　　　　는 제27조의 예로 조율하여 절산(折算)하되 뒤에 발각된 형에
　　　　통산한다.

　　　　만약 이전에 발각된 죄를 판결할 때에 아직 발각되지 않은 죄

---

14　수죄구발(數罪俱發): 현대 형법에는 쓰이지 않는 용어로 두 죄 이상이 함께 발각된 경
우를 말한다.

15　중죄(重罪)의 …… 한다: 원문은 위의 조항에 이어지는 것으로 되어 있으나, 일본 『구형
법』에 의거 별도의 항으로 처리하였다.

나 재범(再犯)이 함께 발각된 때에는 재범과 비교하여 한결같이 무거운 것을 이전에 발각된 형에 통산한다.[16]

제103조 수죄(數罪)[17]가 함께 발각된 경우에 비록 한결같이 무거운 것을 따르더라도 몰수(沒收)[18] 또는 징상(徵償)에 관한 처분은 각각의 본법을 따른다.


## 제8장 수인공범

### 제1절 정범

제104조 2인 이상의 현행범은 모두 정범으로 하여 각각 그 형을 부과한다.

제105조 타인을 교사(敎唆)하여 중죄, 경죄를 범하게 한 자도 정범이 된다.

제106조 정범이 신분(身分)으로 그 형이 가중되는 경우에는 다른 정범이나 종범, 교사자에게는 가중되지 아니한다.

제107조 범인의 다수성(多數性)으로 그 형이 가중되는 경우에는 교사자까지 산입하여 다수로 할 수 없다.

제108조 일을 지정(指定)하여 범죄를 교사한 때에는 범인이 교사에 편

---

16 만약 …… 통산한다: 원문은 위의 조항에 이어지는 것으로 되어 있으나, 일본 『구형법』에 의거 별도의 항으로 처리하였다.

17 수죄(數罪): 원문은 '數條'인데, 문맥 및 일본 『구형법』에 근거하여 '條'를 '罪'로 바로잡아 번역하였다.

18 몰수(沒收): 원문의 '沒數'인데, 문맥 및 일본 『구형법』에 근거하여 '數'를 '收'로 바로잡아 번역하였다.

승한 것으로 참작하되, 지정한 것 이외의 죄를 범하였거나 실제로 행한 바의 방법이 교사자가 지시한 것과 다른 때에는 아래의 예로 조율하여 교사자를 처단한다.

1. 범한 죄가 교사한 것보다 중한 때에는 단지 지정한 죄에 따라서 형을 부과한다.[19]
2. 범한 죄가 교사한 것보다 가벼운 때에는 실제로 행한 죄에 따라서 형을 부과한다.

## 제2절 종범

**제109조** 장차 중죄, 경죄를 범할 것임을 알고서 기구(器具)를 주거나 유도(誘導), 지시를 하거나 그 밖에 사건을 예비(豫備)하거나 정범(正犯)을 방조(幫助)하여 범죄를 용이하게 한 자는 종범(從犯)으로 하되, 정범의 형에서 1등(等)을 감경한다. 다만, 정범이 실제 실행한 죄가 종범이 인지(認知)한 것보다 중한 때에는 단지 종범이 인지한 죄로 조율하되 1등(等)을 감경한다.

**제110조** 신분(身分)으로 인하여 그 형이 가중되는 경우에 종범은 그 무거운 것을 따르되 1등(等)을 감경한다.

정범의 신분으로 인하여 그 형이 감면(減免)되더라도 종범의 형은 가벼운 것으로 감면할 수 없다.

---

**19** 형을 부과한다: 원문은 '科定'인데, 문맥 및 일본 『구형법』에 근거하여 '定'을 '刑'으로 바로잡아 번역하였다.

## 제9장 미수범죄

**제111조** 비록 범죄를 모의하여 예비(豫備) 행위를 하였더라도 그 일에
착수하지 않은 자는 본조에서 별도로 형명을 기재하지 않았다
면 그 형을 부과하지 않는다.

**제112조** 범죄 시에 이미 범행에 착수하였지만 의외의 사정으로 범인에
게 장애가 발생하여 계획이 어긋나 범죄를 이루지 못하게 된
때에는 기수(旣遂)의 형에서 1등(等) 또는 2등을 감경한다.

**제113조** 중죄를 범하였으나 미수(未遂)에 그친 때에는 전조의 예로 조
율하여 처단한다.

경죄를 범하였으나 미수에 그친 때에는 본조에서 별도로 기재
하지 않았다면 전조의 예로 조율하여 처단할 수 없다.

위경죄를 범하였으나 미수에 그친 때에는 그 죄를 논하지 아니
한다.

## 제10장 친족례

**제114조** 이『형법』 중에 친족이라고 칭하는 것은 아래에 기재한 것을
말한다.

1. 조부모, 부모, 부(夫; 남편), 처(妻; 아내)
2. 자손 및 그 배우자
3. 형제·자매의 자(子) 및 그 배우자
4. 형제·자매 및 그 배우자

5. 부모의 형제·자매 및 그의 배우자

6. 부모의 형제·자매의 자(子)

7. 배우자의 조부모, 부모

8. 배우자의 형제·자매 및 그 배우자

9. 배우자의 형제·자매의 자(子)

10. 배우자의 부모의 형제·자매[20]

**제115조** 조부모(祖父母)라고 일컫는 것에는 고조부모(高祖父母), 증조부모(曾祖父母), 외조부모(外祖父母)도 같이 해당되고, 부모(父母)라고 일컫는 것에는 계부모(繼父母), 적모(嫡母)도 같이 해당되고, 자손(子孫)이라고 일컫는 것에는 서자(庶子), 증손(曾孫), 현손(玄孫), 외손(外孫)도 같이 해당하고, 형제자매(兄弟姉妹)라고 일컫는 것에는 부(父)가 다르거나 모(母)가 다른 형제자매도 같이 해당된다.

양자(養子)가 된 자는 그 양가(養家)에서 친자(親子)와 동일하게 친족례(親族例)가 적용된다.

---

**20** 형제·자매: 원문에는 '姉妹'인데, 일본 『구형법』에 근거하여 '姉妹' 앞에 '兄弟'를 보태어 번역하였다.

# 제2편  공익에 관한 중죄와 경죄

## 제1장 황실에 대한 죄

**제116조** 천황(天皇), 삼후(三后)[21], 황태자(皇太子)에 대해서 위해(危害)를
가하거나 위해를 가하려고 한 자는 사형(死刑)에 처한다.

**제117조** 천황, 삼후, 황태자[22]에 대해서 불경(不敬)을 행한 자는 3월 이
상 5년 이하의 중금고에 처하고 20원 이상 200원 이하의 벌금
을 부가한다.

황릉(皇陵)에 대해서 불경을 행한 자 또한 같다.

**제118조** 황족(皇族)에 대해서 위해를 가한 자는 사형에 처하고 위해를
가하려고 한 자는 무기도형에 처한다.

**제119조** 황족에 대해서 불경을 행한 자는 2월 이상 4년 이하의 중금고
에 처하고 10원 이상 100원 이하의 벌금을 부가한다.

**제120조** 이 장에 기재한 죄를 범하여 경죄의 형으로 처단된 자에게는
6월 이상 2년 이하의 감시(監視)를 붙인다.

---

21 삼후(三后): 태황태후(太皇太后), 황태후(皇太后), 황후(皇后)를 가리킨다.

22 황태자: 원문에 '太子'로 되어 있으나 일본 『구형법』에 의거하여 '皇太子'로 고쳐 번역
하였다.

## 제2장 국사에 관한 죄

### 제1절 내란에 관한 죄

**제121조** 정부(政府)를 전복하거나 국토를 찬절(僭竊)하거나 기타 국헌
(國憲)을 문란하게 할 목적으로 내란(內亂)을 일으킨 자는 아래
에서 구별한 대로 처단한다.

　　1. 수괴(首魁)와 교사자(敎唆者)는 사형에 처한다.

　　2. 군중(群衆)을 지휘하거나 기타 핵심적인 직무를 수행한 자
　　　는 무기유형(無期流刑)에 처하되 그 정상이 가벼운 자는 유
　　　기유형(有期流刑)에 처한다.

　　3. 병기(兵器), 금곡(金穀)을 공급하거나 여러 직무를 행한 자는
　　　중금고에 처하되 그 정상이 가벼운 자는 경금고에 처한다.

　　4. 교사행위에 편승하여 부화(附和)·수행(隨行)하였거나 지휘
　　　를 받아 잡역(雜役)에 이바지한 자는 2년 이상 5년 이하의
　　　경금고에 처한다.

**제122조** 내란을 일으킬 목적으로 병기, 탄약, 선박, 금곡(金穀) 기타 군
비 물품(軍備物品)을 약탈한 자는 내란을 일으킨 죄와 동일하게
처단한다.

**제123조** 정부를 변란(變亂)시킬 목적으로 사람을 모살(謀殺)한 자는 비
록 거병(擧兵)에 이르지는 않았더라도 내란과 동일하게 논죄하
고 교사자와 착수한 자는 사형에 처한다.

**제124조** 전 3조의 죄를 범한 자가 미수에 그친 때에도 본형(本刑)으로
과단(科斷)한다.

제125조 군대를 모집하거나 병기, 금곡을 준비하거나 기타 내란의 예비
행위를 한 자는 제121조의 예로 조율하여 처벌하되 각각 1등
(等)을 감경한다.

내란을 음모(陰謀)한 자가 예비행위에 이르지 않은 때에는 각
각 2등을 감경한다.

제126조 비록 내란의 예비행위 또는 음모를 하였더라도 그 일을 실행하
기 전에 관(官)에 자수(自首)한 자는 본형(本刑)을 면제하되 단
지 6월 이상 3년 이하의 감시를 붙인다.

제127조 내란의 정황을 알면서도 범인에게 모이는 장소를 제공한 자는
2년 이상 5년 이하의 경금고에 처한다.

제128조 내란을 틈타 타인의 신체 또는 재산에 대해서 내란 행위와 상
관이 없는 중죄나 경죄를 범한 자는 통상의 형으로 조율하되
무거운 것으로 처단한다.

## 제2절 외환(外患)에 관한 죄

제129조 외국을 도와 본국(本國)에 대항하거나 외국과 교전(交戰) 시에
동맹국에 대항하거나 기타 본국을 배반하여 적병(敵兵)에게 붙
은 자는 사형에 처한다.

제130조 교전 시에 적병을 본국의 관내(管內)로 유도하거나 본국이나
동맹국의 도부(都府), 성새(城塞), 병기, 탄약, 선함(船艦)을 내
어 주거나 기타 군사에 관한 토지, 가옥, 물건을 적국에게 내어
준 자는 사형에 처한다.

제131조 적국에게 본국 또는 동맹국의 군정(軍情), 기밀을 누설하거나

군대가 주둔하는 요지(要地), 도로의 험이(險夷)를 통지(通知)해 준 자는 무기유형에 처한다.

적국의 간첩을 유도하여 본국의 관내로 들이거나 은닉한 자 또한 같다.

제132조 육·해군의 위임을 받아 물품을 공급하거나 일을 하는 자가 교전할 때에 적국과 통모(通謀)하거나 뇌물을 수수(收受)함으로써 명령을 위반하여 군비의 결핍을 초래한 때에는 유기유형에 처한다.

제133조 외국에 대하여 사사로이 전단(戰端)을 발생하게 한 자는 유기유형에 처하되 예비(豫備)에 그친 자는 1등 또는 2등을 감경한다.

제134조 외국과 교전할 때에, 본국에서 국외 중립(局外中立)에 관한 명령을 포고(布告)한 경우에 그 포고를 위반한 자는 6월 이상 3년 이하의 경금고에 처하고 10원 이상 100원 이하의 벌금을 부가한다.

제135조 이 장에서 기재한 죄를 범하여 경죄의 형에 처단된 자에게는 6월 이상의 감시를 붙인다.


## 제3장 정온(靜穩)을 해하는 죄

### 제1절 흉도취중죄(凶徒聚衆罪)

제136조 흉도가 다중(多衆)을 모아 폭동을 도모하는 때에, 관리가 설유(說諭 타이름)함에도 여전히 해산하지 않는 때에는 수괴(首魁)

와 교사자(教唆者)는 3월 이상 3년 이하의 중금고에 처하고, 부화(附和) , 수행한 자는 2원 이상 5원 이하의 벌금에 처한다.

**제137조** 흉도가 다중을 모아 관청을 소란스럽게 하거나, 관리를 강핍(强逼)하거나, 촌(村)이나 도회(都會)에서 소요 행위를 일으키거나 기타 폭동을 발생시킨 때에는 수괴와 교사자는 중징역에 처하고, 모집이나 선동(煽動)에 응하여 도운 자는 경징역에 처하되 그 정상이 가벼운 자는 1등을 경감하고, 부화, 수행한 자는 2원 이상 20원 이하의 벌금에 처한다.

**제138조** 폭동 시에 사람을 죽이거나 가옥, 선박, 창고를 불태운 경우에 현장에서 실행하거나 방화(放火)한 자는 사형에 처한다.

수괴 및 교사자와 정상을 알고서도 제지하지 않은 자 또한 같다.

## 제2절 관리의 직무 행위를 방해하는 죄

**제139조** 관리가 자신의 직무로 법률, 규칙을 집행하거나 행정, 사법 관서(官署)의 명령을 집행할 때에 폭행, 협박으로 관리에게 항거한 자는 4월 이상 4년 이하의 중금고에 처하고 5원 이상 50원 이하의 벌금을 부가한다.

폭행, 협박으로 관리로 하여금 해서는 안 되는 일을 하게 한 자 또한 같다.

**제140조** 전조의 죄를 범하여 관리를 때려 상해를 입힌 자는 구타창상죄(毆打創傷罪)에 관한 각 본조로 조율하되 1등을 가중하고 무거운 것으로 처단한다.

**제141조** 관리의 직무에 대해서 면전에서 몸짓이나 언어로 모욕한 자는

1월 이상 1년 이하의 중금고에 처하고 5원 이상 50원 이하의 벌금을 부가한다.

비록 면전에서 행한 것이 아니더라도, 문서·도화(圖畵)를 간행하거나 공연(公然)히 연설(演說)하는 방법으로 모욕한 자 또한 같다.

## 제3절 죄수도주죄 및 죄인장닉죄[囚徒逃走及藏匿人罪]

**제142조** 기결 죄수(旣決罪囚)가 도주한 때에는 1월 이상 6월 이하의 중금고에 처한다.

만약 옥사(獄舍), 옥구(獄具)를 훼손하거나 폭행, 협박 행위를 하여 도주한 자는 3월 이상 3년 이하의 중금고에 처한다.

**제143조** 기결 죄수가 비록 도주죄를 범하더라도 재범(再犯)으로 논죄하지는 아니하되, 형의 기한 내에 재차 도주한 때에는 재범으로 논죄한다.

**제144조** 미결 죄수(未決罪囚)가 입감(入監) 중에 도주한 때에는 제142조의 예와 동일하게 처단한다. 다만, 원 범죄(原犯罪)를 판결할 때에 수죄구발(數罪俱發)의 예로 조율하여 처단한다.

**제145조** 3인 이상의 죄수가 통모하여 도주한 때에는 제142조의 예로 조율하되 각각 1등을 가중한다.

**제146조** 죄수를 도주시키기 위하여 흉기를 주거나 도주하는 방법을 지시해 준 자는 3월 이상 3년 이하의 중금고에 처하고 2원 이상 20원 이하의 벌금을 부가하되 이를 통하여 죄수가 도주한 때에는 1등을 가중한다.

**제147조** 죄수를 겁탈(劫奪; 탈취함)하거나 폭행, 협박으로 죄수가 도주하는 것을 도운 자는 1년 이상 5년 이하의 중금고에 처하고 5원 이하 50원 이하의 벌금을 부가한다.

만약 이 일이 중죄의 형으로 처단된 죄수에 관한 것인 때에는 경징역에 처한다.

**제148조** 죄수를 간수(看守)하거나 호송(護送)하는 자가 죄수를 도주하게 한 때에도 또한 전조의 예와 같이한다.

**제149조** 위의 몇 조(條)에 기재한 경죄를 범하였으나 미수에 그친 때에는 미수 범죄의 예로 조율하여 처단한다.

**제150조** 죄수를 간수 또는 호송하는 자가 해태(懈怠)하여 죄수가 도주하는 것을 발각하지 못한 때에는 2원 이상 20원 이하의 벌금에 처한다.

만약 이 일이 중죄의 형으로 처단된 죄수에 관한 것인 때에는 3원 이상 30원 이하의 벌금에 처한다.

**제151조** 죄를 범한 사람, 도주한 죄수, 감시(監視)가 붙은 자임을 알고서 장닉해 주거나 은피(隱避; 숨기고 피신시킴)시킨 자는 11일 이상 1년 이하의 경금고에 처하고 2원 이상 20원 이하의 벌금을 부가한다.

만약 이 일이 중죄의 형으로 처단된 죄수에 관한 것이면 1등을 가중한다.

**제152조** 타인의 죄를 면하게 하기 위하여 죄의 증거가 될 만한 물건을 은폐한 자는 11일 이상 6월 이하의 경금고에 처하고 2원 이상 20원 이하의 벌금을 부가한다.

**제153조** 전 2조의 죄를 범한 자가 범인의 친족에 해당하면 그 죄를 논하

지 아니한다.

## 제4절 부가형 집행을 피하는 죄

**제154조** 공권이 박탈되거나 정지된 자가 사적으로 그 권리를 행사하면
1월 이상 1년 이하의 중금고에 처하고 2원 이상 20원 이하의
벌금을 부가한다.

**제155조** 감시(監視)에 붙여진 자가 그 규칙을 위배한 때에는 15일 이상
6월 이하의 중금고에 처한다.

**제156조** 전 2조의 죄는 그 형의 기간 내에 다시 죄를 범한 것이 아니면
재범으로 논할 수 없다.

## 제5절 사적으로 군용의 총포, 탄약을 제조·저장하는 죄

**제157조** 관의 명령을 받지 않거나 관의 허가를 얻지 아니하고 육·해군
에 제공되는 총포, 탄약 및 기타 파열성(破裂性) 물품을 제조한
자는 2월 이상 2년 이하의 경금고에 처하고 20원 이상 2백원
이하의 벌금에 처한다. 그 물건을 수입한 자 또한 같다.
사적으로 전항의 물품을 판매한 자는 1월 이상 1년 이하의 경
금고에 처하고 10원 이상 100원 이하의 벌금에 처한다.

**제158조** 전조의 죄를 범하였지만 단지 직공(職工) 또는 고용자(雇傭者)
로서 정범(正犯)의 명령을 따른 자는 각 본형으로 조율하되 2등
을 감경한다.

**제159조** 전 2조의 죄를 범하였으나 미수(未遂)에 그친 자는 미수 범죄의

예로 조율하여 처단한다.

**제160조** 사적으로 제157조에 기재된 물품을 소유한 자는 2원 이상 20원 이하의 벌금에 처한다.

**제161조** 제157조에 기재된 물품의 제조에 제공되는 기계로 그 용도에만 쓰일 수 있는 것은 누구의 소유인지를 묻지 아니하고 그 물건을 몰수한다.

## 제6절 통신의 왕래를 방해하는 죄[23]

**제162조** 도로, 교량, 하구(河溝), 항구를 손괴(損壞)하여 왕래를 방해한 자는 2월 이상 2년 이하의 중금고에 처하고 2원 이상 20원 이하의 벌금을 부가한다.

**제163조** 사위(詐僞)나 위력으로 우편 업무를 방해하거나 저지한 자 또한 전조와 같다.

**제164조** 전신기계(電信機械), 전신주를 손괴하거나 전선을 절단하여 전기를 통하지 않게 한 자는 3월 이상 3년 이하의 경금고에 처하고 5원 이상 50원 이하의 벌금을 부가한다.

비록 기계 또는 전신주, 전선을 손괴하여 전신을 방해했으나 불통되는 데에는 이르지 않은 때에는 1등을 감경한다.

**제165조** 기차의 왕래를 방해하기 위해 철도, 표지를 손괴(損壞)하거나 기타 위험한 장애를 일으킨 자는 중징역에 처한다.

**제166조** 선박의 왕래를 방해하기 위해 등대, 부표 기타 항해의 안녕을

---

**23** 제6절 …… 죄: 원문에는 누락되어 있으나, 목차 및 일본 『구형법』에 근거하여 보충하였다.

보호하는 표지를 손괴하거나 사위(詐僞)의 표지를 점시(點示;
지적하여 표시함)한 자 또한 전조와 같다.

**제167조** 위의 몇 조(條)에 기재한 죄를 그 사무를 보는 관리나 고용자,
직공 스스로가 범한 때에는 각 본형으로 조율하되 1등을 가중
한다.

**제168조** 제162조의 죄를 범하여 사람을 살상에 이르게 한 자는 구타창상
죄(毆打創傷罪)의 각 본조로 조율하되 무거운 것으로 처단한다.

**제169조** 제165조, 제166조의 죄를 범하여 기차를 전복시키거나 선박을
침몰시킨 자는 무기도형에 처하고, 사람을 죽음에 이르게 한
자는 사형에 처한다.

**제170조** 이 절에 기재한 경죄를 범하였으나 미수에 그친 자는 미수 범
죄의 예로 조율하여 처단한다.

## 제7절 주거에 침입하는 죄

**제171조** 주간(晝間)에 까닭 없이 사람이 거주하는 저택이나 간수자(看守
者)가 있는 건조물(建造物)에 침입한 자는 11일 이상 6월 이하의
중금고에 처하되 아래에 기재한 행위에 해당하는 경우에는 1
등을 가중한다.

　1. 문호(門戶), 담벽을 유월(踰越), 손괴하거나 자물쇠를 열고서
　　침입하는 경우

　2. 흉기나 기타 범죄[24]에 이바지할 수 있는 물건을 휴대하고서

---

24 범죄: 원문은 "犯罪人"인데, 문맥 및 일본 『구형법』에 근거하여 '人'을 빼고 해석하였다.

침입하는 경우

3. 폭행하여 침입하는 경우

4. 2인 이상이 침입하는 경우

제172조 야간(夜間)에 까닭 없이 사람이 거주하는 저택이나 간수자(看守者)가 있는 건조물(建造物)에 침입한 자는 1월 이상 1년 이하의 중금고에 처한다.

만약 전조에서 기재한 가중되는 행위에 해당하는 경우에는 1등을 가중한다.

제173조 까닭 없이 황거(皇居), 금원(禁苑), 이궁(離宮), 행재소(行在所) 및 황릉(皇陵) 안에 침입한 자는 전 2조의 예로 조율하되 각각 1등을 가중한다.

## 제8절 관의 봉인을 파기하는 죄

제174조 관서(官署)의 처분으로 특별히 가옥, 창고 기타 물건에 시행한 봉인(封印)을 파기(破棄)한 자는 2월 이상 2년 이하의 중금고에 처한다.

만약 간수자가 스스로 제1항의 죄를 범한 때에는 1등을 가중한다.

제175조 관의 봉인을 파기하여 물건을 도취(盜取)하거나 훼괴(毀壞 훼손함)한 자는 도죄(盜罪) 및 훼괴죄의 각 본조로 조율하되 무거운 것으로 처단한다.

제176조 간수자가 해태하여 봉인을 파기하거나 물건을 도취(盜取)하거나 훼괴(毀壞)하는 것을 발각하지 못한 때에는 2원 이상 20원 이하의 벌금에 처한다.

## 제9절 공무 집행을 방해하는 죄

**제177조** 육·해군의 장교가 출병을 요구하는 권한이 있는 관서(官署)로
부터 그 요구를 받고서 까닭 없이 따르려 하지 않는 때에는
2월 이상 2년 이하의 경금고에 처하고 5원 이상 50원 이하의
벌금을 부가한다.

**제178조** 육·해군의 군대에 편입될 자가 신체를 훼손하거나 질병을 만
들거나 기타 위계(僞計)로써 병역의 면탈을 시도한 때에는 1월
이상 1년 이하의 중금고에 처하고 3원 이상 30원 이하의 벌금
을 부가한다.

만약 타인에게 촉탁(囑託)하여 성명을 사칭하여 징집에 응하게
한 자 또한 수탁(受託)을 받아 징집에 응한 자와 동일하게 제
231조의 예로 조율하여 처단한다.

**제179조** 의사, 화학자(化學者), 기타 직업으로 인하여 해부(解剖)[25], 분
석(分析) 또는 감정(鑑定)에 관한 일에 관해 관서의 명령을 받은
자가 까닭 없이 따르려 하지 않는 경우에는 4원 이상 40원 이
하의 벌금에 처한다.

**제180조** 재판소가 증인으로 명하여, 증거를 진술하여야 하는데도 까닭
없이 따르려 하지 않는 자 또한 전조와 같다.

**제181조** 전염병이 유행하는 때에, 선박의 입항 시 전염병 환자를 실었
는지가 의심스러운 경우 의사로서 환자를 검사하게 하거나 소

---

**25** 해부(解剖): 원문은 '解部'인데, 일반적인 용례 및 일본 『구형법』에 근거하여 '部'를 '剖'
로 바로잡아 번역하였다

독(消毒)할 방법을 진술하게 하는 명령을 받고서 까닭 없이 따르려 하지 않는 자는 5원 이상 50원 이하의 벌금에 처한다. 수류(獸類) 전염병이 유행할 때에 수의사(獸醫師)가 이 조항의 죄를 범한 때에는 1등을 경감한다.

## 제4장 신용을 해하는 죄

### 제1절 화폐를 위조하는 죄

**제182조** 내국에서 통용(通用)하는 금화(金貨), 은화(銀貨) 또는 지폐를 위조하여 행사(行使)한 자는 무기도형에 처한다.

변조(變造)하여 행사한 자는 경징역에 처한다.

**제183조** 내국에서 통용하는 외국의 금화, 은화를 위조하여 행사한 자는 유기도형에 처한다.

변조하여 행사한 자는 2년 이상 5년 이하의 중금고에 처한다.

**제184조** 관의 허가를 얻어 발행한 은행의 지폐를 위조, 변조하여 행사한 자는 내·외국을 구별하여 전 2조의 예로 조율하여 처단한다.

**제185조** 내국에서 통용하는 동화(銅貨)를 위조하여 행사하는 자는 경징역에 처한다.

변조하여 행사한 자는 1년 이상 3년 이하의 중금고에 처한다.

**제186조** 위의 몇 조(條)에 기재한 화폐의 위조·변조 행위를 이미 완성하였으나 행사하지는 않은 자는 각 본형으로 조율하되 1등을 감경하고, 아직 완성에 이르지 않은 자는 2등을 감경한다.

위조하는 기계를 예비(豫備)하였으나 착수에는 이르지 않은 자는 각각 3등을 감경한다.

제187조 화폐를 위조, 변조하는 정상을 알고서 직공(職工)으로 고용된 자는 위의 몇 조(條)에 기재한 범인의 형으로 조율하되 각각 1등을 감경한다.

직공의 보조(補助)가 되어 잡역(雜役)에 이바지한 자는 직공의 형으로 조율하되 1등 또는 2등을 감경한다.

제188조 화폐를 위조, 변조하는 정상을 알고서 장소를 제공한 자는 위조, 변조의 각 본형으로 조율하되 2등을 감경한다.

제189조 위조, 변조된 화폐를 내국으로 수입한 자는 위조, 변조의 형과 동일하게 조율한다.

제190조 위조, 변조하는 정상을 알고서 그 화폐를 수취(受取)하여 행사한 자는 위조, 변조하여 행사한 자의 형으로 조율하되 각각 2등을 감경한다.

행사에 이르지 않은 자는 각각 3등을 감경한다.

제191조 위의 몇 조(條)에 기재한 죄를 범하여 경죄의 형으로 처단된 자는 6월 이상 2년 이하의 감시를 붙인다.

제192조 화폐를 위조, 변조하거나 수입, 취수(取受)한 자가 행사하기 전에 관(官)에 자수한 때에는 본형을 면하고 단지 6월 이상 3년 이하의 감시를 붙인다.

직공(職工), 잡역자나 장소를 제공한 자가 행사하기 전에 자수한 때에는 본형을 면한다.

제193조 화폐를 수취한 이후에 그것이 위조, 변조된 것임을 알고 행사한 자는 가액의 2배를 벌금형으로 처한다. 다만, 그 벌금은 2원

이하로 내려올 수 없다.

## 제2절 관인(官印)을 위조하는 죄

**제194조** 옥새를 위조하거나 위조된 옥새를 사용한 자는 무기도형에 처한다.

**제195조** 각 관서의 인장을 위조하거나 위조 관인을 사용한 자는 중징역에 처한다.

**제196조** 생산물, 상품 등에 찍는 관의 기호(記號), 인장(印章)을 위조하거나 위조 관인을 사용한 자는 경징역에 처한다.

서적, 집물(什物) 등에 찍는 관의 기호, 인장을 위조하거나 위조 관인을 사용한 자는 1년 이상 3년 이하의 중금고에 처한다.

**제197조** 옥새, 국새(國璽), 관인, 기호, 인장의 영적(影蹟)[26]을 도용(盜用)한 자는 위의 몇 조(條)에 기재한 위조죄의 형으로 조율하되 각각 1등을 감경한다.

감수(監守)하는 자 스스로가 범한 때에는 위조죄의 형과 같다.

**제198조** 발행한 각종 인지(印紙), 계지(界紙), 우표를 위조, 변조하거나 위조, 변조된 것임을 알고서 사용한 자는 1년 이상 5년 이하의 중금고에 처하고 5원 이상 50원 이하의 벌금을 부가한다.

**제199조** 이미 사용한 각종의 인지, 우표를 다시 사용한 자는 2원 이상 20원 이하의 벌금에 처한다.

**제200조** 이 절에서 기재한 경죄를 범하였으나 미수에 그친 자는 미수

---

26 영적(影蹟): 물체상에 현출(顯出)시키는 문자 등의 부호의 형상을 말한다.

범죄의 예로 조율하여 처단한다.

**제201조** 이 절에서 기재한 죄를 범하여 경죄의 형으로 처단된 자에게는 6월 이상 2년 이하의 감시를 붙인다.

## 제3절 관문서(官文書)를 위조하는 죄

**제202조** 조서(詔書)를 위조하거나 증감(增減), 변환(變換)한 자는 무기도 형에 처하고, 조서를 훼기(毁棄)한 자 또한 같다.

**제203조** 관문서를 위조하거나 증감, 변환하여 행사한 자는 경징역에 처한다.

관문서를 훼기(毁棄)한 자 또한 같다.[27]

**제204조** 공채증서(公債證書)·지권(地券) 기타 관리가 공증한 문서를 위조하거나 증감, 변환하여 행사한 자는 경징역에 처한다.

무기명(無記名) 공채증서에 관계된 때에는 1등을 가중한다.

**제205조** 관리가 관장하는 문서를 위조하거나 증감, 변환하여 행사한 때에는 전조의 예로 조율하되 각각 1등을 가중하고, 문서를 훼기한 경우 또한 같다.

**제206조** 관문서의 위조 행위를 통하여 관인(官印)을 위조하거나 도용(盜用)한 자는 위조관인죄(僞造官印罪)의 각 본조로 조율하되 무거운 것으로 처단하다.

**제207조** 이 절에서 기재한 죄를 범한 뒤 감경되어 경죄의 형으로 처단

---

**27** 관문서를 …… 같다: 원문에는 별항으로 구분되어 있지 않으나 일본 『구형법』에 근거하여 별도의 조항으로 처리하였다.

된 자는 6월 이상 2년 이하의 감시를 붙인다.

## 제4절 사인(私印)·사서(私書)를 위조하는 죄

**제208조** 타인의 사인을 위조하여 사용한 자는 6월 이상 5년 이하의 중
  금고에 처하고 5원 이상 50원 이하의 벌금을 부가한다.
  타인의 인영(印影)을 도용한 자는 1등을 감경한다.
**제209조** 위체수형(爲替手形; 환어음) 기타 이서(裏書)로 매매할 수 있는
  증서(證書) 혹은 금액으로 교환되는 약정 수형(手形; 어음)을 위
  조하거나 증감, 변환하여 행사한 자는 경징역에 처한다.
  수형(手形)이나 증서에 사위(詐僞)로 이서(裏書)하여 행사한 자
  또한 같다.[28]
**제210조** 매매(賣買), 대차(貸借), 증유(贈遺; 무상으로 줌), 교환(交換) 기
  타 권리(權利), 의무(義務)에 관한 증서를 위조하거나 증감, 변
  환하여 행사한 자는 4월 이상 4년 이하의 중금고에 처하고 4원
  이상 40원 이하의 벌금을 부가한다.
  이 이외의 사적인 문서에 관한 경우에는 1월 이상 1년 이하의
  중금고에 처하고 2원 이상 20원 이하의 벌금을 부가한다.
**제211조** 이 절에서 기재한 죄를 범하였으나 미수에 그친 자는 미수 범
  죄의 예로 조율하여 처단한다.
**제212조** 이 절에서 기재한 죄를 범하여 경죄의 형으로 처단된 자는 6월

---

**28** 수형(手形)이나 …… 같다: 원문에는 별항으로 구분되어 있지 않으나 일본 『구형법』에
근거하여 별도의 조항으로 처리하였다.

이상 2년 이하의 감시를 붙인다.

## 제5절 면허장, 감찰이나 질병증서를 위조하는 죄

**제213조** 관의 면허장이나 감찰(鑑札)[29]을 위조하여 행사한 자는 1월 이 상 1년 이하의 중금고에 처하고 4원 이상 40원 이하의 벌금을 부가한다. 다만, 관인(官印)을 위조하거나 도용(盜用)한 자는 위조관인죄의 각 본조로 조율하여 처단한다.

**제214조** 호적의 신분이나 성명을 사칭하거나 기타 사위(詐僞) 행위로 면허장, 감찰을 받은 자는 15일 이상 6월 이하의 중금고에 처 하고 2원 이상 20원 이하의 벌금을 부가한다.

관리가 실정을 알면서 면허장, 감찰을 발급해 준 때에는 1등을 가중한다.

**제215조** 공무(公務)를 면하기 위하여 의사의 성명[30]을 도용하여 질병증 서(疾病証書; 진단서)를 위조하여 행사한 자는 자신을 위한 것이 거나 타인을 위한 것임을 묻지 아니하고 1월 이상 1년 이하의 중금고에 처하고 3원 이상 30원 이하의 벌금을 부가한다.

의사가 촉탁을 받고 허위의 증서를 만든 때에는 1등을 가중한다.

**제216조** 육·해군의 징병을 면하기 위하여 질병증서를 위조하여 행사하 거나 의사가 촉탁을 받고 사위(詐僞)의 증서를 만든 경우에는

---

**29** 감찰(鑑札): 영업이나 행위 등이 정당함을 증명하기 위해 관청에서 교부하는 증표(證 票)를 말한다.
**30** 성명: 원문은 '代名'인데, 문맥 및 일본 『구형법』에 근거하여 '代'를 '氏'로 바로잡아 번 역하였다.

전조의 예로 조율하되[31] 각각 1등을 가중한다.

**제217조** 면허장, 감찰, 질병증서를 증감하거나 변환하여 행사한 자 또한 위조죄의 형과 같다.

## 제6절 위증에 관한 죄

**제218조** 형사(刑事)에 관계된 증인으로서 재판소에 호출된 자가 피고인을 비호(庇護)하기 위해 사실을 숨겨 위증을 한 때에는 아래의 예에 따라 처단한다.

　1. 중죄를 비호하기 위하여 위증을 한 자는 2월 이상 2년 이하의 중금고에 처하고 4원 이상 40원 이하의 벌금을 부가한다.

　2. 경죄를 비호하기 위하여 위증을 한 자는 1월 이상 1년 이하의 중금고에 처하고 2원 이상 20원 이하의 벌금을 부가한다.

　3. 위경죄를 비호하기 위하여 위증을 한 자는 위경죄의 본조에 따라 처단한다.

**제219조** 피고인이 위증으로 인하여 정당한 형벌을 면하게 된 때에는 위증인의 형을 전조의 예로 조율하되 각각 1등을 가중한다.

**제220조** 피고인을 모해(謀害)하기 위하여 위증을 한 자는 아래의 예로 조율하여 처단한다.

　1. 중죄를 모해하기 위하여 위증을 한 자는 2년 이상 5년 이하의 중금고에 처하고 10원 이상 50원 이하[32]의 벌금을 부가한다.

---

31　사위(詐僞)의 …… 조율하되: 원문은 '造其詐僞證書者 照醫師前照例'인데, 문맥 및 일본 『구형법』에 근거하여 '者'를 연문으로 보고, 또 '照'와 '醫師'의 위치가 바뀐 것으로 보고 해석하였다.

2. 경죄를 모해하기 위하여 위증을 한 자는 6월 이상 2년 이하의
중금고에 처하고 4원 이상 40원 이하의 벌금을 부가한다.

3. 위경죄를 모해하기 위하여 위증을 한 자는 1월 이상 3월 이하
의 중금고에 처하고 2원 이상 10원 이하의 벌금을 부가한다.

**제221조** 피고인이 위증 때문에 형(刑)으로 처단된 이후에 위증죄가 발
각된 때에는 처단된 형으로 위증을 한 자에게 반좌(反坐)[33]한
다. 만약 반좌하는 형이 전조에서 기재한 위증죄의 형보다 가
벼우면 전조의 예로 조율하여 처단한다.

형의 기간 중에 위증한 것이 발각되면 경과한 일수(日數)에 따
라 반좌하는 형기를 감경할 수 있다. 다만, 감경하더라도 위증
죄의 형보다 내려갈 수는 없다.

**제222조** 피고인이 위증으로 인하여 사형에 처해진 경우에는 반좌하는
형은 1등을 감경하고, 사형을 집행하기 전에 발각된 때에는 2등
을 감경한다.

만약 피고인에 대해 사형을 모해(謀害)할 목적으로 위증을 한
자는 사형으로 반좌하고, 사형을 집행하기 전에 발각된 때에는
1등을 감경한다.

**제223조** 민사(民事), 상사(商事)나 행정재판(行政裁判)에 관하여 위증을
한 자는 1월 이상 1년 이하의 중금고에 처하고 5원 이상 50원
이하의 벌금을 부가한다.

---

**32** 50원 이하: 원문은 '五年以下'인데, 문맥 및 일본 『구형법』에 근거하여 '年'을 '十圓'으
로 바로잡아 번역하였다.

**33** 반좌: 사람을 무고(誣告)한 자에게 무고를 입은 사람에게 과(科)한 그 죄대로 과죄(科
罪)하는 것이다.

**제224조** 감정(鑑定) 또는 통역(通譯)을 위하여 재판에 호출된 자가 허위의 진술을 한 때에는 위의 몇 조(條)에 기재한 위증죄로 조율하여 처단한다.

**제225조** 만약 뇌물 기타 방법으로 타인에게 촉탁함으로써 위증이나 허위의 감정이나 통역을 하게 한 자도 위증죄의 예와 동일하게 처단한다.

**제226조** 이 절에서 기재한 죄를 범한 자가 해당 사건에 대한 재판의 선고 전에 자수한 때에는 본형을 면한다.

## 제7절 도량형을 위조하는 죄

**제227조** 도량형을 위조, 변조하여 판매한 자는 2년 이상 5년 이하의 중금고에 처하고 10원 이상 50원 이하의 벌금을 부가한다. 다만, 관의 기호(記號) 또는 인장(印章)을 위조하거나 도용(盜用)한 자는 위조관인죄의 본조로 조율하되 무거운 것으로 처단한다.

**제228조** 위조나 변조된 실정을 알면서 그 도량형을 판매한 자는 전조의 형에서 1등을 감경한다.

**제229조**[34] 상고(商賈), 농공인(農工人)이 규정에서 증감(增減)이 있는 도량형을 소장(所藏)하고 있는 때에는 1월 이상 3월 이하의 중금고에 처하고 2원 이상 20원 이하의 벌금을 부가한다.

---

34 제229조: 원래 일본 『구형법』에는 2개 조항으로 이루어져 있으나 두 번째 조항이 원문에는 누락되어 있다. 일본 『구형법』의 원문을 번역하면 다음과 같다. "만약 그 도량형을 사용하여 이득을 얻은 경우에는 사기취재죄(詐欺取財罪)로 논한다. (若シ其度量衡ヲ使用シテ利ヲ得タル者ハ詐欺取財ヲ以テ論ス)"

**제230조** 타인의 촉탁을 받고 도량형을 위조하거나 변조한 자는 타인에게 촉탁하여 위증을 하게 한 형으로 조율하되 각각 1등을 감경한다.

## 제8절 신분을 사칭하는 죄

**제231조** 관서(官署)에 대하여 문서나 언어로 호적, 신분, 성명, 연령, 직업을 사칭한 자는 2원 이상 20원 이하의 벌금에 처한다.
**제232조** 관직의 위계(位階)를 사칭하여 관의 복장, 휘장이나 내·외국의 훈장을 참용(僭用; 외람되이 사용함)한 자는 15일 이상 2월 이하의 경금고에 처하고 2원 이상 20원 이하의 벌금을 부가한다.

## 제9절 공선 투표를 위조하는 죄

**제233조** 공선 투표(公選投票)를 위조하거나 그 수효를 증감(增減)시킨 자는 1월 이상 1년 이하의 경금고에 처하고 2원 이상 20원 이하의 벌금을 부가한다.
**제234조** 뇌물을 써서 투표를 하게 하거나 뇌물을 받고 투표를 한 자는 2월 이상 2년 이하의 경금고에 처하고 3원 이상 30원 이하의 벌금을 부가한다.
**제235조** 투표를 검사하거나 그 수를 계산하는 자가 투표를 위조하거나 증감한 때에는 6월 이상 3년 이하의 경금고에 처하고 4원 이상 40원 이하의 벌금을 부가한다.
**제236조** 조서(調書)를 작성하여 투표 결과를 보고하는 자가 그 수를 증

감하거나 기타 사위(詐僞) 행위를 한 때에는 1년 이상 5년 이하의 경금고에 처하고 5원 이상 50원 이하의 벌금을 부가한다.

## 제5장 건강을 해하는 죄

### 제1절 아편연(阿片烟)에 관한 죄

**제237조** 아편연을 수입(輸入)하거나 제조, 판매한 자는 유기도형에 처한다.

**제238조** 아편연을 흡식하는 기구를 수입하거나 제조, 판매한 자는 경징역에 처한다.

**제239조** 세관(稅關)의 관리가 그 실정을 알고 아편연이나 그것을 흡식하는 기구를 수입하게 한 때에는 전 2조의 예로 조율하되 각각 1등을 가중한다.

**제240조** 아편연을 흡식하기 위한 방실(房室)을 제공하여 이익을 꾀한 자는 경징역에 처한다.

사람을 유인하여 아편연을 흡식하게 한 자 또한 같다.

**제241조** 아편연을 흡식한 자는 2년 이상 3년 이하의 중금고에 처한다.

**제242조** 아편연 또는 그것을 흡식하는 기구를 소장하거나 혹 수기(受寄; 기탁 받음)한 자는 1월 이상 1년 이하의 중금고에 처한다.

## 제2절 음용(飮用)하는 정수(淨水)를 오염시키는 죄

**제243조** 사람이 음용하는 데 공급하는 정수를 오염시켜 사용할 수 없게
만든 자는 11일 이상 1월 이하의 중금고에 처하고 2원 이상 5원
이하의 벌금을 부가한다.

**제244조** 사람의 건강을 해치는 물품을 사용하여 수질(水質)을 변화, 부
패(腐敗)시킨 자는 1월 이상 1년 이하의 중금고에 처하고 3원
이상 30원 이하의 벌금을 부가한다.

**제245조** 전조의 죄를 범하여 사람을 병들게 하거나 사망에 이르게 한
자는 구타창상죄(毆打創傷罪)의 각 본조로 조율하되 무거운 것
으로 처단한다.

## 제3절 전염병의 예방규칙에 관한 죄

**제246조** 전염병을 예방하기 위해 만든 규칙을 위배하여 입항한 선박을
상륙시키거나 육지에 물품을 운반한 자는 1월 이상 1년 이하의
경금고에 처하고 또 20원 이상 200원 이하의 벌금에 처한다.

**제247조** 선장(船長) 자신이 전조의 죄를 범하거나 다른 사람이 범하는
것을 알고도 제지하지 않은 때에는 전조의 형에서 1등을 가중
한다.

**제248조** 전염병이 유행하는 때에 예방규칙을 위배하여 유행하는 지역
을 벗어나 다른 지역으로 간 자는 15일 이상 6월 이하의 경금고
에 처하거나 또는 10원 이상 100원 이하의 벌금에 처한다.

**제249조** 수류 전염병(獸類傳染病)이 유행하는 때에 예방규칙을 위배하

여 다른 지역으로 수류(獸類)를 벗어나게 한 자는 11일 이상 2
월 이하의 경금고에 처하거나 또는 5원 이상 50원 이하의 벌금
에 처한다.

## 제4절 위해 물품 또는 건강을 해치는 물건의 제조 규칙에 관한 죄

**제250조** 관의 허가를 얻지 아니하고 위해(危害)를 일으키는 물품의 제
조소(製造所)를 창설(創設)한 자는 20원 이상 200원 이하의 벌
금에 처한다.
건강을 해치는 물건의 제조소를 창설한 때에는 10원 이상 100원
이하의 벌금에 처한다.

**제251조** 비록 관의 허가를 얻어 전조에서 기재한 제조소를 창설하였더
라도 위해를 예방하고 건강을 보호하는 규칙을 위반한 자는
전조의 예로 조율하되 각각 1등을 감경한다.

**제252조** 전 2조의 죄를 범하여 사람을 병들게 하거나 사상(死傷)에 이르
게 한 자는 과실살상죄(過失殺傷罪)의 각 본조로 조율하되 무거
운 것으로 처단한다.

## 제5절 건강을 해치는 음식물이나 약제(藥劑)를 판매하는 죄

**제253조** 사람의 건강을 해치는 물품을 음식물에 섞어서 판매한 자는
3원 이상 30원 이하의 벌금에 처한다.

**제254조** 규칙에 위배하여 독약이나 극약(劇藥)을 판매한 자는 10원 이
상 100원 이하의 벌금에 처한다.

제255조 전 2조의 죄를 범하여 사람을 병들게 하거나 사망에 이르게 한 자는 과실살상죄(過失殺傷罪)의 각 본조로 조율하되 무거운 것으로 처단한다.

## 제6절 사적으로 의업을 일삼는 죄

제256조 관의 허가를 얻지 아니하고 의업을 일삼은 자는 10원 이상 100원 이하의 벌금에 처한다.

제257조 전조의 범인이 치료 방법을 잘못하여 사람을 사상(死傷)에 이르게 한 때에는 과실살상죄(過失殺傷罪)의 각 본조로 조율하되 무거운 것으로 처단한다.

## 제6장 풍속을 해치는 죄

제258조 공연(公然)히 외설적인 행위를 한 자는 3원 이상 30원 이하의 벌금에 처한다.

제259조 공연(公然)히 풍속을 해치는 책자 또는 도화 기타 외설적인 물품을 진열하거나 판매한 자는 4원 이상 40원 이하의 벌금에 처한다.

제260조 도박장을 개장(開場)하여 이익을 꾀하거나 도박하는 사람을 불러 모은 자는 3월 이상 1년 이하의 중금고에 처하고 10원 이상 100원 이하의 벌금을 부가한다.

제261조 재물을 실제로 걸고 도박[博奕]을 한 자는 1월 이상 6월 이하의

중금고에 처하고 5원 이상 50원 이하의 벌금을 부가하며, 그 실정을 알고서 방실(房室)을 제공한 자 또한 같다. 다만, 음식물을 걸고 도박한 자는 이 경우에 해당하지 아니한다.

도박 현장에 있는 도박 기구와 재물은 몰수한다.

**제262조** 재물을 갹출(醵出), 모집하여 부첨(富籤)[35]으로 이익을 바라는 일을 일으킨 자는 1월 이상 6월 이하의 중금고에 처하고 5원 이상 50원 이하의 벌금을 부가한다.

**제263조** 신사(神祠), 불당(佛堂), 묘소 기타 예배소에 대하여 공연히 불경(不敬)한 일을 한 자는 2원 이상 20원 이하의 벌금에 처한다.

설교나 예배를 방해한 자는 4원 이상 40원 이하의 벌금에 처한다.


## 제7장 시신을 훼기하거나 분묘를 발굴하는 죄

**제264조** 매장할 수 있는 시신을 훼기(毁棄)한 자는 1월 이상 1년 이하의 중금고에 처하고 2원 이상 20원 이하의 벌금을 부가한다.

**제265조** 분묘를 발굴하여 관곽이나 시신이 드러나도록 한 자는 2월 이상 2년 이하의 중금고에 처하고 3원 이상 30원 이하의 벌금을 부가한다.

이 일을 통하여 시신을 훼기한 자는 3월 이상 3년 이하의 중금고에 처하고 5원 이상 50원 이하의 벌금을 부가한다.

**제266조** 이 장에서 기재한 죄를 범하였으나 미수에 그친 자는 미수 범

---

35 부첨(富籤): 일본 강호시대(江戶時代)에 유행한 것으로, 일종의 복권(福券)이다.

죄의 예로 조율하여 처단한다.

## 제8장 상업 또는 농공업을 방해하는 죄

**제267조** 위계(僞計)나 위력(威力)으로 대중에게 불가결한 필수 곡류(穀類), 식용물(食用物)의 매매를 방해한 자는 1월 이상 6월 이하의 중금고에 처하고 3원 이상 30원 이하의 벌금을 부가한다.

전조 외의 물품을 매매하는 것을 방해한 자는 1등을 감경한다.

**제268조** 위계나 위력으로 경매(競賣)나 입찰(入札)을 방해한 자는 15일 이상 3월 이하의 중금고에 처하고 2원 이상 20원 이하의 벌금을 부가한다.

**제269조** 위계나 위력으로 농공업(農工業)을 방해한 자 또한 전조와 같다.

**제270조** 농공업(農工業)의 고용자가 그 고임(雇賃)을 더하거나 농공업의 경기(景氣) 상태를 변화시키려고 위계나 위력으로 고용주나 다른 고용자를 방해한 때에는 1월 이상 6월 이하의 중금고에 처하고 3원 이상 30원 이하의 벌금을 부가한다.

**제271조** 고용주가 고임을 줄이거나 농공업의 경기 상태를 변화시키려고 위계나 위력으로 고용자나 다른 고용주을 방해한 때에도 또한 전조와 같다.

**제272조** 허위의 풍설을 유포하여 곡류나 대중이 필요로 하는 물품의 가치를 등락(騰落)하게 한 자는 10원 이상 100원 이하의 벌금에 처한다.

# 제9장 관리의 독직에 관한 죄[36]

## 제1절 공익을 해하는 죄

**제273조** 관리가 관장하는 법률, 규칙을 공포하여 시행하지 않거나 다른
　　　　관리가 공포하여 시행하는 것을 방해한 때에는 2월 이상 6월 이하
　　　　의 경금고에 처하고 10원 이상 50원 이하의 벌금을 부가한다.

**제274조** 군대를 요구하거나 사용하는 권한이 있는 관리가 지방의 소요
　　　　(騷擾)에 병권(兵權)으로 진무(鎭撫)할 수 있는 때를 당하여 그
　　　　에 대한 처분을 행하지 않은 때에는 3월 이상 3년 이하의 경금
　　　　고에 처하고 20원 이상 100원 이하의 벌금을 부가한다.

**제275조** 관리가 규칙에 위배하여 상업(商業)을 일삼은 때에는 50원 이
　　　　상 500원 이하의 벌금에 처한다.

## 제2절 관리의 인민에 대한 죄

**제276조** 관리가 함부로 위권(威權 위세와 권력)을 사용하여 타인으로 하
　　　　여금 행할 수 없는 권리를 행사하게 하거나 행할 수 있는 권리
　　　　의 행사를 방해한 때에는 11일 이상 2월 이하의 경금고에 처하
　　　　고 2원 이상 20원 이하의 벌금을 부가한다.

**제277조** 타인의 신체, 재산에 관해 방해 행위를 한 범인에 대해서 예심
　　　　판사(豫審判事), 검사(檢事), 경찰관리가 그 보고를 받고 신속하

---

**36** 관리의 …… 죄: 원문은 '官吏贖職罪'인데, 목차 및 일본『구형법』에 근거하여 '贖'을 '瀆'
으로 바로잡아 번역하였다.

게 보호처분(保護處分)을 하지 않은 때에는 15일 이상 3월 이하의 경금고에 처하고 2원 이상 20원 이하의 벌금을 부가한다.

**제278조** 체포관리(逮捕官吏)가 법률에서 정한 정식(程式)이나 규칙을 준수하지 아니하고서 사람을 체포하거나 부정하게 감금한 때에는 15일 이상 3월 이하의 중금고에 처하고 2원 이상 20원 이하의 벌금을 부가한다.

감금한 일수가 10일을 넘을 때마다 1등(等)씩 가중한다.

**제279조** 사옥관리(司獄官吏)가 정식이나 규칙을 준수하지 아니하고서 수인(囚人)을 감금하거나 수인이 출옥할 기일이 되었음에도 방면하지 않은 경우에도 전조와 같다.

**제280조** 전 2조$^{37}$에 기재한 관리나 호송(護送)하는 자가 수인(囚人)의 음식, 의복을 빼앗거나 기타 가혹한 행위를 시행한 때에는 3월 이상 3년 이하의 중금고에 처하고 4원 이상 10원 이하의 벌금을 부가한다. ＼

이 일을 통하여 사람을 사상(死傷)에 이르게 한 자는 구타창상죄의 각 본조로 조율하되 1등(等)을 가중하고, 무거운 것으로 처단한다.

**제281조** 홍수, 화재, 지진으로 인한 재해가 발생했을 때에 관리가 수인(囚人)을 감금(監禁)하는 일을 해태함으로써 사상에 이르게 한 때에는 구타창상죄의 각 본조로 조율하되 1등(等)을 가중한다.

**제282조** 재판관, 검사, 경찰관리(警察官吏)가 피고인(被告人)으로 하여

---

37 전 2조: 원문은 '前條'인데, 문맥 및 일본 『구형법』에 근거하여 '前' 뒤에 '二'를 보태어 번역하였다.

금 죄상(罪狀)을 진술하게 하려 할 때에 폭행이나 능학(陵虐; 능멸하고 학대함)을 가한 경우에는 4월 이상 4년 이하의 중금고에 처하고 5원 이상 50원 이하의 벌금을 부가한다.

이 일을 통하여 피고인을 사상(死傷)에 이르게 한 때에는 구타 창상죄의 각 본조로 조율하되 1등을 가중하고 무거운 것으로 처단한다.

제283조 재판관, 검찰관(檢察官)이 까닭 없이 형사에 관한 소(訴)를 접수하지 않거나 지연하면서 심리(審理)를 하지 않은 때에는 15일 이상 3월 이하의 경금고에 처하고 5원 이상 50원 이하의 벌금을 부가한다.

민사의 소에 관한 경우에도 또한 같다.

제284조 관리가 타인의 촉탁을 받고 뇌물을 수수하거나 허락한 때에는 1월 이상 1년 이하의 중금고에 처하고 4원 이상 40원 이하의 벌금을 부가한다.

이 일을 통하여 부정한 처분을 행한 때에는 1등(等)을 가중한다.

제285조 재판관이 민사재판에 관하여 뇌물을 수수하거나 허락한 때에는 2월 이상 2년 이하의 중금고에 처하고 5원 이상 50원 이하의 벌금을 부가한다.

이 일을 통하여 부정한 재판을 한 때에는 1등을 가중한다.

제286조 재판관, 검사, 경찰관리가 형사재판에 관하여 뇌물을 수수하거나 허락한 때에는 2월 이상 2년 이하의 중금고에 처하고 5원 이상 50원 이하의 벌금을 부가한다.

이 일을 통하여 피고인을 비호(庇護)한 때에는 3월 이상 3년 이하의 중금고에 처하고 10원 이상 100원 이하의 벌금을 부가한다.

이 일을 통하여 피고인을 함해(陷害 중형에 처하게 함)한 때에는 2년 이상 5년 이하의 중금고에 처하고 20원 이상 200원 이하의 벌금을 부가한다.

만약 법을 왜곡함으로써 처단한 형이 이 형보다 무거운 때에는 제221조의 예로 조율하되 반좌(反坐)한다.[38]

**제287조** 재판관, 검사, 경찰관리가 비록 뇌물을 수수하거나 허락하지 않았더라도 사정(私情)을 따르거나 원한을 가지고 피고인을 비호하거나 함해(陷害)한 때에는 전조의 예와 같이한다.

**제288조** 위의 몇 조(條)에 기재한 뇌물에 관해 이미 그것을 수수한 자는 몰수하고, 소비한 자는 그 가액을 추징(追徵)한다.

## 제3절 관리의 재산에 대한 죄

**제289조** 관리가 자신이 감수(監守)하는 금곡(金穀)이나 물건을 절취(竊取)한 때에는 경징역에 처한다.

관문서(官文書)나 부책(簿冊; 장부)을 증감, 변환, 훼기한 자는 제205조의 예로 조율하여 처단한다.

**제290조** 조세를 징수하거나 제반(諸般) 세액을 거두는 관리가 정수(正數) 외의 금곡(金穀)을 징수한 때에는 2월 이상 4년 이하의 중금고에 처하고 5원 이상 50원 이하의 벌금을 부가한다.

---

38 만약 …… 반좌(反坐)한다: 일본 『구형법』에는 세 번째 항의 후문(後文)으로 되어 있고 별항으로 되어 있지 않다.

**제291조** 이 절에서 기재한 죄를 범하여 경죄의 형에 처해진 자에게는 6월 이상 2년 이하의 감시(監視)를 붙인다.

# 제3편 신체·재산에 대한 중죄와 경죄

## 제1장 신체에 대한 죄

## 제1절 모살 또는 고살에 관한 죄

**제292조** 미리 계획하여 사람을 살해한 자는 모살죄(謀殺罪)로 논하여 사형에 처한다.

**제293조** 독물(毒物)을 사용하여 사람을 살해한 자는 모살죄(謀殺罪)로 논하여 사형에 처한다.

**제294조** 고의(故意)로 사람을 살해한 자는 고살죄(故殺罪)로 논하여 무기도형에 처한다.

**제295조** 팔다리를 절단하는 등의 잔인한 소행으로 사람을 고살(故殺)한 자는 사형에 처한다.

**제296조** 중죄, 경죄에 해당하는 범행을 용이하게 하려거나 이미 범한 죄를 면하기 위해[39] 사람을 고살한 자는 사형에 처한다.

---

**39** 이미 …… 위해: 원문은 '欲免己之罪'인데, 동법 제303조 및 일본 『구형법』에 근거하여 '己'를 '已'로 바로잡아 번역하였다. 또한 문맥 및 일본 『구형법』에 근거하여 '犯' 자를 보충하여 번역하였다.

**제297조** 살인의 의도를 가지고서 사칭(詐稱), 유도함으로써 위해에 빠
　　　　 뜨려 죽음에 이르게 한 자는 고살죄(故殺罪)로 논하고, 미리 계
　　　　 획한 자는 모살죄(謀殺罪)로 논한다.

**제298조** 모살(謀殺) 또는 고살(故殺)을 실행하였으나 오인하여 다른 사
　　　　 람을 살해한 자는 그대로 모살, 고살로 논죄한다.

## 제2절 구타창상에 관한 죄

**제299조** 사람을 구타하여 창상(創傷)을 입히고 인하여 사망에 이르게
　　　　 한 자는 중징역에 처한다.

**제300조** 사람을 구타창상하여 두 눈을 멀게 하거나, 두 귀를 멀게 하거
　　　　 나, 두 다리를 절단하거나, 혀를 절단하거나, 생식기(生殖器)를
　　　　 훼패(毁敗)하거나, 혹 정신을 상실시켜서 독질(篤疾)[40]에 걸리
　　　　 게 한 자는 경징역에 처한다.

　　　　 한쪽 눈을 멀게 하거나, 한쪽 귀를 멀게 하거나, 한쪽 다리를
　　　　 절단하거나 기타 신체를 손상시켜서 폐질(廢疾)에 이르게 한
　　　　 자는 2년 이상 5년 이하의 중금고에 처한다.

**제301조** 사람을 구타창상하여 질병에 걸리게 함으로써 20일 이상 직업
　　　　 을 영위하지 못하게 한 자는 1년 이상 3년 이하의 중금고에
　　　　 처한다.

　　　　 그 질병으로 인해 휴업한 기간이 20일이 되지 않은 때에는 1월

---

**40** 독질(篤疾): 원문은 '毒疾'인데, 문맥 및 일본『구형법』에 근거하여 '毒'을 '篤'으로 바로
잡아 번역하였다.

이상 1년 이하의 중금고에 처한다.

비록 질병으로 인해 휴업하는 데에는 이르지 않았더라도 신체에 창상(創傷)이 생긴 때에는 11일 이상 1월 이하의 중금고에 처한다.

第302조 미리 모의(謀議)하여 사람을 구타창상함으로써 휴업, 폐질, 독질에 이르거나 사망에 이르게 한 자는 위의 몇 조(條)에 기재한 형으로 조율하되 각각 1등(等)을 가중한다.

第303조 중죄, 경죄에 해당하는 범행을 용이하게 하려거나 이미 범한 죄를 면하기 위해 사람을 구타창상한 자 또한 전조의 예와 동일하게 처단한다.

第304조 구타 행위를 통하여 다른 사람을 오인하여 창상한 자는 그대로 구타창상죄의 본형을 부과한다.

第305조 두 사람 이상이 공동으로 사람을 구타창상한 경우에는 현장에서 실행하여 창상을 발생시킨 행위의 경중에 따라 각각에 대해 그 형을 부과하고, 만약 공동으로 구타하여 창상을 발생시켰으나 그 경중을 알 수 없는 때에는 그 중상(重傷)의 형으로 조율하되 1등(等)을 감경한다. 다만, 교사자(敎唆者)는 감등(減等)하는 경우에 해당하지 아니한다.

第306조 두 사람 이상이 공동으로 사람을 구타한 경우에 비록 자신이 창상을 발생시키지 않았더라도 창상이 발생하도록 방조한 때에는 현재 발생시킨 창상의 형에서 1등을 감경한다.

第307조 건강을 해치는 물건을 사용하여 사람을 병고(病苦)에 시달리게 한 자는 미리 모의하여 구타창상한 예로 조율하여 처단한다.

第308조 비록 살인의 고의는 없었지만 사칭하거나 유도함으로써 위해

(危害)에 빠뜨려 질병이나 사상(死傷)에 이르게 한 자는 구타창
상으로 논죄한다.

## 제3절 살상에 관한 유서(宥恕) 및 불론죄

**제309조** 자신의 신체가 폭행을 당함으로써 곧바로 분노하여 사람을 살
상하거나 폭행한 자는 그 죄를 유서(宥恕)한다. 다만, 바르지
않은 행위로 인하여 스스로 폭행을 초래한 자는 이 경우에 해
당하지 아니한다.

**제310조** 상호 간에 구타하여 창상이 발생한 경우에 누가 먼저 구타를
시작하였는지 알 수 없다면 각각 그 죄를 유서할 수 있다.

**제311조** 본부(本夫 남편)가 그 처(妻)가 간통한 사실을 알고서 간통 장소
에서 곧장 간부(姦夫; 상간한 남자) 또는 간부(姦婦; 상간한 처)를
살상(殺傷)한 때에는 그 죄를 유서한다. 다만, 본부가 미리 간통
을 종용(縱容; 내버려둠)한 때에는 여기에 해당하지 아니한다.

**제312조** 주간(晝間)에 까닭 없이 사람이 거주하는 저택에 침입하거나
문호(門戶), 담벼락을 유월(踰越), 손괴하는 것을 방지하기 위
하여 살상(殺傷)한 자는 그 죄를 유서한다.

**제313조** 위의 몇 조(條)에 기재한 유서할 수 있는 죄는 각각의 본형(本
刑)으로 조율하되 2등(等) 또는 3등을 감경한다.

**제314조** 신체·생명을 정당하게 방위(防衛)하는 때에 부득이하게 사람
을 살상하거나 폭행한 자는 자기를 위한 것인지 남을 위한 것
인지를 구분하지 아니하고 그 죄를 논하지 아니한다. 다만, 바
르지 않은 행위로 인하여 스스로 폭행을 초래한 자는 이 경우

에 해당하지 아니한다.

**제315조** 아래의 여러 경우 중에 부득이하게 사람을 살상한 자는 그 죄를 논하지 아니한다.

1. 재산에 대한 방화나 폭행을 방지하는 경우

2. 도범(盜犯)을 방지하거나 도장(盜贓; 도죄로 얻은 재물)을 추환(追還)하는 경우

3. 야간에 까닭 없이 사람이 거주하는 저택에 침입하거나 문호(門戶), 담벼락을 유월(踰越), 손괴하는 것을 방지하는 경우

**제316조** 비록 신체 또는 재산을 방위하기 위한 것이더라도 부득이한 경우가 아니면서 사람을 가해, 폭행하거나 위해가 이미 제거된 이후에 그 형세를 이용하여 사람을 가해, 폭행한 자는 죄를 논하지 않는 경우에 해당하지 아니한다. 다만, 그 정상으로 인하여 제313조의 예로 조율하여 그 죄를 유서할 수 있다.

## 제4절 과실살상죄

**제317조** 소우(疎虞; 주의하지 않음) 또는 해태(懈怠)하거나 규칙, 관습을 준수하지 아니하여 과실로 사람을 사망에 이르게 한 자는 20원 이상 200원 이하의 벌금에 처한다.

**제318조** 과실로 인하여 사람을 창상(創傷)하여 폐질(廢疾) 또는 독질(篤疾)에 이르게 한 자는 10원 이상 100원 이하의 벌금에 처한다.

**제319조** 과실로 인하여 사람을 창상하여 질병으로 휴업에 이르게 한 자는 2원 이상 50원 이하의 벌금에 처한다.

## 제5절 자살에 관한 죄

**제320조** 사람을 교사(敎唆)하여 자살하게 하거나 촉탁을 받고 자살하려
는 사람을 위하여 살인을 실행한 자는 6월 이상 3년 이하의
경금고에 치하고 10원 이상 50원 이하의 벌금을 부가한다. 기
타 자살을 보조한 자는 1등을 경감한다.

**제321조** 자기의 이익을 꾀하기 위해 사람을 교사(敎唆)하여 자살하게
한 자는 중징역에 처한다.

## 제6절 함부로 사람을 체포, 감금하는 죄

**제322조** 개인의 집에서 함부로 사람을 체포, 감금한 자는 11일 이상 2월
이하의 중금고에 처하고 2원 이상 20원 이하의 벌금을 부가한다.
다만, 감금한 일수가 10일을 넘길 때마다 1등(等)씩 가중한다.

**제323조** 함부로 사람을 감금, 제박(制縛; 제재하여 속박함)하여 구타, 고
책(拷責; 고문)하거나 음식, 의복을 빼앗거나 기타 가혹 행위를
한 자는 2월 이상 2년 이하의 중금고에 처하고 3원 이상 30원
이하의 벌금을 부가한다.

**제324조** 전조의 죄를 범하여 사람을 질병이나 사상(死傷)에 이르게 한 자
는 구타창상죄의 각 본조로 조율하되 무거운 것으로 처단한다.

**제325조** 함부로 사람을 감금하다가 홍수, 화재, 지진의 재해가 발생했
을 때에 감금하는 일을 해태함으로써 사상에 이르게 한 때에도
또한 전조의 예와 같다.

## 제7절 협박에 관한 죄

**제326조** 사람을 살해하려거나 사람이 거주하는 가옥에 불을 놓으려고
한다는 내용으로 협박을 한 자는 1월 이상 6월 이하의 중금고
에 처하고 2원 이상 20원 이하의 벌금을 부가한다.
구타창상을 하려거나, 기타 폭행을 하려거나, 재산을 방화(放
火), 훼괴(毀壞), 약탈(掠奪)하려고 한다는 내용으로 협박을 한
자는 11일 이상 2월 이하의 중금고에 처하고 2원 이상 10원 이
하의 벌금을 부가한다.

**제327조** 흉기를 지니고 전조의 죄를 범한 자는 각각 1등(等)을 가중한다.

**제328조** 친족에게 위해를 가하려고 한다는 내용으로 협박을 한 자도
전조의 예와 같다.

**제329조** 이 절에서 기재한 죄는 협박을 받은 자 또는 그 친족의 고소가
있어야만 그 죄를 논할 수 있다.

## 제8절 낙태에 관한 죄

**제330조** 임신한 부녀가 약물 기타 방법으로 낙태한 때에는 1월 이상 6
월 이하의 중금고에 처한다.

**제331조** 약물 기타 방법을 사용하여 낙태시킨 자 또한 전조와 같다. 이
일을 통하여 부녀를 사망에 이르게 한 자는 1년 이상 3년 이하
의 중금고에 처한다.

**제332조** 의사 또는 산파(産婆), 약상(藥商)이 전조의 죄를 범한 때에는
각각 1등(等)을 가중한다.

**제333조** 임신한 부녀를 위협하거나 속여 낙태하게 한 자는 1년 이상 4년 이하의 중금고에 처한다.

**제334조** 임신한 부녀임을 알고서 구타나 기타 폭행을 가함으로써 낙대에 이르게 한 자는 2년 이상 5년 이하의 중금고에 처한다. 그 의도가 낙태에서 비롯한 때에는 경징역에 처한다.

**제335조** 전 2조의 죄를 범하여 부녀를 폐질(廢疾), 독질(篤疾)이나 사망에 이르게 한 자는 구타창상죄의 각 본조로 조율하되 무거운 것으로 처단한다.

## 제9절 유자·노인을 유기하는 죄

**제336조** 8세 미만의 유자(幼者)를 유기(遺棄)한 자는 1월 이상 1년 이하의 중금고에 처한다.

스스로 생활할 수 없는 노인이나 병자를 유기한 자 또한 같다.

**제337조** 8세 미만의 유자나 병든 노인을 사람이 없는 적막한 곳에 유기한 자는 4월 이상 4년 이하의 중금고에 처한다.

**제338조** 급료(給料)를 받고 남에게 기탁(寄託)받아 보양(保養)해야 하는 자가 전 2조의 죄를 범한 때에는 각각 1등(等)을 가중한다.

**제339조** 유자(幼者)나 병든 노인을 유기함으로써 폐질(廢疾)에 이르게 한 자는 경징역에 처하고, 독질(篤疾)에 이르게 한 자는 중징역에 처하며, 사망에 이르게 한 자는 유기도형에 처한다.

**제340조** 자기의 소유지, 간수하는 땅 내에 유기된 유자(幼者)나 병든 노인이 있는 것을 알면서도 부조(扶助)하지 않거나 관서에 신고하지 않은 자는 15일 이상 6월 이하의 중금고에 처한다.

만약 병에 걸려 혼절(昏絕)한 것임을 알면서도 부조하지 않거
나 신고하지 않은 자 또한 같다.

## 제10절 유자를 약취, 유괴하는 것에 관한 죄

**제341조** 12세 미만의 유자를 약취(略取)하거나 유괴(誘拐)하여 스스로
장닉(藏匿; 감추어 숨김)하거나 타인에게 교부한 자는 2년 이상
5년 이하의 중금고에 처하고 10원 이상 100원 이하의 벌금을
부가한다.

**제342조** 12세 이상 20세 미만의 유자(幼者)를 약취하여 스스로 장닉(藏
匿)하거나 타인에게 교부한 자는 1년 이상 3년 이하의 중금고
에 처하고 5원 이상 50원 이하의 벌금을 부가한다.

유괴(誘拐)하여 스스로 장닉하거나 타인에게 교부한 자는 6월
이상 2년 이하의 중금고에 처하고 2원 이상 10원 이하의 벌금
을 부가한다.

**제343조** 약취, 유괴된 유자(幼者)인 줄을 알면서 자신의 가속(家屬)이나
노복(奴僕)으로 삼거나 기타의 명칭으로 수수(收受)한 자는 전
2조[41]의 예로 조율하되 각각 1등(等)을 감경한다.

**제344조** 위의 몇 조(條)에 기재한 죄는 피해자 또는 그 친족의 고소가
있어야만 그 죄를 논할 수 있다. 다만, 약취, 유괴된 유자와
예식을 갖춰 혼인(婚姻)을 하였다면 고소의 효과가 없다.

---

41 전 2조: 원문은 '第二條'인데, 문맥 및 일본 『구형법』에 근거하여 '第'를 '前'으로 바로잡
아 번역하였다.

**제345조** 20세 미만의 유자를 약취, 유괴하여 외국인에게 교부한 자는 경징역에 처한다.

## 제11절 외설, 간음, 중혼에 관한 죄

**제346조** 12세 미만의 남녀에게 외설적인 행위를 하거나 12세 이상의 남녀에게 폭행, 협박으로 외설적인 행위를 한 자는 1월 이상 1년 이하의 중금고에 처하고 2원 이상 20원 이하의 벌금을 부가한다.

**제347조** 12세 미만의 남녀[42]에게 폭행, 협박으로 외설적인 행위를 한 자는 2월 이상 2년 이하의 중금고에 처하고 4원 이상 40원 이하의 벌금을 부가한다.

**제348조** 12세 이상의 부녀를 강간한 자는 경징역에 처한다.
약물 또는 술 등을 이용하여 사람을 혼미하게 하거나 정신을 착란시켜 간음한 자는 강간으로 논죄한다.

**제349조** 12세 미만의 어린 여아를 간음한 자는 경징역에 처하고, 강간인 경우에는 중징역에 처한다.

**제350조** 위의 몇 조(條)에 기재한 죄는 피해자 또는 그 친족의 고소가 있어야만 그 죄를 논할 수 있다.

**제351조** 위의 몇 조에 기재한 죄를 범함으로써 사람을 사상(死傷)에 이르게 한 자는 구타창상죄의 각 본조로 조율하되 무거운 것으로 처단한다. 다만, 강간을 인하여 폐질(廢疾), 독질(篤疾)에 이르

---

**42** 12세 미만의 남녀: 원문은 '對十二歲男女'인데, 일본 『구형법』에 근거하여 '歲' 뒤에 '未滿'을 보충하여 번역하였다.

게 한 자는 유기도형에 처하고, 사망에 이르게 한 자는 무기도
형에 처한다.

**제352조** 16세 미만의 남녀에게 음행(淫行)을 권유하여 매개(媒介)한 자
는 1월 이상 6월 이하의 중금고 처하고 2원 이상 20원 이하의
벌금을 부가한다.

**제353조** 부(夫; 남편)가 있는 부녀와 간통한 자는 6월 이상 2년 이하의
중금고에 처한다. 상간(相姦)한 자 또한 같다.

이 조항의 죄는 본부(本夫; 남편)의 고소가 있어야만 그 죄를
논할 수 있다. 다만, 본부가 미리 간통을 종용(縱容; 내버려 둠)
한 때에는 고소가 있더라도 효력이 없다.

**제354조** 배우자가 있는 자가 거듭 혼인한 때에는 6월 이상 2년 이하의
중금고에 처하고 5원 이상 50원 이하의 벌금을 부가한다.

## 제12절 무소 또는 비훼에 관한 죄[誣訴及誹毀罪]

**제355조** 사실이 아닌 일로 타인을 무고(誣告)한 자는 제220조에 기재한
위증죄(僞證罪)의 예로 조율하여 처단한다.

**제356조** 무고(誣告)를 하였더라도 만약 피고인을 추문(推問; 죄상을 캐서
심문함)하기 전에 자수(自首)한 때에는 본형(本刑)을 면한다.

**제357조** 무고로 인하여 피고인이 형으로 처단된 때에는 제221조, 제222
조에 기재된 예로 조율하여 처단한다.

**제358조** 사람의 악행이나 추행을 적발하여 비훼(誹毀; 비방하고 헐뜯음)
한 자는 그것이 사실인지의 여부를 묻지 않고 아래의 예로 조
율하여 처단한다.

1. 공연(公然)한 연설(演說)로 비훼한 자는 11일 이상 3월 이하의 중금고에 처하고 3원 이상 30원 이하의 벌금을 부가한다.
2. 서류 또는 도화(圖畫)로 공포(公布)하거나 잡극(雜劇)이나 우희(偶戱; 인형극)를 만들어 비훼한 자는 15일 이상 6월 이하의 중금고에 처하고 5원 이상 50원 이하의 벌금을 부가한다.

제359조 이미 사망한 사람을 비훼한 것이 무망(誣罔; 무함하고 속임)에서 비롯한 것이 아니라면 전조의 예로 조율하여 처단하지 못한다.[43]

제360조 의사, 약상(藥商), 산파(産婆), 대언인(代言人), 변호인, 신관(神官), 승려가 그 신분이나 직업과 관련하여, 위탁받은 일을 통해 지득(知得)한 비밀을 누설한 때에는 비훼로 논죄하여 11일 이상 3월 이하의 중금고에 처하고 3원 이상 30원 이하의 벌금을 부가한다. 다만, 재판소의 호출을 받아 사실을 진술하는 때에는 여기에 해당하지 아니한다.

제361조 이 절에서 기재한 비훼죄는 피해자 또는 사자(死者) 친족의 고소가 있어야만 그 죄를 논할 수 있다.

## 제13절 조부모 또는 부모에 관한 죄

제362조 자손이 조부모나 부모를 살해한 때에는, 모살(謀殺)[44]인지 고살(故殺)인지를 구분하지 아니하고 사형에 처한다. 자살죄에 관

---

**43** 처단하지 못한다: 원문은 '處斷'인데, 문맥 및 일본 『구형법』에 근거하여 '處' 앞에 '不' 자를 보충하여 번역하였다.
**44** 모살(謀殺): 원문은 '謀死'인데, 문맥 및 일본 『구형법』에 근거하여 '死'를 '殺'로 바로잡아 번역하였다.

계된 때에는 일반인의 형으로 조율하되 2등을 가중한다.

**제363조** 자손이 조부모, 부모에 대해서 구타창상죄 기타 감금, 협박, 유기(遺棄), 무고(誣告), 비훼(誹毀) 등의 죄를 범한 때에는 각 본조에 기재된 일반인의 형으로 조율하되 2등(等)을 가중한다. 다만, 폐질(廢疾)에 이르게 한 때에는 유기도형에 처하고, 독질(篤疾)에 이르게 한 때에는 무기도형에 처하고, 사망에 이르게 한 때에는 사형에 처한다.

**제364조** 자손이 조부모, 부모에 대하여 의식을 공급하거나 기타 봉양에 필요한 것을 빠뜨린 때에는 15일 이상 6월 이하의 중금고에 처하고 2원 이상 20원 이하의 벌금을 부가한다.

**제365조** 자손이 조부모, 부모에 대하여 살상(殺傷)하는 죄를 범한 때에는 특별 유서(特別宥恕)나 죄를 논하지 않는 예를 적용할 수 없다. 다만, 그 범행을 알지 못한 자는 여기에 해당하지 아니한다.


## 제2장 재산에 관한 죄

### 제1절 절도에 관한 죄

**제366조** 타인의 소유물을 절취(竊取)[45]하는 것을 절도(竊盜)라 하여 2월 이상 4월 이하의 중금고에 처한다.

---

**45** 절취(竊取): 원문은 '竊盜'인데, 문맥 및 일본『구형법』에 의거하여 '盜'를 '取'로 바로잡아 번역하였다.

**제367조** 홍수, 화재, 지진, 기타의 변고를 틈타 절도를 범한 자는 6월 이상 5년 이하의 중금고에 처한다.

**제368조** 문호(門戶), 담장을 유월(踰越), 손괴(損壞)하거나 자물쇠를 열고 저택, 창고에 침입하여 절도를 범한 자 또한 전조와 같다.

**제369조** 두 사람 이상이 공동으로 전 3조의 죄를 범한 때에는 각각 1등을 가중한다.

**제370조** 흉기(凶器)를 휴대하여 사람이 주거하는 저택에 침입하여 절도를 범한 자는 경징역에 처한다.

**제371조** 자기의 소유물이더라도 만약 전당물(典當物)이 되어 이미 타인에게 교부되었거나 또는 관서(官署)의 명령으로 인하여 타인으로 하여금 간수(看守)하게 된 경우에, 그 물건에 대해 절취 행위를 한 자는 절도로 논죄한다.

**제372조** 전야(田野)에서 곡류(穀類) 또는 채과(菜果)나 기타 산물(産物)을 절취한 자는 1월 이상 1년 이하의 중금고에 처한다.

**제373조** 산림(山林)에서 죽목(竹木), 광물 기타 산물(産物)을 절취하거나, 천택(川澤), 지소(池沼), 호해(湖海)에서 타인이 생양(生養)하는 영업에 관한 산물을 절취한 자 또한 전조와 같다.

**제374조**[46]

**제375조** 이 절에서 기재한 경죄를 범하였으나 미수(未遂)에 그친 자는 미수의 범죄 예(例)로 조율하여 처단한다.

---

**46** 제374조: 원문에 전체가 누락된 조문이다. 일본 『구형법』의 해당 원문을 번역하면 다음과 같다. "목장에서 목축하는 수류(獸類)를 절취한 자는 2월 이상 2년 이하의 중금고에 처한다.[牧場二於テ牧育ノ獸類ヲ竊取シタル者ハ二月以上二年以下ノ重禁錮二處ス]"

**제376조** 이 절에서 기재한 죄를 범하여 경죄의 형으로 처단된 자에게는 6월 이상 2년 이하의 감시를 붙인다.

**제377조** 조부모, 부모, 부(夫; 남편), 처(妻; 아내), 자손 및 그 배우자, 동거하는 형제, 자매(姉妹)[47]가 상호 재물을 절취한 때에는 절도로 논죄하지 아니한다.

만약 타인으로서 공동으로 범행하여 재물을 나눈 자는 절도로 논한다.

## 제2절 강도에 관한 죄

**제378조** 타인을 협박하거나 폭행을 가함으로써 재물을 강취(强取)하는 것을 강도죄(强盜罪)라 하여 경징역에 처한다.

**제379조** 강도 중에 아래에 기재한 정상(情狀)이 있는 자는 1등을 가중한다.

1. 두 사람 이상이 공동으로 범행한 경우

2. 흉기를 휴대하여 범행한 경우

**제380조** 강도가 사람을 상해(傷害)한 때에는 무기도형에 처하고, 사망에 이르게 한 때에는 사형에 처한다.

**제381조** 강도가 부녀를 강간한 때에는 무기도형에 처한다.

**제382조** 절도가 재물을 취득한 뒤 본주(本主)의 탈환에 항거하거나 그 당시에 폭행, 협박한 때[48]에는 강도로 논죄한다.

---

**47** 자매(姉妹): 원문은 '娣妹'인데, 일본 『구형법』에 근거하여 '娣'를 '姉'로 바로잡아 번역하였다.

**48** 그 …… 때: 원문은 '臨時脅迫者'인데, 일본 『구형법』에 근거하여 '時' 뒤에 '暴行'을 보

**제383조** 약물이나 술 등의 물질로 사람을 혼미하게 하여 재물을 강취 (强取)한 자는 강도로 논죄하여 경징역에 처한다.

**제384조** 이 절에서 기재한 죄를 범한 자가 감경으로 인하여 경죄의 형 에 처단된 때에는 6월 이상 2년 이하의 감시를 붙인다.

## 제3절 유실물, 매장물에 관한 죄

**제385조** 유실되거나 표류(漂流)한 물품을 습득(拾得), 은닉하여 본주(本 主) 또는 소유주에게 반환하지 않거나 관에 신고하지 않은 자 는 11일 이상 3월 이하의 중금고에 처하거나, 또는 2원 이상 20원 이하의 벌금에 처한다.

**제386조** 타인의 소유지 내에 매장된 물건을 발굴하여 은닉한 자 또한 전조와 같다.

**제387조** 이 절에서[49] 기재한 죄를 범한 자가 제377조에 게시한 친족에 해당되는 때에는 그 죄를 논하지 아니한다.

## 제4절 가족재산의 분산에 관한 죄[50]

**제388조** 가산(家産)을 분급(分給)할 때에 그 재산을 장닉(藏匿) 또는 탈

---

충하여 번역하였다.

**49** 이 절에서: 원문은 '此條'인데, 문맥 및 일본 『구형법』에 근거하여 '條'를 '節'로 바로잡 아 번역하였다.

**50** 제4절 …… 죄: 원문에는 누락되어 있으나, 목차 및 일본 『구형법』에 근거하여 보충하여 번역한 것이다.

루(脫漏)하거나 허위의 부채(負債)를 부풀려 더한 자는 2월 이
상 4년 이하의 중금고에 처한다.

허위 계약에 대해 그 실정을 알면서도 계약을 승낙하거나 그것
을 매개(媒介)한 자는 모두 1등을 감경한다.

**제389조** 가산을 분급할 때 첩부(牒簿; 관서와 관련된 장부나 문서) 따위를
장닉, 훼기(毁棄)하거나 분급이 결정된 후에 채주(債主; 채권자)
중의 1인 혹 수인에게 사적으로 부채를 상환하여 다른 채주를
해친 때에는 1월 이상 2년 이하의 중금고에 처한다.

## 제5절 사기취재죄 및 기탁 받은 재물에 관한 죄

**제390조** 타인을 기망(欺罔)하거나 공갈(恐喝)하여 재물 또는 증서류(證書
類)를 편취(篇聚)하는 것을 사기취재죄(詐欺取財罪)라 하여 2월
이상 4년 이하의 중금고에 처하고 4원 이상 40원 이하의 벌금을
부가한다.

이 일을 통하여 관문서(官文書), 사문서(私文書)를 위조(僞造)하
거나 또는 증감, 변환(變換)한 자는 위조죄의 각 본조로 조율하
되 무거운 것으로 처단한다.

**제391조** 유자(幼者)의 지려천박(智慮淺薄) 또는 사람의 정신착란(精神錯
亂)을 이용하여 재물 또는 증서류(證書類)를 수여(授與)하게 한
자는 사기취재(詐欺取財)[51]로 논죄한다.

---

51 사기취재(詐欺取財): 원문은 '詐僞取財'로 되어 있으나 문맥 및 일본 『구형법』에 근거
하여 '僞'를 '欺'로 바로잡아 번역하였다.

**제392조** 물건을 판매 또는 교환할 때에 그 물질을 변화시키거나 분량을 속여 교부한 자는 사기취재(詐欺取財)로 논죄한다.

**제393조** 타인의 동산(動産)【금(金)·은(銀) 등의 물건】이나 부동산(不動産)【가택(家宅)이나 전토(田土) 등】을 모인(冒認; 자기 것으로 꾸며 속임)하여 판매, 교환하거나 선낭물(典當物)로 잡힌 자는 사기취재(詐欺取財)로 논죄한다.

자기의 부동산을 이미 전당물로 잡혔음에도, 타인을 속여 매매하거나 거듭 전당물로 잡힌 자 또한 같다.

**제394조** 위 몇 조(條)의 죄는 6월 이상 2년 이하의 감시를 부가한다.

**제395조** 기탁(寄託)받은 재물, 차용물(借用物) 또는 전당물 기타 위탁받은 물건이나 금액을 소비한 자는 1월 이상 2년 이하의 중금고에 처한다. 만약 편취(騙取), 괴대(拐帶; 위탁물을 가지고 도망함) 기타 행위에 사기가 있는 때에는 사기취재죄(詐欺取財罪)로 논한다.

**제396조** 자기의 소유물이더라도 관서(官署)에서 억류(抑留)한 물건을 장닉하거나 탈루한 자는 1월 이상 6월 이하의 중금고에 처한다. 다만, 가산(家産)을 분산(分散)할 때에 이 죄를 범한 때에는 제388조의 예로 조율하여 처단한다.

**제397조** 이 절에서 기재한 죄를 범하였으나 미수에 그친 자는 미수 범죄의 예로 조율하여 처단한다.

**제398조** 이 절에서 기재한 죄를 범한 자가 제377조에 게시한 조문 중의 친족에 해당하는 때에는 그 죄를 논하지 아니한다.

## 제6절 장물에 관한 죄

**제399조** 강도, 절도에 의한 장물(贓物)임을 알면서 그것을 수수(收受), 기장(寄藏; 보관함), 고매(故買; 장물임을 알면서 매수함)하거나 아보(牙保; 장물을 중개하는 것)한 자는 1월 이상 3년 이하의 중금고에 처하고 3원 이상 30원 이하의 벌금을 부가한다.

**제400조** 위 몇 조(條)의 죄를 범한 자에게는 6월 이상 2년 이하의 감시(監視)를 붙인다.

**제401조** 사기취재죄(詐欺取財罪)나 기타 물건에 관한 범죄와 관련하여 장물인 것을 알면서 수수, 기장(寄藏), 고매(故買)하거나 아보(牙保)한 자는 10일 이상 1년 이하의 중금고에 처하고 2원 이상 20원 이하의 벌금을 부가한다.

## 제7절 방화와 실화에 관한 죄

**제402조** 사람이 주거하는 가옥에 방화(放火; 일부러 불을 놓음)하여 소훼(燒燬)한 자는 사형에 처한다.

**제403조** 사람이 주거하지 않는 가옥 기타 건조물에 방화하여 소훼한 자는 무기도형에 처한다.

**제404조** 폐가나 땔감, 비료 등을 저장하는 옥사(屋舍)에 불을 놓아 소훼한 자는 중징역에 처한다.

**제405조** 사람이 탄 선박, 기차에 방화하여 소훼한 자는 사형에 처한다.

**제406조** 산림의 죽목(竹木), 전야(田野)[52]의 곡맥(穀麥)이나 노적(露積)해 놓은 땔감·죽목 기타 물건에 방화하여 소훼한 자는 경징역에

처한다.

**제407조** 자기의 가옥에 방화하여 소훼한 자는 2월 이상 2년 이하의 중금고에 처한다.

**제408조** 방화죄를 범하여 경죄의 형으로 처단된 자는 6월 이상 2년 이하의 감시를 붙인다.

**제409조** 타인의 가옥에 실화(失火; 실수로 불이 나게 함)로 소훼한 자는 2원 이상 20원 이하의 벌금에 처한다.

**제410조** 화약(火藥) 기타 폭발할 수 있는 물품이나 매기정(煤氣井; 가스정(gas井))[53], 보일러를 파열(破裂)시켜 사람의 가옥이나 재산을 훼괴(毀壞)한 자[54]는 고의인지 과실인지를 분별한 뒤에 실화, 방화의 예로 조율하여 처단한다.

## 제8절 결수죄(決水罪)

**제411조** 제방(堤坊)을 결궤(決潰)하거나 수문(水門)을 훼괴(毀壞)하여 사람이 거주하는 가옥을 유실(流失)하게 한 자는 무기도형에 처한다.

만약 사람이 거주하지 아니하는 가옥 기타 건조물을 유실(流

---

52 전야(田野): 원문은 '四野'인데 문맥 및 일본 『구형법』에 근거하여 '四'를 '田'으로 바로잡아 번역하였다.

53 매기정(煤氣井): 원문은 '煤氣幷'인데, 문맥 및 일본 『구형법』에 근거하여 '幷'을 '井'으로 바로잡아 번역하였다.

54 사람의 …… 자: 원문은 '生人家屋財産者'인데, 문맥 및 일본 『구형법』에 근거하여 '生'을 '毀壞'로 바로잡아 번역하였다.

失)하게 한 자는 중징역에 처한다.

**제412조** 제방을 결궤하거나 수문을 훼괴하여 전원(田園), 광갱(鑛坑), 목
장(牧場)을 황폐하게 한 자는 경징역에 처한다.

**제413조** 타인의 편익(便益)을 감손(減損)시키거나 자신의 편익을 꾀하
기 위하여 제방을 결궤하거나 수문을 훼괴하거나 기타 수리(水
利)를 방해한 자는 1월 이상 2년 이하의 중금고에 처하고 2원
이상 20원 이하의 벌금을 부가한다.

**제414조** 과실로 수해(水害)를 일으킨 자는 실화죄(失火罪)의 예로 조율
하여 처단한다.

## 제9절 선박의 복몰에 관한 죄[覆沒船舶罪]

**제415조** 충돌(衝突) 기타의 행위로 사람이 타고 있는 선박을 복몰(覆沒)
시킨 자는 사형에 처한다. 다만, 선박 안에 사망한 사람이 없는
때에는 무기도형에 처한다.

**제416조** 전조의 행위로 사람이 타고 있지 않는 선박을 복몰시킨 자는
경징역에 처한다.

## 제10절 가옥, 물품을 훼괴(毀壞)하거나 동식물을 해치는 죄

**제417조** 사람의 가옥이나 기타 건조물을 훼괴한 자는 1월 이상 5년 이
하의 중금고에 처하고 2원 이상 20원 이하의 벌금을 부가한다.
이 일을 통하여 사람을 사상(死傷)에 이르게 한 자는 구타창상
죄의 각 본조로 조율하되 무거운 것으로 처단한다.

**제418조** 사람의 가옥에 부속한 담장이나 원지(園池), 장식(粧飾) 또는 전
포(田圃)[55], 목장(牧場)의 울타리를 훼괴한 자는 10일 이상 3월 이
하의 중금고에 처하고 2원 이상 20원 이하의 벌금을 부가한다.

**제419조** 타인이 심은 죽목(竹木) 기타 수용(需用)하는 식물을 훼손한 자
는 11일 이상 6월 이하의 중금고에 처하고 또 3원 이상 30원
이하의 벌금을 부가한다.

**제420조** 토지의 경계로 삼은 표지를 훼괴하거나 이동시킨 자는 1월 이
상 6월 이하의 중금고에 처하고 2원 이상 20원 이하의 벌금을
부가한다.

**제421조** 타인의 기물을 훼기(毁棄)한 자는 11일 이상 6월 이하의 중금고
에 처하거나 3원 이상 30원 이하의 벌금에 처한다.

**제422조** 타인의 우마(牛馬)를 살해한 자는 1월 이상 6월 이하의 중금고
에 처하고 2원 이상 20원 이하의 벌금을 부가한다.

**제423조** 전조에 기재한 이외의 다른 가축을 죽인 자는 2원 이상 20원
이하의 벌금에 처한다. 다만, 피해자의 고소가 있어야만 그 죄
를 논할 수 있다.

**제424조** 타인의 권리, 의무에 관한 증서를 훼기하거나 멸진(滅盡; 모조
리 없앰)한 자는 2월 이상 4년 이하의 중금고에 처하고 3원 이
상 30원 이하의 벌금을 부가한다.

---

**55** 전포(田圃): 원문은 '田園'인데, 문맥 및 일본 『구형법』에 근거하여 '園'을 '圃'로 바로잡
아 번역하였다.

# 제4편　위경죄

**제425조** 아래에 기재한 일을 범한 자는 3일 이상 10일 이하의 구류(拘留)에 처하거나 1원 이상 1원 95전[56] 이하의 과료(科料)에 처한다.

1. 규정을 준수하지 아니하고 화약(火藥) 기타 파열성(破裂性) 물품을 시가(市街)에 운반하는 경우

2. 규정을 준수하지 아니하고 화약 기타 파열성 물품이나 스스로 발화(發火)할 수 있는 물품을 저장하는 경우

3. 관의 허가를 얻지 아니하고 연화(煙火; 불꽃)를 제조하거나 판매하는 경우

4. 인가(人家)가 조밀한 곳에서 지나치게 연화 기타 화기(火器) 놀이를 하는 경우

5. 증기기계(蒸氣機械) 기타 연통(煙筒), 화조(火竈; 아궁이)를 건조(建造), 수리(修理)하거나 소제(掃除)하면서 그 규칙을 위배하는 경우

6. 관서의 독촉(督促)을 받았으면서 붕괴 위험이 있는 가옥을 수리하지 않는 경우

7. 관의 허가를 얻기 전에 시신을 해부하는 경우

8. 자기의 소유지 내에 시신이 있는 줄을 알면서 관서에 신고하지 않거나 사적으로 다른 장소로 옮기는 경우

9. 사람을 구타하여 창상(創傷)이나 질병에 이르게 하는 경우

---

**56** 95전: 원문은 '九十錢'인데 일본 『구형법』에 근거하여 '十' 뒤에 '五'를 보충하여 번역하였다.

10. 은밀하게 매음(賣淫)을 하거나 중개(仲介), 용지(容止; 머물게 해줌)하는 경우

11. 빈 집에 잠복(潛伏)하는 경우

12. 정해진 주거가 없거나 평상시 영위하는 직업이 없이 공연(空然)히 배회하는 경우

13. 관이 허가한 묘지 외의 땅에 사적으로 매장하는 경우

14. 위경죄를 범한 죄인을 비호(庇護)하기 위하여 위증을 하는 경우. 다만, 피고인이 위증으로 형을 면한 때에는 제219조의 예를 따름.

**제426조** 아래에 기재한 일을 범한 자는 2일 이상 5일 이하의 구류(拘留)에 처하거나 50전(錢) 이상 1원 50전 이하의 과료(科料)에 처한다.

1. 인가(人家) 근방이나 산림, 전야(田野)에 멋대로 불을 놓은 경우

2. 수화(水火)의 난리나 기타 재변(災變)이 발생하였을 때 관리의 요구를 받고서도 방관하고 따르려 하지 않는 경우

3. 익지 않은 과실이나 부패한 음식을 판매하는 경우

4. 건강을 보호하거나 전염병을 예방하기 위해 만든 규칙을 위배하는 경우

5. 사람이 통행하는 길에 있는 우물, 도랑 기타 요소(凹所; 구덩이)에 덮개를 덮지 않거나 방비(防備)를 하지 않는 경우

6. 길에서 개 기타 수류(獸類)를 부추겨 놀라 달아나게 하는 경우

7. 미친 사람의 간수(看守)를 태만히 하여 길에서 배회하게 하는 경우

8. 광견(狂犬), 맹수(猛獸)의 계쇄(繫鎖; 쇠사슬로 묶음)를 태만히

하여 길가로 달아나게 하는 경우

9. 변사(變死)한 사람에 대해 검시(檢視)를 받지 아니하고 매장
하는 경우

10. 묘비나 길가의 신불(神佛)을 훼손하거나 오독(汚瀆)하는 경우

11. 신사(神祠), 불당(佛堂) 기타 공공의 건조물을 오손(汚損)하
는 경우

12. 공연히 꾸짖거나 조롱하는 경우. 다만, 그 소(訴)가 있어야
만 그 죄를 논할 수 있음.

**제427조** 아래에 기재한 일을 범한 자는 1일 이상 3일 이하의 구류에
처하거나 20전 이상 1원 25전 이하[57]의 과료에 처한다.

1. 지나치게 거마(車馬)를 빨리 몰아 행인을 방해하는 경우

2. 제지를 따르지 아니하고 사람이 많이 모인 장소에 거마를
끄는 경우

3. 야간에 등화(燈火) 없이 거마를 빨리 모는 경우

4. 도로에 목석(木石) 등을 쌓을 때에 방비(防備)를 설치하지
않거나 표지(標識)의 점등(點燈)을 해태하는 경우

5. 도로, 가옥, 원유(園囿)에 기와나 자갈을 투척하는 경우

6. 도로에 짐승의 사체(死體)를 투기하거나 치우지 않는 경우

7. 도로, 가옥, 원유에 오염 물질을 투척하는 경우

8. 경찰규칙(警察規則)에 위배하여 공·상업(工商業)을 하는
경우

·

---

**57** 1원 25전 이하: 원문은 '一圓二十五錢'인데, 문맥 및 일본 『구형법』에 근거하여 '五錢'
뒤에 '以下'를 보충하여 번역하였다.

9. 의사나 산파(産婆)가 사고를 핑계 대며 위급한 병자의 호출에 응하지 아니하는 경우

10. 사망한 자를 신고하지 아니하고 매장하는 경우

11. 유언(流言)이나 부언(浮言)을 퍼뜨려 사람을 광혹(誑惑; 속이고 미혹시킴)하는 경우

12. 길흉화복을 망녕되이 이야기하거나 기도, 부적, 주문으로 사람을 미혹시켜 이익을 꾀하는 경우

13. 사유지 밖에 함부로 가옥, 담장이나 난간을 설치하는 경우

14. 관의 허가를 얻지 아니하고 길가나 강기슭에 상점(商店)을 여는 경우

15. 길가의 식목(植木), 시가(市街)의 상등(常燈; 밤에 길가 등에 켜 놓는 등)이나 화장실을 훼손하는 경우

16. 도로, 교량 기타 장소에 게시(揭示)된 통행을 금지하거나 도로 등을 보여주는 표지를 훼기(毁棄)하거나 오손(汚損)하는 경우

**제428조** 아래에 기재한 일을 범한[58] 자는 1일의 구류에 처하거나 10전 이상 1원 이하의 과료에 처한다.

1. 관서(官署)에서 가액을 정한 물품을 정가 이상으로 판매하는 경우

2. 도선장(渡船場), 교량 기타 장소에서 정가 이상으로 통행료를 거두거나 통행을 방해하는 경우

---

**58** 범한: 원문은 '記'인데, 문맥 및 일본 『구형법』에 근거하여 '記'를 '犯'으로 바로잡아 번역하였다.

3. 도선장, 교량 기타[59] 통행료를 지급하는 장소에서 정가를 내지
   아니하고 통행하는 경우

4. 길에서 도박과 유사한 상업(商業)을 하는 경우

5. 관의 허가를 얻지 아니하고 극장 기타 관물장(觀物場)을 개
   설하거나 그 규칙을 위배하는 경우

6. 구거(溝渠), 하수도(下水道)를 훼손하거나 관서의 독촉을 받
   고서도 구거, 하수도를 치지 않는 경우

7. 식물 기타 상품을 길가에 나열하고서 제지를 따르려 하지
   않는 경우

8. 관의 허가를 얻지 아니하고 관의 소유지에 수류(獸類)를 풀
   어 놓거나 그 땅에 목축을 하는 경우

9. 신체에 문신(文身)을 하거나 그것을 영업으로 하는 경우

10. 타인이 매어놓은 우마(牛馬)나 수류를 풀어서 놓아주는 경우

11. 타인이 매어놓은 배 또는 뗏목을 풀어 놓는 경우

**제429조** 아래에 기재한 일을 범한 자는 5전(錢) 이상 50전 이하의 과료
에 처한다.

1. 교량이나 제방에 문제를 일으킬 수 있는 장소에 배 또는 뗏
   목을 매어놓은 경우

2. 우마(牛馬)나 제차(諸車; 각종 차량) 기타 물건을 도로에 방치
   하거나 목석(木石), 신탄(薪炭) 등을 쌓아 두어 행인을 방해하
   는 경우

---

**59** 기타: 원문은 '其可'인데, 문맥 및 일본 『구형법』에 근거하여 '可'를 '他'로 바로잡아 번
역하였다.

3. 거마를 나란히 끌어 행인을 방해하는 경우

4. 수로에 배를 나란히 두어 선박의 통행을 방해하는 경우

5. 빙설(氷雪)이나 쓰레기를 길에 투기하는 경우

6. 관서(官署)의 독촉을 받고도 도로를 소제(掃除)하지 않는
   경우

7. 제지를 따르지 아니하고 길에서 놀이를 행하여 행인을 방해
   하는 경우

8. 우마를 끌거나 매어 두는 것을 소홀히 하여 행인을 방해하
   는 경우

9. 출입이 금지된 장소에 함부로 출입하는 경우

10. '통행금지(通行禁止)'의 방시(榜示; 방을 붙여서 보임)를 어기
    고 통행하는 경우

11. 도로에서 고성방가를 하면서 제지를 따르려 하지 않는 경우

12. 술취하여 길에서 시끄럽게 떠들거나 취해 눕는 경우

13. 길의 상등(常燈; 밤에 길가 등에 켜 놓는 등)을 끄는 경우

14. 인가의 담벼락에 종이를 붙이거나 낙서하는 경우

15. 저택의 번호(番號), 표찰(標札), 초패(招牌)나 임대, 매매하
    는 집에 붙인 종이 기타 알리는 방표(榜標) 등을 훼손하는
    경우

16. 타인의 전야(田野), 원유(園囿)에서 채과(菜果; 채소와 과일)
    를 따서 먹거나 화훼를 꺾는 경우

17. 공원에 관한 규칙을 범하는 경우

18. 타인의 전포(田圃)에 의해 막힌 곳을 억지로 통과하여 지나
    거나 우마를 끌고 들어가는 경우

**제430조** 위의 몇 조(條)에 기재한 외에 각 지방에서 편의에 따라 정한 위경죄를 범한 때에는 각각 그 벌칙에 따라 처벌한다.

행 부호군(行副護軍) 신(臣) 엄(嚴)

# 日本司法省視察記 一

臣所掌司法省, 卽日本掌法、禁法之所也。在東京宮城東南, 數年前被回祿之災, 經紀新建, 擬倣洋制。其爲法, 在神世時, 有拔爪剪髮等刑, 散見於該國史乘, 中世參用唐制, 又其後謂倣大明之律, 而淫刑慘罰一切相反, 人或有犯, 較前判決, 定其輕重, 所謂不文之律反復多焉。其律書曰:《令義解》, 曰:《大寶令》, 曰:《百個條》, 皆深秘之, 非刑官無有見之者。乃於戊辰, 日主視政一變, 制度發誓國中曰: "破舊來陋習, 基天地公道。"於是, 立科差煩, 尙法頗密, 今日行之, 明日廢之。至辛未悉除前規, 建置司法省, 有三局八課之制焉。就同搆內設大審院、裁判所、檢事局、上等裁判所, 又有各地方裁判所、各區裁判所之名, 以民事、刑事、告訴·告發勸、糾問、公判、宣告等例, 互相照檢, 始爲一百九十二條, 又改爲三百十八條。蓋廢拷訊、行懲役、同等權爲設法之大綱也。彼之言曰: "與其施刑而誣服, 曷若平問而得情, 罪疑而受枉, 不若予生以自新。"於是乎, 有舂米、榨油、燒瓦、耘田、搬土石開荒地之類。舊有閏刑以治華、士族, 今廢, 不講小大貴賤, 均視齊敵, 卽法律上同等權者也。倣司寇詰奸之規, 而置警察、巡查焉, 取國人與罪之義, 而有代言傍聽焉。戊辰以來三數年, 改易不恒, 愈出愈新, 庚午有《新律綱領》, 癸酉有《改定律例》, 斷爲金石之科者, 至上年之冬, 頒示刑法四百三十條, 治罪法四百八十條, 將以明年壬午一月爲實施之期, 而現今所行, 新舊互用, 俟實施而盡廢之, 只以刑法、治罪法行之。蓋刑法、治罪法、憲法、訴訟法、民法、商法, 乃佛人所謂六法也。效未盡, 就具不及布, 如訴訟一款是也。故取《事務章程》、《刑法》、《治罪法》、《訴訟法》、《監獄則》、《新律綱領、改定律例撮要》、《改定律例》七冊, 翻謄編次, 仰塵睿鑑極涉猥屑。夫日人之變更, 易於茶飯, 各國之事務, 每合水乳, 未可以今行新法遽謂其遵守久遠也。

## 司法省 【省在麴町區八代洲街】

司法省, 爲管理關於裁判, 并司法警察事務處, 列左諸局, 各幹理其主務。
議事局、刑事局、民事局

### 司法官員合計
四千二百二十人
內三千九百四十七人 諸裁判所
內二百七十三人 【內外國二人】 司法省

### 法學生徒總員
二百二十九人
內四人 海外留學 【佛國】
內百人 寄宿
內百二十五人 通學

## 司法省一年內輸入、輸出公貨
一歲中支消金額　百七十八萬五千圓

## 司法官員區別
勅任　九人
奏任　二百八十二人
判任　千六百六十九人
等外　千五百一人
御用掛　六人
御傭　七百五十三人內【外國人　二人】

## 卿、大輔、判事、檢事年俸月俸表
卿　月給五百圓
大輔　月給四百圓

| 判事 | | | | | | | | | | | 判事補 | | | | | |
|---|---|---|---|---|---|---|---|---|---|---|---|---|---|---|---|---|
| 勅任 | | | | 奏任 | | | | | | | 判任 | | | | | |
| 【年俸】四千五百圓 | 四千二百圓 | 三千五百圓 | 二千四百圓 | 二千百圓 | 一千八百圓 | 一千五百圓 | 一千百圓 | 九百六十圓 | 七百二十圓 | 六百圓 | 四十五圓 | 四十圓 | 三十五圓 | 三十圓 | 二十五圓 | 二十圓 |

| | | 檢事長 | 檢事 | | | | | | | | 檢事補 |
|---|---|---|---|---|---|---|---|---|---|---|---|
| | | 【月俸】二百五十圓 | 二百圓 | 百七十五圓 | 百五十圓 | 百二十五圓 | 百圓 | 八十圓 | 六十圓 | 五十圓 | 月俸判事補同 |

大審院、諸裁判所, 廢大、中、小屬官, 更以分等定。

一等屬　八等　月俸六拾圓

二等屬　九等　同五十圓

三等屬　十等　同四十五圓

四等屬　十一等　同四十圓

五等屬　十二等　同三十五圓

六等屬　十三等　同三十圓

七等屬　十四等　同二十五圓

八等屬　十五等　同二十圓

九等屬　十六等　同十五圓

十等屬　十七等　同十二圓

# 司法省職制事務章程

## 職制

### 卿一人
一 統率部下官員兼監督判事, 而總理所管百般事務。
一 部下官員及判事進退黜陟, 奏任以上, 則具狀之。判任以下, 則專行之。
一 奉行恩赦特典。
一 於主管事務, 有可設法布令者, 或有法令可補正者, 則得奏請其意見。
一 於施行主任之法案, 得列于元老院議席, 辨論其利害。【施行主任者, 言法成後, 本省急施行者也。元老院, 議立法官也。司法, 執成法之職也。固不可相混。然其所議係司法所管, 則卿得參其議也。】

### 大輔一人
輔卿職掌, 卿有事故, 則得代理。

### 小輔一人
掌亞大輔。

### 大書記官三人

### 權大書記官【今無現任。】

### 小書記官二人

### 權小書記官一人

受卿命, 各幹理其主務。

### 一等屬
### 二等屬
### 三等屬
### 四等屬
### 五等屬
### 六等屬
### 七等屬
### 八等屬
### 九等屬
### 十等屬

從事於各局、課、屬

### 檢事

受卿命, 派出於諸裁判所, 掌理檢彈及公訴事件。

### 檢事補

受事於檢事, 分掌檢彈及公訴。【受事於檢事者, 言受其指授也。】

## 司法省事務章程

主管事務記列于左者, 卿申奏其意見, 經裁可然後施行焉。其他, 卿得專行之。

於其施行之, 則卿皆任其責。


**第一條** 行政裁判事項。

**第二條** 變更司法警察事務事項。

**第三條** 定規程關於法庭事項。

**第四條** 於主管事務, 作布達事項。

**第五條** 派遣部下官吏及生徒於外國事項。

**第六條** 諸裁判所及檢事局廢置幷諸裁判所長任免事項。

**第七條** 各局廢置, 局長任免事項。

**第八條** 定諸裁判所及各局處務規程事項。

**第九條** 外國人解傭事項。

**第十條** 新創事, 或變更舊規各項。


## 各局、課職務次第


### 議事局

一 書記官, 定議事員之會期, 則凡事之緊要者及其涉疑難者, 會議之。

一 司法卿及輔, 隨時臨其議席。

一 其所擔當之事務, 逐月揭錄製爲月報, 又其諸公文編纂者, 保存。

一 局中, 分掌事務, 從其便宜, 命其名, 置其掛而任其事。


### 刑事局

一 凡各所申請事件之關係刑事者, 受卿命, 創其案。

一 凡關係刑事者, 視其法律良否, 改定興廢之案, 起草。

## 民事局

一 凡各所申請事件之關係民事者, 受卿命, 創其案。

一 凡關係民事者, 視其法律良否, 改定興廢之案, 起草。

## 內記課

一 掌長、次官直閣直達之事類, 任書記事, 又授受各課書類。

## 庶務課

一 授受各官廳及人民事關係本省之一切文書, 配付于各局、課, 又各
  局、課致送者, 登記于簿冊, 以應其程則, 爲配達處分。

一 諸局諸中所漏事務, 受卿之命, 臨時處分。

一 月報外別考課表編成。

## 職員課

一 管理司法官員履歷簿及進退黜陟等事。

一 掌代言人願書照閱試驗之事。

一 管理外國人身上之事, 其條約書類保存。

## 編纂課

一 任諸編纂諸飜譯事。

一 編纂及飜譯書類等上, 頓定付梓, 便宜刊行。

一 管守本省所掌一切書類, 又掌司法府內各所書籍名簿。

## 表記課

一 點檢各所進達民事、刑事諸表及各局、課月報等, 各從其類成, 且
  條記考案。

## 會計課

一 本省及諸部所關一切金錢出納及臟贖、營繕、用度。

## 生徒課

一 總提法學校, 監督生徒等。

## 檢事局

局長

一 依檢事職制章程, 一切禁飭。


# 大審院職制

長一人【以一等判事, 充之。】

院長, 掌分課, 命主任, 隨時任各庭聽理民、刑事件。

判[1]事

弟一掌 判理民事、刑事上告破毀裁判不法者, 審判內外交涉事涉重大
　　者, 與判事犯罪。

第二掌 審閱死罪案。

章程

第一條 大審院, 爲受民事刑事上告破毀上等裁判所以下審判不法者,

---

1　일본 대심원 직제에 근거하여 '刑'을 '判'으로 바로잡았다.

處以主持統一之法憲。

**第二條** 破毀審判不法者, 移諸他裁判所, 使判決之, 或大審院, 得隨便
宜, 自判決之。

**第三條** 旣移諸他裁判所, 使判決之, 其裁判所, 不從大審院之旨則大
審院, 自判決之。

**第四條** 陸、海軍裁判所之所爲裁判者, 若有過權限者, 則破毀其裁判,
以附於相當裁判所。

**第五條** 各判事犯罪, 除其違警罪外, 大審院, 審判之。

**第六條** 審判內外交涉民、刑事件涉重大者。

**第七條** 審閱各上等裁判所送呈死罪案, 批可送還其否者, 便擬律還
付之。


## 上等裁判所職制 【東京、大板、長崎、宮城】

**長一人** 【以勅任判事, 充之。】

所長, 掌分課, 命主任, 隨時臨各庭, 聽理民刑事件。


**判事**

**第一掌** 受管內控訴, 覆審之。

**第二掌** 判決管內死罪獄。


**判事補**

受事於判事而審判之 【言受判事指授也。】

章程

**第一條** 上等裁判所, 覆審其不服於地方裁判所裁判而控訴者。

**第二條** 判決各地方裁判所具申死罪案, 取大審院批可然後, 付原裁判
所 使宣告。

**第三條** 審批各地方裁判所送呈終身懲役案。


## 地方裁判所職制

【東京 京都 大阪 橫濱 新潟 神戶】

【函館 長崎 水戶 熊谷 弘前 仙基】

【福島 靜岡 松本 金澤 名古屋 松江】

【高知 浦和 廣島 熊本 鹿兒島】


**長一人【以主任判事, 充之】**

所長, 掌分課, 命主任, 與他判事同。


**判事**

掌初審民事審判刑事懲役以下。


**判事補**

受事於判事而審判之。


章程

**第一條** 地方裁判所審判一切民事及刑事懲役以下。

**第二條** 地方裁判所, 民事審判, 無輕重, 皆爲初審。

**第三條** 民、刑事交涉於內外者, 輕則直裁決之, 重則一回聽理之, 一回具申于司法卿。

**第四條** 死罪則審訊之, 具文案證憑及擬律案, 遞送於上等裁判所, 得其行下而宣告之。【得其行下者, 言上等裁判所, 經大審院批可而下付者也。】

**第五條** 終身懲役則具擬律案, 取上等裁判所審批然後, 宣告之。


# 東京裁判所支廳管轄區分及取扱假規則

**第一條** 第一、第二、第七大區, 巴町支廳, 第三、第四、第八、第九大區, 富士見町支廳, 第五、第六、第十、第十一大區二, 長町支廳訴出。

**第二條** 民事訴訟, 全額十圓以下。

**第三條** 刑事訴訟懲役, 三十日以下。

但他管之甲, 本管之乙掛詞訟, 亦準本條。

**第四條** 於民事訴訟, 欲爲控訴者, 照準本年太政官布告第九十三號, 控訴于東京裁判所。

**第五條** 於刑事裁判, 欲上告者, 照準本年太政官布告第九十三號上告。

**第六條** 凡係民事詞訟之事, 不論金額多少事之輕重, 任其情願, 於支廳勸解。


## 各地方裁判所支廳設置

一 各管下, 擇便宜地, 定其區劃, 設支廳, 置代理官, 照當分府縣裁判所章程事務, 可取扱事。

　但其代理而於死罪終身懲役, 可乞批可者, 都屬本廳所長所屬, 其他事情繁難者, 亦所長, 取決之。

一 本廳並支廳管內, 定其區劃, 置區裁判所勸解等事務, 取扱事。


## 區裁判所假規則


**第一條** 區裁判所, 隨土地便宜, 畫其區而置之。

　但本支廳所在之地, 設一庭於其廳內, 分日時, 用該廳庭, 行區裁判所事務。

**第二條** 民事全額百圓, 以爲極, 百圓以下, 該地方, 隨其便宜, 得定其程限。

　但其係土地、人事等者, 隨便宜豫定程限, 得以裁判。

**第三條** 刑事三年懲役, 以爲極, 三年以下, 該地方, 隨其便宜, 得定其程限, 其或事情繁難者, 具審案, 取決於本管廳, 爲可。

**第四條** 以民事控訴者, 照明治八年第九十三號布告, 直出上等裁判所。

**第五條** 除違警罪外, 以刑事上告者, 照明治八年第九十三號布告, 直出大審院。

**第六條** 凡係民事之事, 不拘金額多少事之輕重, 任詞訟人情願, 勸解之。

**第七條** 勸解乞者, 作訴狀, 直出于該廳, 得以陳述其事由。

**第八條** 勸解必要雙方本人, 自出頭後, 可。

**第九條** 凡勸解, 不拘於定規者。

但雖勸解者, 係不參, 若遲參者, 據裁判所成規處分。支廳竝區裁判所稱號儀, 總以其地方名, 冠之。

　　何裁判所【地名】支廳, 何【地名】區裁判所。

# 糾問判事職務假規則

## 第一章 職員

**第一條** 各府縣裁判所判事若判事補中, 置糺問掛, 此稱糾問判事。
  但於大審院上等裁判及裁判所設置之縣, 臨時從便宜。
**第二條** 糾問判事, 於糾問事務時, 不得不通常裁判之事。

## 第二章

**第三條** 現行犯, 直告糾問判事時, 不待檢查官, 自爲檢事處分行而後, 付之檢事。
**第四條** 受取檢事所送罪犯文書證憑時, 必速行糾問。
**第五條** 糾問卽獨引屬官行之, 逐節錄口書, 口書成則讀之, 使聞本犯, 花押若寶印拇印, 本犯若不肯時, 令記其事由, 而糾問判事, 署名捺印於紙尾。
**第六條** 糾問判事, 臨罪犯場, 爲檢視, 檢事屬官, 一人同伴。
**第七條** 糾問判事, 爲得罪犯證憑, 犯人家宅臨檢及疑其窩藏, 臨檢其家, 得差押贓證, 又得委任警察官臨檢之。
**第八條** 若罪犯窩藏家, 已在管外, 則通牒於其地糾問判事, 得求其糾問。
**第九條** 糾問判事, 論輕重罪, 呼出被告人, 若拘引又拘留等, 得以行之。
  但拘引巡查及等外吏, 不得行之。
**第十條** 糾問判事, 糾問依時宜, 得以解假拘留。
  但要保管人出保管誓約書。
**第十一條** 若被告人, 已在管外, 通牒於其地糾問判事, 得以求糾問。

## 第四章 證人問供

**第十二條** 糾問判事, 得以呼出罪犯證人, 若證人, 已在管外, 從第十一
條規則。

**第十三條** 證人各人, 隔別問訊, 逐節口書, 錄之。口書成則讀聞證人,
甘結花押若寶印若拇印, 而糾問署名捺印于紙尾。

**第十四條** 口書字句, 不許改揷塗抹及追書, 若揷入塗抹追書者, 必要
本證人認印。

**第十五條** 證人, 若疾病事, 故不能出頭, 從於呼出, 則引屬官, 臨其家
問訊, 或委任警察官問訊。

**第十六條** 證人, 稱疾病事故者, 發見其罪實時, 引致問訊, 以病故不實
件, 付之檢事。

## 第五章 糾問濟

**第十七條** 糾問判事, 終糾問事, 被告人, 罪止違警, 或無罪, 見還通知
檢事後, 移之警察官, 或釋放之。

**第十八條** 被告輕重罪見還, 卽具證憑文書, 還付檢事。

# 檢事章程

**第一條** 檢事按檢之務, 罪犯發覺之時, 始豫防未發干預。

**第二條** 檢事, 求公判, 其裁判不服, 上告之時, 裁判議干冒及論爭其裁
判之當否。

**第三條** 裁判得後, 犯人送付各部官, 其乞赦典者, 具意見, 上司法卿。

第四條 凡重大罪犯及國事犯及內外交涉之重犯, 各檢事, 卽速具上於
　　　司法卿, 一面行處分, 一面乞指揮。

第五條 地方警察官吏, 補助檢事, 按檢現行罪犯, 遞送檢事而警察官
　　　吏, 檢察事務, 付檢事, 受管督, 其怠忽責戒檢事之事。

第六條 檢事, 爲罪犯捕拿, 移牒警官, 使役巡查, 從其緊急, 直爲指令。

第七條 警官中一人, 更審檢事局, 承檢事指揮. 專便檢察事務之事。


# 法學寄宿生徒規則

## 第一節 總則

第一條 法學寄宿生徒, 以佛蘭西語專修法律學。

第二條 修學年間定爲八年而前四年, 爲豫科, 後四年, 爲本科。

第三條 學年, 始於九月十一日, 終於翌年七月十日。

第四條 學年, 分爲前後二期, 前期, 自九月十一日, 至翌年二月十日,
　　　後期, 自二月十一日, 至七月十日。

第五條 每學期, 行大試驗, 每土曜日, 行小試驗, 其劣等者, 退校之。

第六條 至本科終業, 非常優等者, 應時便宜, 命留學佛國, 爲可。

第七條 以左列記載日, 定爲休日。

　　　大祭日

　　　日曜日

　　　土曜日【但午前第十一時半】

　　　夏期休業【自七月十一日, 至九月十日。】

　　　冬期休業【自十一月二十九日, 至一月四日】

　　　臨時休日, 卽於其時, 可揭示之。

第八條 左記之者, 可自官給之。

一 食料

一 衣服【但以明治九年, 當省第三十一號布達者, 徵募生徒, 限一年兩度給之。】

一 帽靴【但一年兩度給之。】

一 衣服瀚補【但官給衣服外, 自費之。】

一 藥餌

一 學用筆紙墨之類。

一 炭與燈油之類。

一 小遣錢【一名付一月金壹圓五十錢。】

第九條 學課上, 必用之書籍, 自官貸渡之, 且參觀其他書籍於縱覽室。

第十條 罹疾病者, 加療於各其寢室及校內病室, 罹傳染病者, 入他病院爲可。

罹病者, 欲療養於親屬等處者, 可願出其旨於證人, 但不受治療於本課醫員者, 可自費藥餌。

第十一條 看父母病之外, 不許歸省。

但歸省, 除往復, 不得過三十日。

第十二條 際大試驗之期, 願出歸省者, 或有不許。

第十三條 夏期休業之間, 必令下宿之。

但歸省旅行, 可屆出其旨。

第十四條 夏期休業之間, 歸省旅行下宿者, 給賄料及小遣錢, 其他場合則不給小遣錢。

第十五條 正課時間, 有不得已之事故, 願出, 臨時外出者, 可因事情而許之。

雖正課時間, 非常場合則可許外出。

第十六條 外出之時, 必戴法字帽, 着用洋服及袴。

第十七條 外出之時, 送各其名票門候, 歸校之時, 受取名票。
　許臨時外出者, 付臨時外出票、名票, 共差出門候, 爲可。
第十八條 外出者, 必及門限歸校。但門限, 隨時揭示。
第十九條 外出中有病氣, 又有不得已之事故, 不及門限者, 得證人之
　證書歸校, 而以證書, 直送于事務掛。但過午後十時則不許。
若難及十時歸校而外宿則詳記其事由, 以證人之證書, 趍翌日午前八
　時, 可送之。
第二十條 外宿者, 趍翌日午前八時, 難以歸校, 速以其旨, 届出於證
　人, 同日午後十時, 必可歸校。
第二十一條 外出中罹疾病, 難以歸校者, 因其病症, 遣醫員診察之, 爲可。
第二十二條 外出之時, 證人不在, 不能得證書者, 送代證人證書, 自其
　翌日, 三日內, 送證人之本書證, 爲可。

第二節

第二十三條 從教場出席之鐸報, 直出教場, 各自定席, 不可侵他人之席。
第二十四條 教師, 就席及退場之時, 立禮爲可。
第二十五條 受業中禁妄出教場外者, 若有不得已之事故, 以其旨告于
　教師及教員, 得其認許後, 始可出場。
第二十六條 教場中, 禁喧噪擧動。
第二十七條 機、椅子、掛板等, 禁濫書及毀損。
第二十八條 禁先於教師、教員而出教場者。
第二十九條 非課業時間, 禁入教場, 課業濟後, 禁留教場。
第三十條 質疑於教師、教員及問答於教師、教員則必可起入。
第三十一條 禁他人質問時, 己又質問。
第三十二條 受業中, 不許外來人應接。

但有不得已之事故, 可以受敎師、敎員之認許。

**第三十三條** 有疾病, 不能出席於敎場者, 屆出其旨, 可送受醫員診察
之, 以闕席證書, 差出。

但病氣闕席者, 許當日外出。

## 第三節 舍則

**第三十四條** 外來人應接, 必於應接所爲之, 禁各自舍室之延。

**第三十五條** 舍中, 禁玩弄物及稗史類持入。

**第三十六條** 禁妄呼吟唱及舍中奔走。

**第三十七條** 至就寢時限, 可直滅燈就寢, 禁談話及其他妨安眠之所爲。

**第三十八條** 屆出病氣旨者, 禁外就寢時限前就寢。

**第三十九條** 夜中, 禁携燈出室外。

**第四十條** 屆出病氣旨者, 禁外寢室書籍及持燈入者。

**第四十一條** 禁食堂外飮食。

**第四十二條** 定時外, 禁喫飯浴湯。

**第四十三條** 禁妄小便部屋及賄所立入。

**第四十四條** 禁庭中植物折取及移栽。

**第四十五條** 禁不潔物於舍室、敎場、休憩等所。

**第四十六條** 禁校內外不品行之所爲。

**第四十七條** 此規則及其他時時告示規則悖戾者, 及課員指揮違戾者, 足
以從輕重禁之, 又可命退校。

## 第四節

**第四十八條** 身元保證人者, 於其引受證書, 添照準印鑑而送之。

但該證書, 要區長奧印。

**第四十九條** 生徒保證人身元正外, 本籍及寄宿籍間, <u>東京府</u>十五區內,
構一戶居住者, 爲限, 爲可。

但官吏準官吏外, 滿二十年以下, 來許學校生徒保證人。

**第五十條** 生徒轉籍及在籍之府、縣, 分合□□[2]變改等節, 可送届書於
證人。

**第五十一條** 證人轉籍轉居及在籍之府、縣分合, 氏名變改及改印則其
副届書, 照準印鑑而送之。

**第五十二條** 證人, 歸縣旅行及死亡等時, 速立代證人, 送生徒身元引受
證書及照準印鑑。

**第五十三條** 證人之願伺書, 總宛送二通。

但用紙, 可半紙。


# 司法警察假規則

## 第一章

**第一條** 凡司法警察處分, 止得爲拘留人身體, 進入人居宅, 押印物料,
開人書簡等事, 司法警察官者, 但以受司法警察官委任者, 以爲限。

**第二條** 司法警察處分之事, 罪犯者探察檢視, 取其證付于各裁判所。

**第三條** 受司法卿之命, 行司法警察官之事者, 如左。

第一　檢事補及檢事。

第二　地方警部及警部補。【地方, 從便宜, 區戶長或兼警部之事】

---

2 아래 조항인 51조를 참조하면 氏名으로 판단된다.

第三 警察官吏, 於其違警犯, 有全權, 除其外他罪犯則檢事補, 照
　　　心得, 攝行檢事檢視之職務.

但檢事派出之縣, 受地方之命.

警視廳長官及地方長官, 除東京府外, 於其急務時則直專行司法警
察事而後, 乃報檢事.

　　　但檢事派出之府、懸地方官, 行內常檢事之事.

## 第二章　檢事司法警察職務

**第四條** 檢事, 除違警犯外, 總其罪犯所付之告訴, 被害人告發者, 受取
　　　之, 及自現行犯檢視後, 作檢視明細書, 其他則受取司法警察官檢視
　　　明細書, 求其裁判於相當裁判所.

**第五條** 犯罪之地, 檢事又犯人所留地及寄留地, 檢事又犯人, 見出地
　　　檢事, 得以行前條職務之事.

**第六條** 重罪犯, 若犯情繁難者, 檢事, 付之糾問判事, 請下調, 下調濟
　　　後, 檢事更以收取證憑文書, 訴于裁判所, 求其裁判.

**第七條** 糾問判事之下調於檢事, 不服之時, 再於他糾問判事, 求下調,
　　　或直付判事, 求裁判.

## 第三章　警部司法警察職務

**第八條** 現行罪犯, 爲警部及先聞之者, 直至犯所, 行一切檢事可行之事.

**第九條** 若一事件, 付檢事而警部爲同時檢視, 至犯所時, 亦警部讓于
　　　檢事.

**第十條** 檢事及糾問判事委任警部, 行自己職權內一部時, 警部奉行之.

**第十一條** 警部所收取之告訴、告發文書, 若視行犯檢視明細書及其他

書類, 速送檢事, 以供檢事處分, 故不得淹滯拘留。

## 第三章 司法警察現行犯處分

**第十二條** 現行犯罪及終於現行之罪犯, 謂之現行犯。衆人指名哄傳其
犯主者, 若凶器、文書、其他罪犯證憑物携帶之犯人思察時, 雖過
時日者, 亦以現行犯準。

**第十三條** 現行重犯, 巡査, 見知之時, 急速飛報司法警察官, 犯人追拿
之屍體, 若凶器物, 具一切證跡, 看護原態保存, 以防他人之擾動,
又禁見證人離散, 以待司法警察官來着。司法警察官, 其得最善報知
者, 卽刻往臨犯所, 行檢視處分。

但司法警察官所在遠隔者, 巡査, 直行檢視處分, 報于司法警察官,
得其報之, 司法警察官, 以疾病障礙委任巡査, 得終其處分。

**第十四條** 司法警察官, 視察犯罪情狀, 犯所模樣, 行凶被凶見證人, 取
證憑物件, 押而檢視之, 乃作明細書, 是謂檢視處分。

**第十五條** 司法警察官, 合其居場, 檢視終迄間, 禁諸人, 不得出去場
所, 若背者, 得以直付拘留判事。

**第十六條** 司法警察官, 嗅巡査及被凶見證人, 近隣人及知事犯前後事
情者等, 一切關係人, 廳其供述乃作各人口書, 受其花押若寶印。
但不能自押, 又無證印者, 使其拇印。

**第十七條** 於現行犯證跡, 拿捕被告人, 則直爲其糾問口書, 受被告人
花押, 若寶印, 若拇印, 被告人逃走時, 命巡査追捕之。

**第十八條** 司法警察官, 差押凶器贓物文書, 其他證憑物件, 示于被告
人, 求其答辭幷口書, 記入。

**第十九條** 差押之物件, 記入於明細書中而物件則封印, 若器物則不封印。

**第二十條** 司法警察官, 使技術人【醫師·分析師·建築工·彫刻工之類。】

驗察於面前, 乃作證書花押若寶印, 二人以上俱驗察, 則作隔別證書。

**第二十一條** 司法警察官, 已終其檢視處分, 得其罪證時, 被告人拘留若保管, 合其明細書及口書、證人口書及證憑文書物件, 速送判事, 求其裁判。

## 第四章 司法警察官非現行處分

**第二十二條** 除現行法外, 罪犯告訴, 若告發者, 及警部告訴、告發之文書送付者則檢事, 檢其書類, 又一應問認, 思察其所觸法律之時, 具其文書, 送付糾問判事。

但依時宜第十七條、二十條、二十一條規則通用。


# 警察規則附錄 【外國公使及公使館屬員】

**第一條** 外國公使, 以我國憲法, 羈縻之, 通義也。其所屬員及家屋車馬, 亦然。

**第二條** 內國人, 爲公使被傭, 在其名籍, 與其屬隷, 相同。若有逮捕糾問等之事, 則外務省, 諭旨于公使, 公使諾之後行之。蓋行之事, 公使不得關與焉。

**第三條** 內國人被傭, 則告其名籍于外務省, 同省告諸司法警察官。警察官常記其姓名, 若有可捕者而逢此人, 則與其簿記照焉。見其眞則送諸公使館, 詳告事于公使而後行之。

## 外國公使館

**第四條** 入公使館, 非得其諾則不允焉。若犯重科者, 逃而入館則告諸
　　門者, 得館主之諾而捕之。

**第五條** 公使館幷書記官宅者例, 雖其車馬家畜, 不容觸焉, 若有不得
　　已, 則請諸外務省而後處之。
　　公使屬員, 犯罪幷犯罪內國人, 住於公使館內者。

**第六條** 公使附屬外國人現行殺傷、剽盜等之大罪者, 若得其證跡則拘
　　留其人于現場, 直告諸公使館, 送付諸公使館後, 告諸外務省。

**第七條** 聞犯罪之事, 或因他之露暴, 明審罪科者, 內國人而住于公使
　　館內. 則庶斷其周回後, 告諸外務省。外務省, 請諸館主後, 要其人
　　縛之, 若館主拒之, 則復告諸外務省而處之。


# 警視廳處務規則章程

諸局一般權限。

局長, 受事於總監, 幹理局務。

局長, 督勵指揮課長以下僚屬及特務警員, 其賞罰黜陟, 具狀於總監。

但關於特務警員之進退, 則豫爲照會於巡査總長, 局長管掌之事務,
　　係於成規、定則、前例、慣行者, 則代總監而專決施行, 否則以處
　　分, 方案具狀於總監而請命。

局長管掌之事務中, 有必要之場合, 則直爲往復於警察使。

局長, 以局務日報, 呈於總監。

副局長, 助局長之職務而, 局長有事故則乃得其代理課長, 受事於局

長, 指揮課僚處辦課務而其例規外則開具意見於局長而請命。

課長, 以課中等外吏之黜陟賞罰, 具狀於局長。

課長, 以課務, 日報呈於局長。

課長, 屬於課長指揮而分掌事務。

課僚之關於自己身上事之呈請願書於總監者, 必先經由於課長, 課長
　　呈于局長, 局長, 具申於總監而請命。課長之請願書, 亦爲經由於局
　　長而呈總監。

凡局中稱掛者, 與課相準。


## 內局

**局長一人**

**副局長一人**

局長者, 接檢他局及巡査本部, 消防本署, 呈納於總監之文書而問議於
　　主務者, 又以意見, 具陳於總監。

局中事務, 分爲四課

　第一課　國事上一般警察。

　第二課　關於政事之結社、集會, 新聞紙、雜紙、圖畫等刊行及廣告、
　　演劇。

第三課　關於外國人之事務、飜譯及銃器、彈藥及銃獵。

第四課　受付銃監往復之文書, 監督電信及玄關詰


## 書記局

**局長一人**

**副局長一人【或二人】**

**局長附書記。**

局中之事務, 別爲文書, 會計二部。

## 文書部

部中事務, 分爲三掛。

第一 履歷掛 監督廳員之進退黜陟及履歷給仕。

第二 規則掛 照査本廳施設之內外諸規則及廳員賞罰。

第三 記錄掛 記錄編纂及製表。

## 會計部

**部長一人【以副長充之】**

**部長附書記**

部中事務, 分爲五掛。

第一 檢查掛 關於會計之一般檢查。

第二 出納掛 經費之出納

第三 調度掛 需物用品之調度。

第四 營繕掛 廳舍之營繕。

第五 雜役掛 本廳構內外之掃除及破損火災之注意及監督小使。

## 第一局

**局長一人**

**副局長一人**

**局長附書記**

局中事務, 分爲三課

**第一課** 營業幷市場度量衡及關於國事之結社、集會。

**第二課** 建築、道路、車馬、水陸、運輸、水火、消防。

**第三課** 衛生事務及屠獸場、危險害於健康物品之敗賣製造。

## 第二局

**局長一人**

**局長附書記**

局中事務, 分爲四課。

**第一課** 犯罪檢。

**第二課** 貸坐敷娼妓及私娼。

**第三課** 監倉幷懲役場及乞食無賴。

**第四課** 棄兒、遺兒、失迹者幷遺失物、內國難破船漂。

## 巡查本部

**總長一人**

**副總長一人**

總長者, 督勵指揮方面監督以下之諸員, 幹本部內外之諸務。

護持本部諸員之秩序、平和以擔保責任。

巡查長以下之賞罰黜陟幷具狀於總監。

但特務員之賞罰黜陟, 則依當該局長之照會, 具申意見於總監。

奉行巡查賞罰黜陟之辭令。

巡查部長以下之賞罰賜暇, 其他定規、前例、慣行者, 專決施行, 若有
　　志願巡查之人, 則試驗後, 具狀於總監, 事務口報, 呈於總監。

副總長者助總長, 而總長有事故之時, 則乃得其代理. 中分本部, 爲
　　內、外勤二類。

## 內勤部

**第一 本部事務所**

**事務長一人【以方面監督充之】**

受總長之命, 管理本部一切事務。

事務【以巡査長以下, 充之。】

受事於事務長, 分掌文書往復名簿製表及巡查
志願人試驗馬四等事。

## 第二 醫務所

**醫長一人。**

受總長之命, 檢查其巡查志願人之體格, 治療、診斷巡查之疾病。

**醫員**

補助醫長手術。

外勤部

分部, 爲常務、特務二類。

特務、常務。

**方面監督五人。**

分管內, 爲五方面, 擔任各一方面。

巡視其當之方面內屯所及交番所, 監督其行務。

或代總長而巡查長以下, 便宜指揮。

## 巡査屯所

配置於各郡、區, 從別表。

巡查長以下處務規程, 別定之。

**皇居詰**

**豫備具**

**衛生掛**

**道路掛**

**諸車掛**

**鐵道掛**

**旅店並下宿掛**

**市場掛**

**遊園觀物場掛**

**刑事探偵掛**

**風俗掛**

服於特務, 而巡查, 從其人員之多寡, 事務之程質, 以警察使、巡查
　長、副長、部長, 便宜管督。

特務者, 或屯在本部, 或派出他所, 各從事於主務。

服於特務, 必附屬局長, 勤務則受該局長之指揮, 身分則屬總長之管轄。

## 警察署 【配置各郡、區, 從別表】

### 警察使

執行所管內行政、司法, 一切警察事務。

附屬之書記、巡查，并監督指揮，而其賞罰黜陟，具狀於總監。

但係於巡查之進退者，則預爲照會於總長。

凡有申請警察官之注意、承認、檢視等事者，則可聽其所請而隨宜區
　處，巡查拿捕罪犯拘致人，或瞥見而不可放縱者，亦同。

但係別般規則者，則從其規則。

職務上必要之場合，則招致所管內屯在之巡查長以下，任其執行。

在所管內，雖爲派出特務警員，監視其場所，而必要之場合，則帮助該
　警員。

審糾違式之詿，違事之犯而照例處分。

物品遺失及拾得者之申告並聽受，卽可分明決了者，則照例處分，其
　否者，則移于本廳。

事務日報，呈于總監。


## 警察副使 【上同而掌其亞】


## 書記
警察使、警察副使，有事故則可得其理代。


## 巡查 【以特務員，充之。】
受警察之命，從事於探偵、拿捕。


# 消防本署


## 司令長
大司令以下署員之賞罰黜陟，具狀於總監，就管掌之事務，係於成規、
　定則、典例、慣行者，則專決施行，消防手之賞罰黜陟及賜暇亦同。

**司令副長**

**大司令**

受司令長之命, 文書之往復, 名簿之製表及消防手志願人之檢査及器
　械、馬匹等, 並掌之。
司令, 長副長, 有事故, 則可得以代理。

**中司令**

**小司令**

屬於大司令之指揮, 分掌其事務。

**醫員**

受司令長之命, 檢査其消防手志願人之體格, 而隊員職務上之負傷者,
　治療、診斷。

消防分署
**中司令**
**小司令**
**消防手**

消防隊分遣所
**小司令**
**消防手**

## 鍛治橋監獄署
## 市谷監獄署
## 石川島監獄署

### 典獄

書記看守長以下署員之賞罰黜陟, 具狀於總監, 就管掌事務, 成規、
　定則、典例、慣行者, 專決施行。

年報日報, 呈于總監。

### 副典獄

### 書記

典獄副典獄, 有事故則可得其代理。

### 看守長
### 看守副長
### 看守

## 警察署配置及人員表

警察署　二十五處【東京府下, 爲十五區, 又五郡而大區五處, 設二署, 故爲二
　十五。】

### 警察使　二十五人
### 警察副使　二十五人

**書記** 八十人【每署置三人, 大署五處。置四人, 故爲八十人。】

**特務巡査** 八十六人【每署置三人, 而大署十一處, 置四人, 故爲八十六人。】

合二百十六人

## 巡査屯所配置人表

巡査屯所 三十一處【東京府下, 分爲五方面, 每方置六屯所, 而方面外, 又置一屯, 故爲三十一處。】

**巡査正副長** 三十一人。

**巡査副長** 二百七十人【每屯所, 下自六人, 上至十八人。】

**巡査** 七百七十人【每屯所, 各二十六人, 小屯五處, 置二十四人, 又一處, 無之。】

派出所 三百三十處【每屯所派出者, 下自五人, 上至四十二人。】

合三千九十五人。

## 各警察署警察使假心得

**第一條** 警察使者, 所轄內維持安寧, 而犯罪之未萌者, 預防警戒。犯罪之已發者, 搜査逮捕, 使其罪惡至於絶迹, 爲達保後之實, 專以民情熟察爲主。

**第二條** 警察使, 就職務上, 不可以意見, 自決者, 具狀于總監。

**第三條** 人民之訴書、願書、屆書等, 警察使必親聽, 而所其書面一通, 或以口述, 又或以書面, 事實明瞭書記與本人, 共署名捺印。

　但本書交付各局, 以其書號主要留置簿冊。

**第四條** 前條書面, 警察使亦必署名捺印。

**第五條** 不問重罪輕罪, 視察其所犯之現狀, 依司法警察假規則第八條、

第十四條而處分。【此則司法省主管】

**第六條** 凡有訴犯罪者, 而三日之內, 罪人不就縛, 則記載其主要於簿冊, 並其證憑物件而送于第二局, 但被盜難而須報告其物品於各地者之圻, 則宜於翌日午前十一時, 送于第二局。

**第七條** 聞知國事之犯, 則速爲具狀於總監, 若總監不在, 則具由內局長。

但非常急遽之場合, 則相當處置後得具狀。

**第八條** 人命、强盜, 其他重大之事件, 直以電信, 與其他方法, 急報於第二局。

**第九條** 凡拿捕犯罪人, 則送于第二局, 但數罪並發之時, 只得主罪之證憑, 而其餘, 以本犯之口供, 記於調書。

**第十條** 死傷之變者, 因視驗規則而處分, 以其視驗書類, 速送于第二局。

**第十一條** 【削除】

**第十二條** 犯罪探偵、拿捕等關涉於他府、縣及開拓使, 則速爲申告於第二局, 任該局之處分。

**第十三條** 就探偵、拿捕等事, 若第二局員, 派出警察署之時, 則受其商議。

**第十四條** 凡違犯於規則、條例, 則差留他官出行, 而送付調書於第二局。

但犯密賣淫者, 在於此限。

**第十五條** 凡有得遺失物而屆出者, 則詳記其品目, 渡受領書於本人, 而以其書類及物品, 送致于第二局。

但其物品巨大, 或已腐傷, 不可送致, 則便宜處分, 而送致書類。

**第十六條** 宿直以書記一人, 刑事巡查一人, 爲勤。

# 府縣官職制

明治八年【十一月】 達廢府縣職制事務章程, 定府、縣官職制, 成別
　冊, 以此旨, 上達後事。
明治十一年七月二十五日 太政大臣三條實美。

## 職制

**府知事一人。**
**縣令一人。**

第一 府知事、縣令, 部內行政事務之總理也, 法律及政府命令之執行
　也, 專掌之。
第二 府知事、縣令, 雖屬於內務之監督, 而就各省主任之事務, 則必
　受各省卿之指揮。
第三 府知事、縣令, 執行法律及政府之命令, 而可以爲要用者, 則設
　其實施之順序, 布達部內, 就其適宜處分。蒙許之事件, 則設立規
　則, 布達府內, 而發行後, 直爲報告于各省主務之卿。
第四 府知事、縣令之布達及處分法律, 若與政府命令, 相背, 又或侵
　權限者, 則太政大臣, 或各省主務卿, 命爲取消。
第五 府知事、縣令, 就行政事務, 當稟請於主務之卿, 待指揮而後處
　分者, 則當從別定規則。
第六 府知事、縣令, 得徵收地方稅, 以充部內之支費, 而要具其豫算決
　算, 以報告于內務卿、大藏卿, 其有府、縣會之方, 則當付之於會議。
第七 府知事、縣令, 其屬官則判任, 進退之, 其分課則必命之。
第八 府知事、縣令, 其郡長以下吏員, 則判任, 進退之, 其郡務則指揮

監督之。

第九 府知事、縣令, 有非常事變, 則通議於鎭臺及分營之將校, 乃得
便宜處分。

第十 府知事、縣令, 得召集府會、縣會之召集及其會議之中止, 專行之。

第十一 府知事、縣令, 發議案, 就付府會、縣會, 其決議之後, 或認
可, 或不認可。

## 大書記官

## 小書記官【府則大、小書記各置一員, 縣則大、小間, 但置一人, 而若夫開港之
縣, 事務煩劇, 則上請, 而依府例, 各置一員。】

第一 書記官者, 輔府知事、縣令, 掌部內行政事務之參判。

第二 府知事、縣令, 若不在任, 又或有事故則書記官受代理之任。

## 屬【自一等至十等】

屬者, 受事於府知事、縣令而分掌庶務。

## 警部【自一等止十等】

警部者, 受事於府知事、縣令, 掌管內之警察。

## 典獄

典獄者, 受事於府知事、縣令, 總理監署之事務。

## 副典獄

掌典獄之亞。

## 書記

各其從事於其主務。

## 看守長

掌監獄之戒護, 且視察看守之勤惰。

## 看守

從事於監獄之戒護。

## 郡長一人【八等相當】

第一　郡長之俸給, 以地方稅之支出, 一月八十圓以下, 從各地方官便
　　宜, 府知事、縣令, 定之。

第二　郡長, 以該府、縣本籍人, 任之。

第三　郡長, 受事於府知事、縣令, 以施行法律、命令於郡內, 總理一
　　郡之事務。

第四　郡長, 依法律、命令、規則, 而係委任之條件則便宜處分後, 報
　　告于府知事、縣令。

第五　郡長之處分, 有不當者, 則府知事、縣令, 命爲取消。

第六　郡長, 監督町村戶長。

## 郡書記【自十等止十七等】

郡書記之俸給, 自地方稅支出而其額, 則從府知事、縣令之適宜所定,
　　其選任進退, 則依郡長之具狀, 府知事、縣令, 乃命之。

市街地之所置區長及書記, 則總與郡長、郡書記相同。

列左。

第一 分郡及數郡, 置一郡長及定區事。

第二 郡、區經界之組替及町、村之飛地組替事。

第三 豫算官給之經費, 而定一歲之常額事。

第四 未有例規之官金出納之事。

第五 設官金管守之規則及官金兌換付托之方法事。

第六 府、縣官舍及監獄新爲建築事。

第七 水旱所罹者租稅則皆以定限後, 二月延期事。

第八 地種變換事。

第九 依土地之變替, 地租減受事。

第十 檢地價而定租額事。

第十一 河港、道路、堤防、橋梁、開墾等類關涉於他管者及定額外官費支出之土功起復事。

第十二 諸貸下金返納期限, 許以六月以外延期, 又棄損之事。

第十三 官林伐採之事。

但爲供治水修道, 而用三等官林竹木者, 不在此限。

第十四 官地、官宅及其木石賣却事。

第十五 用爲酒類之稅率者, 定其價事。

第十六 爲官用之土地買上事。

第十七 社寺除稅地之境域更正事。

第十八 官林拂下事。

第十九 官、民有禁伐林之事。

第二十 森林地及竹木定官、民有區別事。

第二十一 鑛山借區境界事。

第二十二 鑛山借區稅猶豫並減免事。

第二十三 坑法違犯者處分之事。

第二十四 舊金銀貨及通貨損傷者交換事。

第二十五 外國人內地旅行事。

第二十六 外國人居留地外, 住居事。

第二十七 居留地地所競貸於外國人事。

第二十八 內外人結婚願許可事。

第二十九 學校補助之金例規外, 又爲支消事。

第三十 私立學校停止事。

第三十一 以府知事、縣令之名, 與外國人結條約事。

第三十二 以府知事、縣令之名, 爲官金辦償貸借之契約事。

第三十三 從無規例之恩典施行事。

第三十四 社寺之剏立、再興、復舊等員數增加之請願許之與否之事。

第三十五 開墾地之鍬下十年, 荒地免稅五年以上, 付與年季事。

但計其年期, 自當初起算, 越此年限者, 亦準以本支。

　一 以布告、布達、指令, 被專任之事件及有定規、成例之事件, 則地
　　方官宜以各自責任, 而處分之, 不在于稟請於上司之例, 若夫難
　　以例規, 依行之事情, 則要其特別處分者, 乃得具其理由而申請。

　一 諸會社設立之願, 諸礦開採之願, 圖書板權之願, 賣藥之願等,
　　依條約、規則, 而經由於地方官者, 以與府、縣掌權事務, 稟請
　　各省之類, 不同, 故知事縣令書, 奧書加印, 以公證其事實, 以
　　進達於主務各省。

　一 嗣後發行法律、規則中之條件, 府、縣長官, 稟請於上司然後,
　　處分者, 每件揭以明文。

　一 除事屬重大或例規所無及非常事務外, 凡地方之常務條件, 前條
　　所不揭載者, 則許其地方官之便宜處分後, 報告。

# 元老院職制章程

**議長**
**副議長**
**議官**
以上一等官地位。

## 官等

大書記官 四等
權大書記官 五等
小書記官 六等
權小書記官 七等
大書記生 八等
權大書記生 九等
中書記生 十等
權中書記生 十一等
小書記生 十二等
權小書記生 十三等

## 職制

**議長一人【特選任之】**
臨議場整頓, 議長遵守本院章程, 並執行條例、規則, 管判官以下進退。
**副議長一人【特選任之】**
議長缺員, 又有事故欠席, 則代理其事務。

**幹事二員**

議員中特選任之, 幹理院中庶務會計等事。

**議官**

從本院章程, 掌議議案。

以上勅任官。


**大書記官**

承議長命, 出議場、演場中議事, 讀議案, 記議事, 掌上奏文案之作。

**權大書記官**

屬議長, 或議官分任其課務。

**小書記官**

**權小書記官**

**掌同權大書記官**

以上奏任官。


**大書記生**

掌各課屬書記、計算等事。

**權大書記生**

**中書記生**

**權中書記生**

**小書記生**

**權小書記生**

**掌同大書記生**

以上判任官。

## 章程

**第一條** 元老院, 議法官也。凡新法制定, 舊法改正, 議定之所。

**第二條** 議官以特選任之。

**第三條** 議官勅任者, 用第一華族, 第二勅奏官昇者, 第三有功勞於國者, 第四有政治、法律學識者。

**第四條** 議案, 以勅命, 自內閣交附。

**第五條** 議案係本院議定者, 經檢視者, 有類別, 其別者, 自內閣定之。

**第六條** 要急施之事件, 無暇經元老院檢視者, 自內閣便宜布告後, 得付檢視。

**第七條** 新法制定, 或舊法廢止、改正者, 具意見, 上奏而其批可者, 自內閣, 成案後, 再下本院, 議定檢視。

**第八條** 參議、省使長官及法制官, 就其主任案事內閣委員, 至元老院辦明議案理趣。

**第九條** 大臣、參議、省使長官, 出頭元老院, 得陳意見。但不入議員數。

**第十條** 元老院大臣、參議、省使長, 得求出頭。

**第十一條** 元老院, 受立法所關建白書。

**第十二條** 元老院開閉以詔命。

## 事務

**第一條** 議長、副議長、幹事、執事, 本院職制章程, 照左數條, 任其事務。

**第二條** 議長, 選議官, 得爲委員, 又令議員, 得以公選委員。

**第三條** 議長、副議長, 共有疾病事, 故任他副議長之事, 經太政大臣奏請。

**第四條** 議長, 於議場, 行其職務, 可就副議長、議官之列, 若議長, 有
　　疾病事, 故不得出席, 或會議中, 爲說明自己意見, 欲入議官之列,
　　使副議長, 就議長之席, 爲可。

**第五條** 議長, 缺員則副議長, 總大議長之任, 若於副議長會議中, 爲說
　　明自己意見, 欲入議官之列, 則其間幹事及議官中, 可得假撰自己代
　　理之人。

**第六條** 議長, 聽衆員議論之相半, 決其可否。

**第七條** 幹事之臨議席, 雖就議官之列, 然從定務便不臨議席。

**第八條** 幹事之服定務, 特受委員之選任, 不計何時, 自至委任局, 得陳
　　其意見。

**第九條** 幹事之就本院, 庶務、會計等事, 有成規者, 則得決行之。

**第十條** 就本院庶務、會計等事, 以幹事之名, 得與諸省長官往復。

**第十一條** 幹事於會計年度, 每豫算明年經費, 可以製表。


行副護軍 臣 嚴

# 日本司法省視察記 二

## 刑法目錄

第一編 總則

 第一章 法例

 第二章 刑例

  第一節 刑名

  第二節 主刑處分

  第三節 附加刑處分

  第四節 徵狀處分

  第五節 刑期計算

  第六節 假出獄

  第七節 期滿免除

  第八節 復權

 第三章 加減例

 第四章 不論罪及減輕

  第一節 不論罪及宥恕減輕

  第二節 自首減輕

第三節 酌量減輕

第五章 再犯加重

第六章 加減順序

第七章 數罪俱發

第八章 數人共犯

第一節 正犯

第二節 從犯

第九章 未遂犯罪

第十章 親屬例

第二編 公益關重罪輕罪

第一章 對皇室罪

第二章 關國事罪

第一節 關內亂罪

第二節 關外患罪

第三章 靜謐害罪

第一節 兇徒聚衆罪

第二節 行妨害官吏職務罪

第三節 囚徒逃走罪及罪人藏匿罪

第師節 附加刑執行遁罪

第五節 私造軍用銃砲彈藥及所有罪

第六節 往來通信妨害罪

第七節 侵入住所罪

第八節 官封印破棄罪

第九節 拒公務行罪

第四章 害信用罪

第一節 貨幣僞造罪

第二節 僞造官印罪

第三節 官文書僞造罪

第四節 私印私書僞造罪

第五節 免狀鑑札及疾病證書僞造罪

第六節 僞證罪

第七節 度量衡僞造罪

第八節 身分詐稱罪

第九節 公選投票僞造罪

第五章 害健康罪

第一節 關阿片烟罪

第二節 汚穢飮料淨水罪

第三節 關傳染病豫防規則罪

第四節 危害品及健康害可物品製造規則關罪

第五節 害健康可飮食物及藥劑販賣罪

第六節 爲私醫藥罪

第六章 害風俗罪

第七章 毀棄死屍及墳墓發掘罪

第八章 商業及農工業妨害罪

第九章 官吏瀆職罪

第一節 害官吏公益罪

第二節 對官吏人民罪

第三節 對官吏財産罪

第三編 身體財産對重罪輕罪

第一章 身體對罪

第一節 謀殺故殺罪

第二節 毆打創傷罪

第三節　關殺傷宥恕及不論罪

第四節　過失殺傷罪

第五節　關自殺罪

第六節　擅人逮捕監禁罪

第七節　脅迫罪

第八節　墮胎罪

第九節　幼者及老疾者遺棄罪

第十節　幼者略取誘拐罪

第十一節　猥褻姦淫重婚罪

第十二節　誣告及誹毀罪

第十三節　祖父母父母對罪

第二章　財産對罪

第一節　竊盜罪

第二節　强盜罪

第三節　遺失物埋藏物關罪

第四節　家資分散關罪

第五節　詐欺取財罪及受密財物關罪

第六節　臟物關罪

第七節　放火失火罪

第八節　決水罪

第九節　船舶覆沒罪

第十節　家屋物品毀壞及害動植物罪

第四編　違警罪

# 刑法

## 第一編 總則

## 第一章 法例

**第一條** 凡於法律可罰罪科, 別爲三種

　　　一。重罪

　　　二。輕罪

　　　三。違警罪

**第二條** 法律中無其正條者, 雖何等所爲不得罰之。

**第三條** 此法律, 不得及在于頒布以前犯罪。

　　若所犯, 在頒布以前, 未經判決者 則比照新舊兩法, 從輕處斷。

**第四條** 此刑法, 不得適用於以所關陸海軍之法律而可論者。

**第五條** 此刑法中無正條而他法律規則, 如載刑名者, 各從其法律規則。

　　若他法律規則別不揭載其總則者, 從此刑法總則。

## 第二章

## 第一節 刑名

**第六條** 刑, 別爲主刑及附加刑。

　　主刑者, 宣告之。

　　附加刑者, 於法律, 定其宣告者與不宣告者

**第七條** 重罪主刑, 如左。【以所載於左者 爲重罪主刑】

　　　一。死刑

二。無期徒刑

三。有期徒刑

四。無期流刑

五。有期流刑

六。重徵役

七。輕徵役

八。重禁獄

九。輕禁獄

**第八條** 輕罪主刑如左【以所載於左者 爲輕重罪主刑】

一。重禁錮

二。輕禁錮

三。罰金

**第九條** 違警罪主刑, 如左【以所載於左者 爲違警罪主刑】

一。拘留

二。科料

**第十條** 附加刑如左【以所載於左者 爲附加刑】

一。剝奪公權

二。停止公權

三。禁治產

四。監視

五。罰金

六。沒收

**第十一條** 施刑及檢束犯人之方法細目則別有規則定之。

**第二節** 主刑處分

**第十二條** 死刑者絞殺, 蓋規則所定, 謂官吏臨檢獄內, 以施者。

**第十三條** 死刑者, 非有司法卿之命 則不得施之。

第十四條 當大祀令節國祭日, 禁而不施死刑。

第十五條 婦女, 以死刑被宣告者, 或懷胎則暫爲貸之, 非分娩後過一
百日則不施刑。

第十六條 死刑者遺骸, 其親屬或故舊, 有請之則下付焉, 但不許用禮
式而葬之。

第十七條 徒刑者, 不分別無期及有期, 遣海島而服定役。
有期徒刑者, 服役十二年以上, 乃至十五年以下。

第十八條 婦女徒刑者, 不遣海島, 在內地懲役場而服定役。

第十九條 罪當徒刑而年滿六十者, 免每人所服之定役而服于可堪其體
力之定役。

第二十條 流刑者, 不分有期及無期, 幽閉于島地之獄而不服定役。
有期流刑者, 服役十二年以上, 乃至十五年以下。

第二十一條 罪當無期流刑而已經過五年 則以行政者之處分, 免其幽
閉, 限島中之地, 得住居焉。
有期流刑, 經過三年者, 亦同也。

第二十二條 懲役者, 入之於內地懲役場, 以服定役。但年滿六十者, 從
第十條例。
重懲役者, 服役九年, 乃至十一年, 輕懲役者, 六年乃至八年。

第二十三條 禁獄者, 入之於內地獄中, 不服定役。
重禁獄者, 九年乃至十一年, 輕禁獄者, 六年, 乃至八年。

第二十四條 禁錮者, 拘留之於禁錮場, 重禁錮者, 服定役而輕禁錮者,
不服定役。
禁錮者, 不分輕重, 十一日, 乃至五年。
仍各於本條, 區別其長短。

第二十五條 服定役罪囚之工錢, 從監獄規則, 以其若干分者, 供獄舍
費用, 其餘, 給與罪囚, 但現在服役而未滿一百日者, 不在此限內。

第二十六條 罰金爲二圓以上, 仍各於本條, 區別其多寡。

第二十七條 罰金, 自裁判所確定之日, 使限一月內完納之, 若有限內
不完納者 則折算一圓於一日, 換輕禁錮, 雖其未滿一圓者, 仍算之
於一日。

換罰金於禁錮, 不必須裁判, 因檢察官之請求而裁判官, 會之, 但禁
錮期限, 不得過二年。

若有禁錮中納罰金 則扣除其旣所經過之日數, 以免禁錮, 又有親屬
若他人, 代納之者, 亦同焉。

第二十八條 拘留者, 留置於拘留場, 不服定役, 其刑期, 一日, 乃至十
日, 仍各於本條, 區別其長短。

第二十九條 科料者, 五錢, 乃至一圓九十五錢, 仍各於本條, 別其多寡。

第三十條 科料者, 自裁判確定之日, 使限十日內完納之, 若有限內不
完納者 則比照第二十七條, 換之拘留。

## 第三節 附加刑處分

第三十一條 剝奪公權者, 剝奪左權也。

一。國民之特權

二。爲官吏之權

三。有勳章年金位記貴號恩結之權

四。佩用外國勳章之權

五。入兵籍之權

六。於裁判所, 爲保證人之權。但單陳述事實者, 不在於此限內。

七。爲後見人之權。但得親屬之許可, 以爲子孫者, 不在此限內。

八。代離散者, 爲管財人, 或管理會社及共有財產之權。

九。爲學校長及教師及學監之權。

第三十二條 被處重罪刑者, 不特須宣告焉, 終身剝奪之公權。

**第三十三條** 被處禁錮者, 不特須宣告焉, 失現任, 且刑期間停行公權。

**第三十四條** 於輕罪刑, 旣付監視者, 不特須宣告焉, 限監視之期, 停行公權。

免主刑付監視者, 亦同。

**第三十五條** 被處重刑罪者, 不特須宣告焉, 終主刑期之內, 禁自理財產。

**第三十六條** 流刑罪囚, 被免幽閉 則須有禁治產, 然以行政官之處分, 得免幾分。

**第三十七條** 被處重罪刑者, 別不特須宣告焉, 付監視, 各三分其本刑之短期, 與其一分等時間。

**第三十八條** 所附加於輕罪刑之監視 則宣告焉, 但各所載於本條之外, 不得付監視矣。

**第三十九條** 死刑及無期刑, 期滿而得免除者 則不特須宣告, 付監視五年。

**第四十條**　監視之期限 則自終主刑日, 起算焉。主刑期滿而得免除 則自就捕日, 起算焉。

若免主刑, 付監視而止焉 則自裁判日, 起算矣。

**第四十一條** 旣付監視者, 從其情勢, 以行政者之處分, 假得免監視。

**第四十二條** 所附加罰金, 宣告之, 若一月內不輸完納 則照第二十七條, 輕禁錮於主刑期滿後施行焉。

**第四十三條** 所宣告而沒收物件, 在之左。但於法律規則, 特設沒收例者, 各從其法律規則。

一。旣於法律, 所爲禁制之物件。

二。其所用干犯罪之物件。【旣於犯罪 所供用之物件】

三。因罪犯所得之物件。

**第四十四條** 旣於法律, 所爲禁制之物件 則不問之所有主而沒收焉, 旣於犯罪所供用及因犯罪所得 則非犯罪人所有, 若無所有主之外, 不得沒收之。

## 第四節　徵償處分

**第四十五條**　所費於刑事裁判者, 科全數若其幾分於犯人　而其所用之
　　數, 別有規則定之額。

**第四十六條**　犯人雖處刑, 若放免也, 臟物當還給者, 損害當賠償者, 應
　　被害者之需而不得免也。

**第四十七條**　係數人共犯　則所費於裁判, 臟物當還給者, 損害當賠償
　　者, 使共犯人, 皆連坐之。

**第四十八條**　所費於裁判, 臟物當還給者, 損害當賠償者, 因被害者之
　　需, 得審判之於刑事裁判所。犯人若有其臟物則雖無請需, 直還付之
　　被害者。

## 第五節　刑期算計

**第四十九條**　計算刑期, 稱一日者　則二十二時, 稱一月者, 三十日, 至稱
　　一年者, 從曆。

　　受刑日則不問時刻, 算入爲一日矣, 而放免日　則不算爲一日。

**第五十條**　刑, 非裁判確定後　則不得施行之。

**第五十一條**　刑期, 起算於刑名宣告日, 若上訴者, 從左之例。

　　一。犯人自上訴, 其言正當　則起算於前判宣告日, 若其言不正當　則
　　　　起算於後判宣告日。

　　二。檢察官訴之　則不分別其言正否, 起算於前判宣告日。

　　三。猶在訴上訴中, 或得保釋, 或被責付者　則其日數, 不得算入於
　　　　期間【責付, 邦諺】

**第五十二條**　刑期限內, 逃走而再就捕者　則除其逃走間之日數, 算前後
　　受刑日。

## 第六節 假出獄

**第五十三條** 旣處重輕罪刑者, 謹守獄則, 有悛改之狀勢 則其刑期經過 四分三之後, 行政上處分之, 而得許之假出獄。

無期徒刑囚 則經過十有五年之後, 亦同焉。

流刑囚 則比照第二十一條, 免幽閉之外, 不用假出獄之例。

**第五十四條** 徒刑罪囚, 雖免許假出獄, 仍使之居住於島地。

**第五十五條** 旣被許假出獄者, 於行政上處分之 則得免禁治產之幾分。

但付于本刑期限內所特定之監視。

**第五十六條** 假出獄中, 更犯重輕罪者, 直禁出獄而其出獄中之日數, 不得算入於刑期。

**第五十七條** 刑期限內, 所更犯重輕罪者, 不許假出獄。

## 第七節 施期滿免除

**第五十八條** 遁施刑者, 因過所定於法律之期限, 得免除。

**第五十九條** 主刑得期滿而免除年限, 如左。

一。死刑則三十年

二。無期徒刑則二十五年

三。有期徒刑則二十年

四。重懲役重禁獄則十五年

五。輕懲役輕禁獄則十年

六。禁錮罰金則七年

七。拘留科料則一年

**第六十條** 剝奪公權停止公權及監視, 不得期滿而免除。

附加罰金, 與主刑同, 得期滿而免除。

沒收, 得經五年而期滿免除, 但禁制物, 不在期滿免除限內。

**第六十一條** 期滿免除, 起算於遁施刑日, 若一就捕而再逃 則起算於其逃走日, 係闕席裁判 則起算於其宣告日。

**第六十二條** 對執行刑遁者, 命逮捕則自最終令狀出之日, 起算期滿免除。

## 第八節

**第六十三條** 被剝奪公權者, 自終主刑日, 至五年之後, 因其情勢而將來得復公權。

得主刑期滿而免除者, 自付監視日, 過五年之後, 亦同。

**第六十四條** 因大赦得免罪者, 直得復權, 而因特赦得免罪者, 赦狀中, 非有記載則不得復權。因赦得復權者 則已爲免監視者。

**第六十五條** 復權, 非勅裁則不可得之。

## 第三章 加減例

**第六十六條** 於法律, 加重減輕罪刑, 照所載于左之數條, 加減焉。但入死刑則不得加矣。

**第六十七條** 重罪刑, 照左之等級, 加減焉。

一。死刑

二。無期徒刑

三。有期徒刑

四。重懲役

五。經懲役

**第六十八條** 關國事重罪刑, 照左之等級, 加減焉。

一。死刑。

二。無期流刑

三。有期流刑

四。重禁獄

五。輕禁獄

**第六十九條** 該輕懲役者, 可輕減則處重禁錮二年及至五年, 以之爲一等。

該重禁獄者, 可減輕, 處輕禁錮二年及至五年, 以爲之一等。

**第七十條** 該禁錮罰金者, 可減輕則 各四分所載本條之刑期金額, 而減

一分, 以爲一等。其可加重, 亦可四分之一, 以爲一等。輕罪刑, 不得

加入重罪, 但禁錮得加焉而至七年。

**第七十一條** 禁錮減盡之時處拘留, 罰金減盡之時處科料, 減禁錮罰金,

及其短期十日以下, 寡數一圓九十五錢以下之時, 亦得處拘留科料。

**第七十二條** 該拘留科料者, 可以減之時, 照禁錮罰金例, 以其四分之

一, 加減之爲一等。

違警罪刑, 不得入輕罪, 但拘留, 加得至十二日, 減不得降一日以下。

科料, 加得至二圓四十錢, 減不得降五錢以下。

**第七十三條** 禁錮拘留, 加減之, 因生其期限零數, 未滿一日則除棄之。

**第七十四條** 附加罰金, 從主刑加減, 而以其金額四分之一, 加減爲一

等, 若減盡 則止科主刑。


## 第四章 不論罪及減輕

### 第一節 不論罪及宥恕減輕

**第七十五條** 遇不可强制之抗拒, 如非其意所爲, 不論其罪。

因天災與意外之變, 遇不可避之危難, 其所爲出於自己及親屬身體

防衛, 亦同。

**第七十六條** 本屬長官, 從命令, 以其職務爲之者, 不論其罪。

**第七十七條** 犯罪所爲, 如非故意, 不論其罪, 但於法律規則, 別定罪目
者, 不在此限。

其罪犯在於可知之事實者, 不論其罪。

其罪犯可重而不知者, 不得以從重, 論。

以不知法律規則之致, 犯之則不得以故意爲之, 論。

**第七十八條** 犯罪時, 因喪失知覺精神, 不辨別是非者, 不論其罪。

**第七十九條** 犯罪時, 未滿十二歲者, 不論其罪。但滿八歲以上者, 過滿
十六歲之間, 得以留置於懲治場。

**第八十條** 犯罪時, 滿十二歲以上, 未滿十六歲者, 其所爲是非之辨別
與否, 皆審案之。若不能辨別而犯之者, 不論其罪。但因其情狀, 過
滿二十歲之間以留置於懲治場。

若有辨別而犯之 則宥恕其罪, 減二等於本刑。

**第八十一條** 犯罪時, 滿十六歲以上, 未滿二十歲者, 宥恕其罪, 減一等
於本刑。

**第八十二條** 瘖瘂者, 犯罪則不論其罪。但因其情狀, 過五年之間, 得以
留置於懲治場。

**第八十三條** 違警罪, 雖滿十六歲以上, 未滿一十歲者, 不得宥恕其罪。
滿十二歲以上, 未滿十六歲者, 宥恕其罪, 減一等於本刑。未滿十二
歲者及瘖瘂者, 不論其罪。

**第八十四條** 此節記載之外, 別有不論罪宥恕輕減等條, 記載於各本條。


## 第二節 自首減輕

**第八十五條** 犯罪而事未發覺之前, 自首於官者, 減一等於本刑。但係謀
殺故殺者之自首減輕, 不在此限。

**第八十六條** 對財産犯罪者自首, 還給臟物賠償損害 則自首減等之外,
仍減二等於本刑, 雖不全却, 還償其半數以上則減一等。

**第八十七條** 對財産犯罪而首服於被害者, 與自首官者, 同照前二條, 處斷.

**第八十八條** 此節記載之外, 別揭本條自首之例者, 從各其本條.

## 第三節 酌量減輕

**第八十九條** 分別重罪輕罪違警罪, 若其所犯情狀, 可以原諒者 則酌量
之, 得以減輕於本刑.

於法律上, 本刑雖可加重減輕, 其可以酌量者 則仍得以減輕之.

**第九十條** 可以酌量減輕者, 減一二等於本刑.

## 第五章 再犯加重

**第九十一條** 先處重罪刑者, 再犯該重罪, 則加一等於本刑.

**第九十二條** 先處重罪輕罪刑者, 再犯該輕罪 則加一等於本刑.

**第九十三條** 先處違警罪刑者, 再犯該違警罪 則加一等於本刑. 但一年
內再犯違警罪於裁判所管轄之內 則不得以不再犯論.

**第九十四條** 再犯加重, 如非初犯裁判確定之後, 不得以論之.

**第九十五條** 刑期限內, 再犯罪, 宣告其刑之時, 先以定役之可服者, 執
行之, 未服定役者, 後之, 若其初犯再犯共該刑所服定役者, 及共該
刑未服定役者, 先其重者, 執行之.

該罰金科料者, 不拘順序, 各以徵收.

**第九十六條** 已經判決於陸海軍裁判所者, 再犯重罪輕罪之時, 初犯之
罪, 非從常律處斷者 則不得以再犯, 論.

**第九十七條** 因大赦得免罪者, 雖再犯罪, 不得以再犯, 論.

**第九十八條** 雖三犯以上者, 其加重法, 同再犯例.

**第九十九條** 因犯罪之情狀, 照總則, 本刑之可以加重減輕於同時, 從左
順序, 定其刑名. 但從犯及未遂犯罪減等, 其他各本條記載之特別加

重減輕者以其加減者爲本刑。
>一。再犯加重
>二。宥恕減輕
>三。自首減輕
>四。酌量減輕

## 第七章 數罪俱發

**第百條** 犯重罪輕罪, 未經判決, 二罪以上俱發 則一從重者處斷。重罪刑, 以刑期長者, 爲重, 刑期同者以定役者爲重。

輕罪刑, 從其所犯情狀最重者, 處斷。

**第百一條** 違警罪二罪以上俱發者, 各科其刑, 若重罪輕罪俱發者, 一從重者。

**第百二條** 前發一罪, 已經判決, 後發餘罪其輕同等者, 不論之。其重者, 更論之, 以前發刑後發刑, 通算。但其前發之刑, 該罰金科料而已納完者, 照第二十七條例, 折算之, 通算後發刑期, 若前發罪判決時, 未發罪再犯罪俱發者, 較其再犯, 一從重者, 通算前發之刑。

**第百三條** 數條俱發, 雖一從重者, 其沒數及徵償之處分, 從各本法。

## 第八章 數人共犯

### 第一節 正犯

**第百四條** 二人以上現行犯罪者, 皆爲正犯者, 各科其刑。

**第百五條** 教唆人, 使犯重罪輕罪者, 亦爲正犯。

**第百六條** 因正犯身分, 其刑之可以加重者, 不得及於他正犯從犯及教唆者。

**第百七條** 因犯人多數, 其刑之可以加重者, 算入教唆者, 不得爲多數。

第百八條 指定其事, 敎唆犯罪之時, 參酌乘犯人敎唆, 其指定以外犯
　　罪及其所現行之罪, 異於方法敎唆者之所指示者, 照左例, 處斷敎
　　唆者。
　　一。若其所犯之罪, 重於敎唆 則止從其指定罪, 科定。
　　二。若其所犯之罪, 輕於敎唆 則從現行罪, 科刑。

## 第二節　從犯

第百九條 知其將犯重罪輕罪, 而給與器具及誘導指示, 其他以豫備事
　　件, 幫助正犯, 使之容易犯罪者, 爲從犯, 減一等於正犯刑。但正犯
　　現行之罪, 重於從犯所知 則止照其所知之罪, 減一等。
第百十條 因身分, 其刑之可以加重者, 爲從犯 則從其重者, 減一等。
　　因正犯身分, 雖可以減免其刑, 從犯刑 則不得從輕減免。

## 第九章　未遂犯罪

第百十一條 雖謀其犯罪, 爲其豫備, 其事未行者, 非本條區別刑名記
　　載 則不科其刑。
第百十二條 犯罪之際, 雖已行其事, 障碍於犯人意外, 舛錯未遂 則於
　　已遂者之刑, 減一二等。
第百十三條 如犯重罪而未遂之者, 照前照例, 處斷。
　　如犯輕罪而未遂之者, 非本條區別記載 則不得照前條例, 處斷。
　　如犯違警罪而未遂之者, 不論其罪。

## 第十章　親屬例

第百十四條 此刑法中稱親屬, 以左記載者云。
　　　　一。祖父母, 父母, 夫妻

二。子孫及其配偶者

三。兄弟姊妹之子及其配偶者

四。兄弟姊妹及其配偶者

五。父母之兄弟姊妹及其配偶者

六。父母之兄弟姊妹之子

七。配偶者之祖父母父母

八。配偶者之兄弟姊妹及其配偶者

九。配偶者之兄弟姊妹之子

十。配偶者之父母之姊妹

**第百十五條** 稱祖父母者, 高曾祖父母, 外祖父母同。稱父母者繼父母嫡母同, 稱子孫者, 庶子曾玄孫, 外孫, 同。稱兄弟姊妹者, 異父母之兄弟姊妹, 同。

其爲養子, 於養家, 其親屬例, 如實子同。


## 第二編 關公益重罪輕罪

### 第一章 對皇室罪

**第百十六條** 對天皇三后皇太子, 加危害者及將加之者, 處死刑。

**第百十七條** 對天皇三后太子, 爲不敬者, 處三月以上五年以下重禁錮, 附加二十圓以上二百圓以下罰金。

對皇室陵, 爲不敬者, 亦同。

**第百十八條** 對皇族, 加危害者, 處死刑, 其將加之者, 處無期徒刑。

**第百十九條** 對皇族, 爲不敬者, 處二月以上四年二下重禁錮, 附加十圓以上百圓以下罰金。

**第百二十條** 犯此章所記載之罪而處輕罪刑者, 付六月以上二年以下監視。

## 第二章 關國事罪

## 第一節 關內亂罪

**第百二十一條** 凡以顚覆政府, 僭竊邦土, 其他紊亂朝憲之目的, 起內亂者, 從左區別處斷.

> 一。首魁及敎唆者, 處死刑.
>
> 二。爲群衆之指揮, 其他爲樞要之職務者, 處無期流刑, 其情輕者, 處有期流刑.
>
> 三。資給兵器金穀及爲諸職務者, 處重禁錮, 其情輕者, 處輕禁錮.
>
> 四。乘敎唆, 附和隨行及受指揮, 供雜役者, 處二年以上五年二下輕禁錮.

**第百二十二條** 以起內亂之目的, 劫掠兵器彈藥船舶金穀, 其他軍備之物品者, 同已起內亂之罪.

**第百二十三條** 以變亂政府之目的, 謀殺人者, 雖不至擧兵, 同內亂論, 其敎唆者及下手者, 處死刑.

**第百二十四條** 犯前三條之罪者, 於未遂之時, 科本刑.

**第百二十五條** 招募兵隊及準備兵器金穀, 其他爲內亂之豫備者, 照第百二十一條例, 各減一等.

爲內亂陰謀, 未及豫備者, 各減二等.

**第百二十六條** 雖爲內亂之豫備及陰謀, 於未行其事之前, 自首於官者, 免本刑, 止付六月以上三年以下監視.

**第百二十七條** 知內亂之情而給與集會所於犯人者, 處二年以上五年以下輕禁錮.

**第百二十八條** 乘內亂而對人之身體財産, 犯不關內亂重罪輕罪者, 照通常刑, 從重處斷.

## 第二節 關外患罪

**第百二十九條** 與於外國, 抗敵本國, 及與外國交戰時 抗敵同盟國, 其他背叛本國, 附屬敵兵者, 處死刑。

**第百三十條** 交戰之時, 誘導敵兵入本國管內, 及交付本國同盟國之都府、城塞、兵器、彈藥、船艦, 其他交付關軍事土地、家屋、物件於敵國者, 處死刑。

**第百三十一條** 漏泄本國、同盟國之軍情、機密於敵國者, 及通知兵隊屯集之要地、道路之險夷於敵國者, 處無期流刑。

誘導敵國間諜, 入本國管內及藏匿之者, 亦同。

**第百三十二條** 受委任於陸海軍, 供給物品及爲工作者, 交戰之際, 通謀敵國及收受其賂遺, 違背命令, 以致軍備缺乏者, 處有期流刑。

**第百三十三條** 對外國, 私開戰端者, 處有期流刑, 其止豫備者, 減一二等。

**第百三十四條** 外國交戰之際, 於本國, 布告局外中立之時, 違背其布告者, 處六月以上三年以下輕禁錮, 附加十圓以上百圓以下罰金。

**第百三十五條** 犯此章所記載之罪, 處輕罪刑者, 付六月以上二年以下監視。

## 第三章 害靜謐罪

## 第一節 凶徒聚衆罪

**第百三十六條** 凶徒, 嘯聚多衆, 謀暴動, 雖有官吏說諭, 仍不解散者, 首魁及敎唆者, 處三月以上三年以下重禁錮, 附和隨行者, 處二圓以上五圓以下罰金。

**第百三十七條** 凶徒, 嘯聚多衆, 喧鬧官廳, 强逼官吏及騷擾村市, 其他爲暴動者, 首魁及敎唆者, 處重懲役, 應其嘯聚, 煽動以助勢者, 處輕懲役, 其情輕者, 減一等, 附和隨行者, 處二圓以上二十圓以下罰金。

**第百三十八條** 暴動之際, 殺死人, 若燒燬家屋、船舶、倉庫等者, 其現下手及放火者, 處死刑。

首魁及敎唆者, 知情不制者, 亦同。

## 第二節 妨害官吏行職務罪

**第百三十九條** 當官吏以其職務, 執行法律、規則 及執行行政司法官署之命令, 以暴行脅迫, 抗拒其官吏者, 處四月以上四年以下重禁錮, 附加五圓以上五十圓以下罰金。

以暴行脅迫, 使其官吏, 行不可爲之事件者, 亦同。

**第百四十條** 犯前條之罪, 因毆傷官吏者, 照毆打創傷之各本條, 加一等, 從重處斷。

**第百四十一條** 對官吏職務, 於其目前, 以形容、言語, 侮辱之者, 處一月以上一年以下重禁錮, 附加五圓以上五十圓以下罰金。

雖非其面前, 以刊行文書、圖畫及公然演說, 侮辱之者, 亦同。

## 第三節 囚徒逃走及藏匿人罪

**第百四十二條** 已決囚徒, 逃走者, 處一月以上六月以下重禁錮。

若毀壞獄舍、獄具 及爲暴行、脅迫而逃走者, 處三月以上三年以下重禁錮。

**第百四十三條** 已決囚徒, 雖犯逃走之罪, 不以再犯論, 其在刑期限內再逃走者, 以再犯論。

**第百四十四條** 未決之囚徒, 入監中逃走者, 同第百四十二條例, 但於判決原犯罪時, 照數罪俱發例, 處斷。

**第百四十五條** 囚徒三人以上, 通謀而逃走, 照第百四十二條例, 各加一等。

**第百四十六條** 爲使囚徒逃走, 給與凶器之具及指示逃走方法者, 處三月以上三年以下重禁錮, 附加二圓以上二十圓以下罰金, 因致囚徒逃走, 加一等。

**第百四十七條** 劫奪囚徒及爲暴行、脅迫助囚徒逃走者, 處一年以上五年以下重禁錮, 附加五圓以上五十圓以下罰金。

若係處重罪刑囚徒, 處輕懲役。

**第百四十八條** 看守囚徒及護送者, 使囚徒逃走, 亦同前條例。

**第百四十九條** 犯前數條所記載之輕罪而未遂者, 照未遂犯罪例, 處斷。

**第百五十條** 看守及護送者, 因其懈怠而不覺囚徒逃走, 處二圓以上二十圓以下罰金。

若係處重罪刑囚徒, 處三圓以上三十圓以下罰金。

**第百五十一條** 知爲犯罪人 及逃走之囚徒 及付監視者而藏匿隱避之者, 處十一日以上一年以下輕禁錮, 附加二圓以上二十圓以下罰金。

若係處重罪刑囚徒, 加一等。

**第百五十二條** 欲使他人免罪而隱蔽可爲其罪證之物件者, 處十一日以上六月以下輕禁錮, 附加二圓以上二十圓以下罰金。

**第百五十三條** 犯前二條罪者, 係犯人親屬, 不論其罪。

### 第四節 遁附加刑執行罪

**第百五十四條** 剝奪公權及停止公權者, 私行其權則處一月以上一年以下重禁錮, 附加二圓以上二十圓以下罰金。

**第百五十五條** 付監視者, 違其規, 則處十五日以上六月以下重禁錮。

**第百五十六條** 前二條之罪, 非其刑期限內 再犯之, 不得以再犯論。

### 第五節 私製造貯藏軍用銃砲彈藥罪

**第百五十七條** 不受官命, 不得官許而製造陸、海軍供用銃砲、彈藥 及其他破裂質物品者, 處二月以上二年以下輕禁錮, 附加二十圓以上二百圓以下罰金, 輸入其物者, 亦同。

私販賣前項物品者, 處一月以上一年以下輕禁錮, 附加十圓以上百圓以下罰金。

**第百五十八條** 雖犯前條罪, 止以職工雇人, 供正犯使令者, 照各本刑, 減二等。

**第百五十九條** 犯前二條罪而未遂者, 照未遂犯罪例, 處斷。

**第百六十條** 私有第百五十七條所記載之物品者, 處二圓以上二十圓以下罰金。

**第百六十一條** 所供於第百五十七條所記載之物品製造之器械而惟可供其用者, 不問何人所有, 沒收其物。

第六節

**第百六十二條** 損壞道路、橋梁、河溝、港埠, 妨害往來者, 處二月以上二年以下重禁錮, 附加二圓以上二十圓以下罰金。

**第百六十三條** 以詐僞、威力, 妨害郵便及阻止之者, 亦同前例。

**第第百六十四條** 損壞電信器械、柱木 及切斷條線, 致電氣不通者, 處三月以上三年以下輕禁錮, 附加五圓以上五十圓以下罰金。

雖損壞器械柱木條線, 妨害電信而不至不通, 減一等。

**第百六十五條** 欲妨害汽車之往來而損壞鐵道及標識, 其他爲危險之礙者, 處重懲役。

**第百六十六條** 欲妨害船舶之往來而損壞燈臺、浮標, 其他損壞保護航海安寧之標識及點示詐僞之標識者, 亦同前條。

**第百六十七條** 前數條所記載之罪, 其事務官吏及雇人、職工, 自犯之, 照各本刑, 加一等。

**第百六十八條** 犯第百六十二條罪, 因殺傷人者, 照毆打創傷各本條, 從重處斷。

第百六十九條 犯第百六十五條、第百六十六條之罪，因顚覆汽車、顚
　　沒船舶者，處無期徒刑，致人死者，處死刑。
第百七十條 犯此節所記載之輕罪而未遂者，照未遂犯罪例處斷。

## 第七節　侵入住所罪

第百七十一條 晝間，無故入人所住之邸宅及有看守人建造物者，處十
　　一日以上六月以下重禁錮，而若有左所記載之行爲，加一等。
　　　　　　一。踰越損壞門戶墻壁 及開鎖鑰而入者
　　　　　　二。携帶凶器及其他可供用犯罪人物品而入者
　　　　　　三。暴行而入者
　　　　　　四。二人以上而入者
第百七十二條 夜間，無故入人所住之邸宅 及有看守人建造物者，處一
　　月以上一年以下重禁錮。
　　若有前條所記載加重之行爲，加一等。
第百七十三條 無故入皇居、禁苑、離宮、行在所 及皇陵內者，照前二
　　條例，各加一等。

## 第八節　破棄官封印罪

第百七十四條 破棄因官署之處分，特所施于家屋、倉庫、其他物件之
　　封印者，處二月以上二年以下重禁錮。
　　若看守者，自犯，加一等。
第百七十五條 破棄官封印而盜取毀壞其物件者，照盜罪及毀壞各本條，
　　從重處斷。
第百七十六條 看守者懈怠，不覺其破棄封印及盜取毀壞件者，處二圓
　　以上二十圓以下罰金。

## 第九節 拒行公務罪

**第百七十七條** 陸·海軍將校, 有要求出兵權官署之求而無故不肯之者, 處二月以上二年以下輕禁錮, 附加五圓以上五十圓以下罰金。

**第百七十八條** 當編入陸海軍兵隊者, 毁傷身體、作爲疾病, 其他以詐計圖免役者, 處一月以上一年以下重禁錮, 附加三圓以上三十圓以下罰金。

若囑託他人, 詐稱氏名應徵募者, 亦同其受囑託, 應徵募者, 照第二百三十一條例, 處斷。

**第百七十九條** 醫師、化學家, 其他因職業, 受解部、分析 及鑑定之命於官署者, 無故不肯之者, 處四圓以上四十圓以下罰金。

**第百八十條** 裁判所命爲証人, 當陳述證據而無故不肯之者, 亦同前條。

**第百八十一條** 當傳染病流行之際, 船舶入港, 疑於載其患者, 醫師受檢查其患及陳述消毒方法之命, 無故不肯之者, 處五圓以上五十圓以下罰金。

獸類傳染病流行之際, 獸醫犯此條罪者, 減一等。

## 第四章 害信用罪

### 第一節 僞造貨幣罪

**第百八十二條** 僞造行事內國通用金、銀貨 及紙幣者, 處無期徒刑。

若變造行事者, 處輕懲役。

**第百八十三條** 僞造行事內國所通用之外國金銀貨者, 處有期徒刑。

若變造行事者, 處二年以上五年以下重禁錮。

**第百八十四條** 僞造變造行使得官許所發行之銀行紙幣者, 從內外國之區別, 照前二條例, 處斷。

**第百八十五條** 僞造行使內國通用銅貨者, 處輕懲役。

若變造行使者, 處一年以上三年以下重禁錮。

**第百八十六條** 前數條所記載之貨幣僞造、變造, 已成 而未行使者, 照各本刑減一等, 其未成者, 減二等。

若豫備僞造器械而未著手者, 各減三等。

**第百八十七條** 知僞造變造貨幣之情而受雇職工者, 照前數條所記載犯人之刑, 各減一等。

若爲職工補助, 供雜役者, 照職工之刑, 減一二等。

**第百八十八條** 知僞造變造貨幣之情而給與傍室者, 照僞造變造各本刑, 減二等。

**第百八十九條** 輸入僞造變造之貨幣於內國者, 同照僞造變造之刑。

**第百九十條** 知僞造變造之情而受取其貨幣行使者, 照僞造變造而行使者之刑, 各減二等。

其未行使者, 各減三等。

**第百九十一條** 犯前數條所記載之罪, 處輕罪之刑者, 付六月以上二年以下監視。

**第百九十二條** 僞造變造貨幣 及輸入取受者, 於未行使之前, 自首於官者, 免本刑, 止付六月以上三年以下監視。

若職工雜役及給與傍室者, 自首於未行使之前, 免本刑。

**第百九十三條** 於取受貨幣之後, 知其僞造變造而行使者, 處其價額二倍之罰金, 但其罰金, 不得降於二圓以下。


## 第二節 僞造官印罪

**第百九十四條** 僞造御璽及使用其僞璽者, 處無期徒刑。

**第百九十五條** 僞造各官署印及使用其僞印者, 處重懲役。

**第百九十六條** 僞造所押用于産物、商品等之官記號、印章 及使用其僞印者, 處輕懲役。

僞造所押用于書籍、什物等官記號、印章 及使用其僞印者, 處一年
以上三年以下重禁錮。

第百九十七條　盜用御璽、國璽、官印、記號、印章之影蹟者, 照前數
條所記載僞造之刑, 各減一等。

若監守者, 自犯, 同僞造刑。

第第百九十八條　僞造變造所發行之各種印紙、界紙及郵便切手 及知
其情使用者, 處一年以上五年以下重禁錮, 附加五圓以上五十圓以
下罰金。

第百九十九條　已貼用之各種印紙及郵便切手, 再貼用者, 處二圓以上
二十圓以下罰金。

第二百條　犯此節所記載之輕罪而未遂者, 照未遂犯罪例, 處斷。

第二百一條　犯此節所記載之罪, 處輕罪刑者, 付六月以上二年以下之
監視。

## 第三節　僞造官文書罪

第二百二條　僞造詔書及增減、變換者, 處無期徒刑, 毀棄詔書者, 亦同。

第二百三條　僞造官文書及增減、變換而行使者, 處輕懲役, 毀棄官文
書者, 亦同。

第二百四條　僞造公債證書、地券, 其他官吏公證文書及增減、變換而
行使者, 處輕懲役。

若係無記名公債證, 加一等。

第二百五條　官吏僞造管掌文書及增減、變換而行使者, 照前條例, 各加
一等, 毀棄文書者, 亦同。

第二百六條　因僞造官文書, 僞造官印及盜用者, 照僞造官印各本條, 從
重處斷。

第二百七條　犯此節所記載之罪, 因減輕, 處輕罪刑者, 付六月以上二

年以下之監視。

## 第四節 僞造私印私書罪

**第二百八條** 僞造他人私印而使用者, 處六月以上五年以下重禁錮, 附加五圓以上五十圓以下罰金。

若盜用他人印影者, 減一等。

**第二百九條** 僞造爲替手形, 其他以裏書爲賣買證書, 若交換金額約定手形及增減、變換而行使者, 處輕懲役, 詐僞手形證書, 裏書而行使者, 亦同。

**第二百十條** 僞造賣買、貸借、贈遺、交換, 其他關權利義務證書 及增減變換而行使者, 處四月以上四年以下重禁錮, 附加四圓以上四十圓以下罰金。

其餘私書者, 處一月以上一年以下重禁錮, 附加二圓以上二十圓以下罰金。

**第二百十一條** 犯此節所記載之罪而未遂者, 照未遂犯罪例, 處斷。

**第二百十二條** 犯此節所記載之罪而處輕罪刑者, 付六月以上二年以下之監視。

## 第五節 僞造免狀、鑑札及疾病證書罪

**第二百十三條** 僞造官免狀及鑑札而行使者, 處一月以上一年以下重禁錮, 附加四圓以上四十圓以下罰金, 但僞造官印及盜印者 則照僞造官印各本條, 處斷。

**第二百十四條** 詐稱屬籍身分氏名, 其他以詐僞行爲, 受免狀、鑑札者, 處十五日以上六月以下重禁錮, 附加二圓以上二十圓以下罰金。

官吏知情而下付其免狀鑑札者, 加一等。

**第二百十五條** 爲免公務, 冒用醫師代名, 僞造疾病証書而行使之者, 不

分爲自己與爲他人, 處一月以上一年以下重禁錮, 附加三圓以上三十圓以下罰金。

醫師, 受囑托, 造其詐僞證書者, 加一等。

**第二百十六條** 欲免陸·海軍徵兵, 僞造疾病證書而行使者, 及受囑託, 造其詐僞證書者, 照醫師前照例, 各加一等。

**第二百十七條** 增減變換免狀、鑑札及疾病證書 而行使者, 亦同僞造刑。

## 第六節 僞證罪

**第二百十八條** 爲關刑事證人, 被呼出裁判所者及欲曲庇被告人, 掩蔽事實而爲僞證, 從左例處斷。

　一。爲曲庇重罪而僞證者, 處二月以上二年以下重禁錮, 附加四圓以上四十圓以下罰金

　二。爲曲庇輕罪僞證者, 處一月以上一年以下重禁錮, 附加二圓以上二十圓以下罰金

　三。爲曲庇違警罪僞證者, 依違警罪本條, 處斷

**第二百十九條** 被告人, 因僞證, 免正當刑 則僞證者之刑, 依前條例, 各加一等

**第二百二十條** 欲陷害被告人, 爲僞證者, 照左例處斷。

　一。爲陷重罪僞證者, 處二年以上五年以下重禁錮, 附加十圓以上五年以下罰金

　一。爲陷輕罪僞證者, 處六月以上二年以下重禁錮, 附加四圓以上四十圓以下罰金

　一。爲陷違警罪僞證者, 處一月以上三月以下重禁錮, 附加二圓以上十圓以下罰金

**第二百二十一條** 被告人, 因僞證處刑之後, 僞證罪發覺, 反坐僞證者於其刑。若反坐之刑, 輕於前條所記載僞證刑者, 照前條例, 處斷。

於其刑期限內, 僞證罪發覺 則照經過日數, 得減反坐刑期。但減不
得降於前條僞證刑。

**第二百二十二條** 被告人, 因僞證, 處死刑則減反坐之刑一等, 發覺於其
未執行之前, 減二等。

若以陷被告人死刑目的, 僞證者, 反坐死刑, 發覺於其未執行之前,
減一等。

**第二百二十三條** 關民事、商事及行政裁判, 僞證者, 處一月以上一年
以下重禁錮, 附加五圓以上五十圓以下罰金。

**第二百二十四條** 爲鑑定及通事, 被呼出裁判所者, 爲詐僞陳述, 照前數
條所記載僞證例, 處斷。

**第二百二十五條** 若以賄賂, 其他方法, 囑託於人, 爲僞證及詐僞之鑑
定、通事者, 亦同僞證例。

**第二百二十六條** 犯此節所記載之罪者, 自首其事件, 不至裁判宣告之
前, 免本刑。

## 第七節 僞造度量衡罪

**第二百二十七條** 僞造變造度量衡而販賣者, 處二年以上五年以下重禁
錮, 附加十圓以上五十圓以下罰金。但僞造官記號、印章及盜用者,
照僞造官印各本條, 從重處斷。

**第二百二十八條** 知僞造變造之情而販賣其度量衡者, 減前條刑一等。

**第二百二十九條** 商賈、農工, 蓄藏增減規定之度量衡者, 處一月以上
三月以下重禁錮, 附加二圓以上二十圓以下罰金。

**第二百三十條** 受人囑託僞造變造度量衡者, 照囑託於人, 爲僞証刑, 各
減一等。

## 第八節 詐稱身分罪

**第二百三十一條** 對官署, 以文書及言語, 詐稱其屬籍身分氏名年齡職業者, 處二圓以上二十圓以下罰金。

**第二百三十二條** 詐稱官職位階, 僭用官服餙徽章及內外國勳章者, 處十五日以上二月以下輕罪鍋, 附加二圓以上二十圓以下罰金。

## 第九節 僞造公選投票罪

**第二百三十三條** 僞造公選投票及增減其數者, 處一月以上一年以下輕禁錮, 附加二圓以上二十圓以下罰金。

**第二百三十四條** 以賄賂, 令爲投票, 受賄賂, 爲投票者, 處二月以上二年以下輕禁錮, 附加三圓以上三十圓以下罰金。

**第二百三十五條** 檢查投票及計算其數者, 僞造其投票及爲增減, 處六月以上三年以上輕禁錮, 附加四圓以上四十圓以下罰金。

**第二百三十六條** 造調書報告投票結局者, 增減其數, 其他有詐僞行爲者, 處一年以上五年以下輕禁錮, 附加五圓以上五十圓以下罰金。

## 第五章 害健康罪

## 第一節 關阿片烟罪

**第二百三十七條** 輸入阿片烟及製造販賣者, 處有期徒刑。

**第二百三十八條** 輸入喫阿片烟器具及製造販賣者, 處輕懲役。

**第二百三十九條** 稅關官吏, 知其情, 令輸入阿片烟及其器具者, 照前二條例, 各加一等。

**第二百四十條** 爲喫阿片烟, 給與傍室而圖利者, 處輕懲役。

引誘人, 令喫阿片烟者, 亦同。

第二百四十一條 喫阿片烟者, 處二年以上三年以下重禁錮。

第二百四十二條 蓄藏阿片烟及喫烟器具, 或受寄者, 處一月以上一年以下重禁錮。

## 第二節 汚穢飲料淨水罪

第二百四十三條 汚穢供人飲料淨水, 因使之至不能用者, 處十一日以上一月以上重禁錮, 附加二圓以上五圓以下罰金。

第二百四十四條 用害人健康物品, 變換腐敗水質者, 處一月以上一年以下重禁錮, 附加三圓以上三十圓以下罰金。

第二百四十五條 犯前條罪, 致人於疾病及死者, 照毆打創傷各本條, 從重處斷。

## 第三節 關傳染病豫防規則罪

第二百四十六條 違背爲豫防傳染病所設之規則, 上陸於入港船舶及搬運物品於陸地者, 處一月以上一年以下輕禁錮, 又處二十圓以上二百圓以下罰金。

第二百四十七條 船長, 自犯前條罪及知人犯之而不制者, 加前條刑一等。

第二百四十八條 傳染病流行之際, 違背豫防規則, 出於流行地方, 往他處者, 處十五日以上六月以下輕禁錮, 若處十圓以上百圓以下罰金。

第二百四十九條 獸類傳染病流行之際, 違背豫防規則, 出獸類於他處者, 處十一日以上二月以上輕禁錮, 又處五圓以上五十圓以下罰金。

## 第四節 關危害品及害健康物件造製規則罪

第二百五十條 不得官許, 創設生危害物品製造所者, 處二十圓以上二百圓以下罰金。

若創設害健康物品製造所者, 處十圓以上百圓以下罰金。

**第二百五十一條** 雖得官許, 創設前條所記載製造所, 違背豫防危害保護健康規則者, 照前條例, 各減一等。

**第二百五十二條** 犯前二條罪, 致人於疾病死傷者, 照過失殺傷各本條, 從重處斷。

## 第五節 販賣害健康飲食物及藥劑罪

**第二百五十三條** 混和害人健康物品於飲食物販賣者, 處三圓以上三十圓以下罰金。

**第二百五十四條** 違背規則, 販賣毒藥劇藥者, 處十圓以上百圓以下罰金。

**第二百五十五條** 犯前二條罪, 使人疾病及至死者, 照過失殺傷各本條, 從重處斷。

## 第六節 私爲醫業罪

**第二百五十六條** 未得官許而爲醫業者, 處十圓以上百圓以下罰金。

**第二百五十七條** 前條之犯人, 誤治療方法, 因致人死傷者, 照過失殺傷各本條, 從重處斷。

## 第六章 害風俗罪

**第二百五十八條** 公然行猥藝者, 處三圓以上三十圓以下罰金。

**第二百五十九條** 公然陳列害風俗冊子圖畫, 其他猥藝物品及販賣者, 處四圓以上四十圓以下罰金。

**第二百六十條** 開張賭場圖利及招結博徒者, 處三月以上一年以下重禁錮, 附加十圓以上百圓以下罰金。

**第二百六十一條** 現賭財物爲博奕者, 處一月以上六月以下重禁錮, 附加五圓以上五十圓以下罰金。知其情而給與傍室者, 亦同, 但賭飲食物者, 不在此限。

賭博器具財物現在其場者, 沒收之。

**第二百六十二條** 興行釀集財物, 以富籤, 僥倖利益之業者, 處一月以上六月以下重禁錮, 附加五圓以上五十圓以下罰金。

**第二百六十三條** 對神祀佛堂墓所, 其他禮拜所, 公然爲不敬者, 處二圓以上二十圓以下罰金。

妨害說教若禮拜者, 處四圓以上四十圓以下罰金。

## 第七章 毁棄死屍及發掘墳墓罪

**第二百六十四條** 毁棄可埋葬死屍者, 處一月以上一年以下重禁錮, 附加二圓以上二十圓以下罰金。

**第二百六十五條** 發掘墳墓見棺槨死屍者, 處二月以上二年以下重禁錮, 附加三圓以上三十圓以下罰金。

因毁棄死屍者, 處三月以上三年以下重禁錮, 附加五圓以上五十圓以下罰金。

**第二百六十六條** 犯此章所記載之罪而未遂者, 照未遂犯罪例處斷。

## 第八章 妨害商業若農工業罪

**第二百六十七條** 以僞計威力, 妨害不可缺於衆人需用穀類, 若賣買食用物者, 處一月以上六月以下重禁錮, 附加三圓以上三十圓以下罰金。

其餘妨害賣買物品者, 減一等。

**第二百六十八條** 以僞計威力, 妨害競賣入札者, 處十五日以上三月以下重禁錮, 附加二圓以上二十圓以下罰金。

**第二百六十九條** 以僞計威力, 妨害農工業者, 亦同前條。

**第二百七十條** 農工雇人, 欲增其雇賃及爲變農工業景況, 以僞計威力, 妨害於雇主及他雇人者, 處一月以上六月以下重禁錮, 附加三圓以上三十圓以下罰金。

第二百七十一條 雇主欲減雇賃及爲變農工業景況, 以僞計威力妨害於
　　雇人及他雇主者, 亦同前條。

第二百七十二條 流布虛僞風說, 低昂穀類若衆人需用物品價値者, 處
　　十圓以上百圓以下罰金。

## 第九章 官吏瀆職罪

### 第一節 害公益罪

第二百七十三條 官吏不公布施行其管掌法律規則 及妨害他官吏公布施
　　行者, 處二月以上六月以下輕禁錮, 附加十圓以上五十圓以下罰金。

第二百七十四條 官吏有要求兵隊, 若使用之權, 當地方騷擾兵權可以
　　鎭撫之時, 不爲其處分者, 處以三月以上三年以下輕禁錮, 附加二
　　十圓以上百圓以下罰金。

第二百七十五條 官吏違背規則, 爲商業者, 處五十圓以上五百圓以下
　　罰金。

### 第二節 官吏對人民罪

第二百七十六條 官吏擅用威權, 使人行其不可爲之權利 及妨害其可爲
　　之權利者, 處十一日以上二月以下輕禁錮, 附加二圓以上二十圓以
　　下罰金。

第二百七十七條 有妨害人身體財産之犯人, 而豫審判事檢査警察官吏,
　　受其報, 不速爲保護處分者, 處十五日以上三月以下輕禁錮, 附加二
　　圓以上二十圓以下罰金。

第二百七十八條 逮捕官吏, 不遵守法律所定之程式規則, 而逮捕人及
　　不正監禁人者, 處十五日以上三月以下重禁錮, 附加以圓以上二十
　　圓以下罰金。

若監禁日數, 過十日者, 每加一等。

第二百七十九條 司獄官吏不遵守程式規則, 監禁囚人, 若至囚人出獄
之期而不放免者, 亦同前條例。

第二百八十條 前條所記載之官吏及護送者, 屛去囚人飮食衣服, 其他
施苛刻所爲者, 處三月以上三年以下重禁錮, 附加四圓以上四十圓
以下罰金。

因致囚人死傷, 照毆打創傷各本條, 加一等, 從重處斷。

第二百八十一條 水火震災之際, 官吏怠懈囚人之監禁, 致死傷者, 照毆
打創傷各本條, 加一等。

第二百八十二條 裁判官檢査及警察官吏, 欲使被告人, 陳述罪狀時, 加
暴行若陵虐者, 處四月以上四年以下重禁錮, 附加五圓以上五十圓
以下罰金。

因致被告人死傷, 照毆打創傷各本條, 加一等, 從重處斷。

第二百八十三條 裁判官檢察官, 無故不受刑事之訴, 又遷延不審理者,
處十五日以上三月以下輕禁錮, 附加五圓以上五十圓以下罰金。

其關民事之訴者, 亦同。

第二百八十四條 官吏受人囑託受賄賂及聽許之者, 處一月以上一年以
下重禁錮, 附加四圓以上四十圓以下罰金。

因爲不正處分者, 加一等。

第二百八十五條 裁判官關民事裁判, 收受賄賂及聽許之者, 處二月以
上二年以下重禁錮, 附加五圓以上五十圓以下罰金。

因爲不正裁判者, 加一等。

第二百八十六條 裁判官檢査警察官吏, 關刑事裁判, 收受賄賂及聽許
之者, 處二月以上二年以下重禁錮, 附加五圓以上五十圓以下罰金。
因曲庇被告人者, 處三月以上三年以下重禁錮, 附加十圓以上百圓
以下罰金。

其陷害被告人者, 處二年以上五年以下重禁錮, 附加二十圓以上二百圓以下罰金.

若其枉斷之刑, 重於此刑者, 照第二百二十一條例, 反坐.

**第二百八十七條** 裁判官檢查警察官吏, 雖不收受賄賂, 若聽許之而循情挾怨, 曲庇陷害其被告人者, 同前條例.

**第二百八十八條** 前數條所記載之賄賂, 已所收受者, 沒收之, 費用者, 追徵其價.

### 第三節 官吏對財產罪

**第二百八十九條** 官吏竊取自所監守金穀物件者, 處輕懲役.

增減變換毀棄官文書簿冊者, 照第二百五條例, 處斷.

**第二百九十條** 徵收租稅及諸般入額之官吏正數外, 徵收金穀者, 處二月以上四年以下重禁錮, 附加五圓以上五十圓以下罰金.

**第二百九十一條** 犯此節所記載之罪, 處輕罪刑者, 付六月以上二年以下監視.

## 第三編 對身體財産重罪輕罪

### 第一章 對身體罪

### 第一節 謀殺故殺罪

**第二百九十二條** 豫謀殺人者, 以謀殺罪論, 處死刑.

**第二百九十三條** 施用毒物殺人者, 以謀殺論, 處死刑.

**第二百九十四條** 以故意殺人者, 以故殺罪論, 處無期徒刑.

**第二百九十五條** 支解折割及以慘刻所爲, 故殺人者, 處死刑.

**第二百九十六條** 欲便于犯重罪輕罪 及欲免己之罪而故殺人者, 處死刑.

**第二百九十七條** 意在殺人, 詐稱誘導, 以陷危害致死者, 以故殺論, 其
　豫謀者, 以謀殺論。

**第二百九十八條** 行謀殺故殺, 誤殺他人者, 仍以謀故殺論。

## 第二節 毆打創傷罪

**第二百九十九條** 毆打創傷人, 因致死者, 處重懲役。

**第三百條** 毆打創傷人, 瞎目, 聾兩耳, 折兩股, 斷舌, 毀敗陰陽, 或喪
　失其精神, 致毒疾, 處輕懲役。

　　其瞎一目, 聾一耳, 折一股, 其他殘虧身體, 致廢疾者, 處二年以上
　　五年以下重禁錮。

**第三百一條** 毆打創傷人, 令罹疾病, 二十日以上及至不能榮職業者,
　處一年以上三年以下重禁錮。

　　其疾病休業, 不至二十日者, 處一月以上一年以下重禁錮。

　　雖不至疾病休業, 成身體創傷者, 處十一日以上一月以下重禁錮。

**第三百二條** 豫謀毆打創傷人, 令至休業廢篤疾及致死者, 照前數條所
　記載之刑, 各加一等。

**第三百三條** 欲便于犯重罪輕罪 及欲免已犯之罪而毆打創傷人者, 亦
　同前條例。及欲免己之罪而故殺

**第三百四條** 因毆打誤創傷他人者, 仍科毆打創傷本刑。

**第三百五條** 二人以上共毆打創傷人者, 從現下手成傷輕重, 各科其刑。
　　若共毆成傷, 不能知其輕重者, 照其重傷刑, 減一等, 但敎唆者, 不
　　在減等限。

**第三百六條** 當二人以上共毆打人之時, 雖不自傷人, 幫助令成傷者,
　減現成傷刑一等。

**第三百七條** 施用害健康之物品, 使人疾苦者, 照豫謀毆打創傷例, 處斷。

**第三百八條** 雖非殺人意, 詐稱誘導, 以陷危害, 致疾病死傷者, 以毆打

創傷論。

## 第三節　關殺傷宥恕及不論罪

**第三百九條** 因受暴行於自己身體，直發怒殺傷暴行人者，宥恕其罪。但因所爲不正，自招暴行者，不在此限。

**第三百十條** 毆打互相創傷，不能知其下手先後者，各得宥恕其罪。

**第三百十一條** 本夫，覺知其妻姦通，於姦所，直殺傷姦夫奸婦者，宥恕其罪，但本夫，先縱容姦通者，不在此限。

**第三百十二條** 欲防止晝間無故入人所住之邸宅，若踰越損壞門戶墻壁者，殺傷之者，宥恕其罪。

**第三百十三條** 前數條所記載加可宥恕罪，照各本刑，減二等若三等。

**第三百十四條** 正當防衛身體生命之際，出於不得已，殺傷暴行人者，不分其爲自己爲他人，不論其罪。但因所爲不正，自招暴行者，不在此限。

**第三百十五條** 在左諸件中，出於不得已，殺傷者，不論其罪。

　一。對財産出於防止爲放火若暴行者。

　二。出於防止盜犯若追還盜贓者。

　三。出於防止夜間無故入人所住之邸宅　若踰越損壞門戶墻壁者。

**第三百十六條** 雖出於防衛身體財産，非不得已而加害暴行人及危害已去之後，乘其勢加害暴行人者，不在不論罪之限，但因其情狀，照第三百十三條例，得以宥恕其罪。

## 第四節　過失殺傷罪

**第三百十七條** 疎虞懈怠　及不遵守規則慣習，過失致人死者，處二十圓以上二百圓以下罰金。

**第三百十八條** 因過失，創傷人以致廢篤疾者，處十圓以上百圓以下罰金。

第三百十九條 因過失, 創傷人, 至於疾病休業者, 處二圓以上五十圓以下罰金。

### 第五節 關自殺罪

第三百二十條 敎唆人自殺 及受囑託, 爲自殺人下手者, 處六月以上三年以下輕禁錮, 附加十圓以上五十圓以下罰金, 其他爲自殺補助者, 減一等。

第三百二十一條 圖自己利, 敎唆人自殺, 處重懲役。

### 第六節 擅逮捕監禁人罪

第三百二十二條 擅逮捕人及監禁於私家者, 處十一日以上二月以下重禁錮, 附加二圓以上二十圓以下罰金。但監禁日數, 每過十日者, 加一等。

第三百二十三條 擅監禁制縛人毆打拷責之 及屛去飮食衣服, 其他施苛刻所爲者, 處二月以上二年以下重禁錮, 附加三圓以上三十圓以下罰金。

第三百二十四條 犯前條罪, 因致人疾病死傷者, 照毆打創傷各本條, 從重處斷。

第三百二十五條 擅監禁人而水火震災之際, 怠懈其監禁, 因致死傷者, 亦同前條例。

### 第七節 脅迫罪

第三百二十六條 擬將殺人及擬將放火於人所住之家屋而脅迫者, 處一月以上六月以下重禁錮, 附加二圓以上二十圓以下罰金。

擬毆打創傷, 其他擬暴行及擬放火財産, 若擬毁壞劫掠而脅迫者, 處十一日以上二月以下重禁錮, 附加二圓以上十圓以下罰金。

第三百二十七條 持凶器犯前條罪者, 各加一等。

第三百二十八條 擬將加害於其親屬而脅迫者, 亦同前條例。

第三百二十九條 此節所記載之罪, 待受脅迫者, 若其親屬之告訴, 論
其罪。

## 第八節 墮胎罪

第三百三十條 懷胎婦女, 以藥物其他方法墮胎者, 處一月以上六月以
下重禁錮。

第三百三十一條 以藥物其他方法者, 亦同前條, 因致婦女死者, 處一年
以上三年以下重禁錮。

第三百三十二條 醫師穩婆及藥商, 犯前條罪, 各加一等。

第三百三十三條 威逼詓騙懷胎婦女, 墮胎者, 處一年以上四年以下重
禁錮。

第三百三十四條 知懷胎婦女而毆打其他加暴行, 因至墮胎者, 處二年
以上五年以下重禁錮。其意出於墮胎者, 處輕懲役。

第三百三十五條 犯前二條罪, 因致婦女廢篤疾及死者, 照毆打創傷各
本條, 從重處斷。

## 第九節 遺棄幼者老者罪

第三百三十六條 遺棄未滿八世幼者者, 處一月以上一年以下重禁錮。
遺棄自不能生活老者疾病者者, 亦同。

第三百三十七條 未滿八歲幼者及老疾者, 遺棄寥閴無人之地者, 處四
月以上四年以下重禁錮。

第三百三十八條 得給料受人寄托, 可保養者, 犯前二條罪, 各加一等。

第三百三十九條 遺棄幼者老疾者, 因致廢疾者, 處輕懲役, 致篤疾者,
處重懲役, 致死者, 處有期徒刑。

第三百四十條 知自己所有地, 若看守之地內, 有遺棄之幼者老疾者, 而
不扶助者, 又不申告官署者, 處十五日以上六月以下重禁錮.
若知有罷疾昏倒者, 而不扶助者 及不申告者, 亦同.

## 第十節 略取幼者誘拐罪

第三百四十一條 未滿十二歲幼者, 略取及誘拐而自爲藏匿及交付他人
者, 處二年以上五年以下重禁錮, 附加十圓以上百圓以下罰金.

第三百四十二條 略取十二歲以上未滿二十歲幼者, 而自爲藏匿及交付
他人者, 處一年以上三年以下重禁錮, 附加五圓以上五十圓以下罰金.
其誘拐而自藏匿及交付他人者, 處六月以上二年以下重禁錮, 附加
二圓以上十圓以下罰金.

第三百四十三條 知其略取誘拐之幼者, 而爲自己家屬婢僕, 又以其他
名稱, 受收之者, 照第二條例, 各減一等.

第三百四十四條 記載前數條之罪, 待其被害者, 又其親屬之告訴而論
其罪, 但被略取誘拐幼者, 從式而爲婚姻則無告訴之效.

第三百四十五條 略取誘拐未滿二十歲幼者而交付外國人者, 處輕懲役.

## 第十一節 猥藝姦淫重婚罪

第三百四十六條 對未滿十二歲男女, 爲猥藝所行者, 又對十二歲以上
男女, 以暴行脅迫, 爲猥藝所行者, 處一月以上一年以下重禁錮, 附
加二圓以上二十圓以下罰金.

第三百四十七條 對十二歲男女, 以暴行脅迫, 爲猥藝所行者, 處二月以
上二年以下重禁錮, 附加四圓以上四十圓以下罰金.

第三百四十八條 强姦十二歲以上婦女者, 處輕懲役.
用藥酒等, 令人昏迷, 又使精神錯亂而姦淫者, 以强姦論.

第三百四十九條 姦淫未滿十二歲幼女者, 處輕懲役, 若强姦則處重懲役.

**第三百五十條** 記載前數條之罪, 待被害者, 又其親屬告訴, 論其罪。

**第三百五十一條** 犯前記載數條之罪者, 因致死傷人者, 照毆打創傷本條, 從重處斷。但因强姦致廢篤疾者, 處有期徒刑, 致死者, 處無期徒刑。

**第三百五十二條** 淫行未滿十六歲男女, 勸誘爲媒者, 處一月以上六月以下重禁錮, 附加二圓以上二十圓以下罰金。

**第三百五十三條** 姦通有夫之婦者, 處六月以上二年以下重禁錮, 其相姦者, 亦同。

此條之罪, 待本夫告訴, 論其罪, 但本夫, 先爲縱容姦通者, 不效告訴。

**第三百五十四條** 有配偶者, 重爲婚姻時, 處六月以上二年以下重禁錮, 附加五圓以上五十圓以下罰金。

## 第十二節 誣訴及誹毀罪

**第三百五十五條** 以不實之事, 誣告他人者, 照第二百二十條記載之僞證例, 處斷。

**第三百五十六條** 雖爲誣告, 若自首於被告人推問之前者, 免本刑。

**第三百五十七條** 因誣告, 處斷被告刑時, 照第二百二十一條二條記載之例, 處斷。

**第三百五十八條** 摘發人惡事醜行而誹毀之者, 不問事實有無, 照左例處斷。

一。以公然演說, 誹毀者, 處十一日以上三月以下重禁錮, 附加三圓以上三十圓以下罰金。

二。公布書類畫圖, 又作爲雜劇偶戲而誹毀人者, 處十五日以上六月以下重禁錮, 附加五圓以上五十圓以下罰金。

**第三百五十九條** 誹毀已死人者, 非出於誣罔, 則照前條例處斷。

第三百六十條 醫師藥商穩婆, 又代言人辯護人若神官僧侶, 於其身分
　　職業, 因受委託之事, 漏告所知得之陰私者, 以誹毀論, 處十一日以
　　上三月以下重禁錮, 附加三圓以上三十圓以下罰金。但受裁判所呼
　　出, 陳述事實者, 不在此限。

第三百六十一條 記載此節誹毀罪, 待被害人及死者親屬告訴, 論其罪。

## 第十三節 對祖父母、父母罪

第三百六十二條 子孫, 於其祖父母父母, 無論謀死故殺, 處死刑。其關
　　自殺罪者, 照凡人刑, 加二等。

第三百六十三條 子孫, 對其祖父母父母, 犯毆打創傷之罪, 其他若監禁
　　脅迫遺棄誣告誹毀等罪, 照各記載本條之凡人刑, 加二等。但其致
　　廢疾者, 處有期徒刑, 致篤疾者, 處無期徒刑, 致死者, 死刑。

第三百六十四條 子孫, 對其祖父母父母, 缺其衣食供給, 其他奉養之必
　　要者, 處十五日以上六月以下重禁錮, 附加二圓以上二十圓以下罰金。

第三百六十五條 子孫, 對其祖父母父母, 殺傷之罪, 不得用特別宥恕及
　　不論罪之例。但不知其犯者, 不在此限。

## 第二章 對財産罪

## 第一節 竊盜罪

第三百六十六條 竊盜人之所有物者, 爲竊盜者, 處二月以上四月以下
　　重禁錮。

第三百六十七條 乘其水火震災他變, 犯竊盜者, 處六月以上五年以下
　　重禁錮。

第三百六十八條 踰越損壞門戶墻壁 及開鎖鑰入邸宅倉庫, 犯竊盜者,

亦與前條同。

**第三百六十九條** 二人以上,共犯前三條罪者, 各加一等。

**第三百七十條** 携帶凶器, 入人住居之邸宅, 犯竊盜者, 處輕懲役。

**第三百七十一條** 雖自己所有物, 若爲典物, 已交付他人, 又因官署命令, 使他人看守時, 竊取之者, 以竊盜論。

**第三百七十二條** 於田野, 竊取穀類菜菓, 其他產物者, 處一月以上一年以下重禁錮。

**第三百七十三條** 於山林, 竊取竹木鑛物, 其他產物, 又於川澤池沼湖海, 竊取人所生養關營業之產物者, 亦與前條同。

**第三百七十五條** 犯此節所記載之輕罪而未遂者, 照未遂犯罪例, 處斷。

**第三百七十六條** 犯此節所記載之罪, 處輕罪刑者, 付六月以上二年以下監視。

**第三百七十七條** 祖父母父母夫妻子孫, 其配偶者, 又同居兄弟娣妹互相竊取財物者, 不在以竊盜論之限。

若他人共犯分財物者, 以竊盜論。


## 第二節 强盜罪

**第三百七十八條** 脅迫他人, 或加暴行, 强取財物者, 爲强盜罪, 處輕懲役。

**第三百七十九條** 强盜而有左記載情狀者, 加一等。

一。二人以上共犯時。

二。携帶凶器犯時。

**第三百八十條** 强盜之傷人者, 處無期徒刑, 致死者, 處死刑。

**第三百八十一條** 强盜之强姦婦女者, 處無期徒刑。

**第三百八十二條** 竊盜得財而爲拒本主取還, 臨時脅迫者, 以强盜論。

**第三百八十三條** 用藥酒等物, 令人醉迷, 强取財物者, 以强盜論, 處輕懲役。

**第三百八十四條** 犯此節所記載之罪者, 因其減輕而處輕罪刑者, 付六月以上二年以下之監視。

## 第三節 關遺失物埋藏物罪

**第三百八十五條** 遺失及漂流物品, 拾得隱匿, 不還本主及所有主者, 又不申告官者, 處十一日以上三月以下重禁錮, 又處二圓以上以十圓以下罰金。

**第三百八十六條** 於他人所有地內, 掘得埋藏物品隱匿者, 亦與前罪同。

**第三百八十七條** 犯此條記載之罪者, 係於揭三百七十七條之親屬時, 不論其罪。

**第三百八十八條** 家資分散之際, 或藏匿脫漏其財産者, 又增加虛僞負債者, 處二月以上四年以下重禁錮。

於虛僞契約, 知其情而承諾之者, 若其媒介者, 並減一等。

**第三百八十九條** 家資分散之際, 牒簿之類, 藏匿毀棄, 及於分散決定之後, 債主中一人或數人, 爲私償其負債而害及他債主者, 處一月以上二年以下重禁錮。

## 第五節 詐欺取財罪及關受寄財物罪

**第三百九十條** 欺罔人, 又恐喝人, 財物及證書類騙取者, 爲詐欺取財罪, 處二月以上四年以下重禁錮, 附加四圓以上四十圓以下罰金。

因官私文書僞造者, 又增減變換者, 照僞造各本條, 從重處斷。

**第三百九十一條** 乘幼者智慮淺薄, 又人精神錯亂之時, 其財物及證書類授與者, 以詐僞取財論。

**第三百九十二條** 販賣其物件, 又當其交換, 變其物質及僞其分量者, 交付人者, 以詐欺取財論。

**第三百九十三條** 冒認他人動産【金銀等物】不動産【家宅田土等】販賣交換者, 又爲抵當典物者, 以詐欺取財論.

自己之不動産, 已爲抵當典物而欺隱之, 賣與他人, 又重爲抵當典物者, 亦同.

**第三百九十四條** 前數罪, 付之六月以上二年以下監視.

**第三百九十五條** 費消受寄財物, 又借用物、典物, 其他受委托之物件金額者, 處一月以上二年以下重禁錮. 若騙取拐帶, 其他所爲有詐欺者, 以詐欺取財罪論.

**第三百九十六條** 雖係自己所有, 藏匿脫漏官署抑留之物件者, 處一月以上六月以下重禁錮. 但家資分散之際, 犯此罪者, 照三百八十八條例, 處斷.

**第三百九十七條** 犯此節記載之罪而未遂者, 照未遂犯罪例, 處斷.

**第三百九十八條** 犯此節記載之罪者, 第三百七十七條揭條中係親屬 則不論其罪.

### 第六節　關贓物罪

**第三百九十九條** 知強竊盜贓物而受之, 又寄藏故買及爲牙保者, 處一月以上三年以下重禁錮, 附加三圓以上三十圓以下罰金.

**第四百條** 犯前條罪者, 付之六月以上二年以下監視.

**第四百一條** 關詐欺取財, 其他物件犯罪者, 知而受之, 又寄藏故買者, 及爲牙保者, 處十日以上一年以下重禁錮, 附加二圓以上二十圓以下罰金.

### 第七節　放火失火

**第四百二條** 於人所住居家屋放火燒燬者, 處死刑.

**第四百三條** 於人不住居之家屋, 其他建造物放火燒燬者, 處無期徒刑.

第四百四條 於廢屋及柴草肥料等所貯屋舍, 放火燒燬者, 處重懲役。

第四百五條 於人所乘載之船舶汽車, 放火燒燬者, 處死刑。

第四百六條 於山林之竹木, 四野之穀麥, 又露積柴草竹木, 其他物件, 放火燒燬者, 處輕懲役。

第四百七條 於自己家屋, 放火燒燬者, 處二月以上二年以下重禁錮。

第四百八條 犯放火罪而處輕罪刑者, 付六月以上二年以下監視。

第四百九條 於他人家屋, 失火燒燬者, 處二圓以上二十圓以下罰金。

第四百十條 火藥及其他可激烈之物品, 又破裂煤氣幷蒸罐生人家屋財産者, 分別其故意與過失, 然後照失火放火之例, 處斷。

## 第八節 決水罪

第四百十一條 決潰堤防及毀壞水閘及人之居住, 使漂失其家屋者, 處無期徒刑。

若漂失人不住居之家屋, 其他建造物者, 處重懲役

第四百十二條 決潰堤防毀壞水閘, 荒廢田園鑛坑牧場者, 處輕懲役。

第四百十三條 損他人之便益, 又爲圖自己之便益, 決潰堤防毀壞水閘, 其他妨害水利者, 處一月以上二年以下重禁錮, 附加二圓以上二十圓以下罰金。

第四百十四條 因其過失而起水害者, 照失火例, 處斷。

## 第九節 覆沒船舶罪

第四百十五條 以衝突其他所爲, 覆沒乘載人船者, 處死刑而但船中無死亡 則處無期徒刑。

第四百十六條 以前條所爲而覆沒不乘載人之船舶者, 處輕懲役。

## 第十節 壞毀家屋物品及害動植物罪

**第四百十七條** 毀壞人家屋及其他建造物者, 處一月以上五年以下重禁錮, 附加二圓以上二十圓以下罰金。

因以致人死傷者, 照毆打創傷各本條, 從重處斷。

**第四百十八條** 毀壞所屬人家屋墻壁 及園池粧篩, 又田園樊圍牧場柵欄者, 處十日以上三月以下重禁錮, 附加二圓以上二十圓以下罰金。

**第四百十九條** 毀損人之稼穡竹木, 其他需用之植物者, 處十一日以上六月以下重禁錮, 又處三圓以上三十圓以下罰金。

**第四百二十條** 毀壞土地經界爲表者, 又移轉之者, 處一月以上六月以下重禁錮, 附加二圓以上二十圓以下罰金。

**第四百二十一條** 毀棄人器物者, 處十一日以上六月以下重禁錮, 又處三圓以上三十圓以下罰金。

**第四百二十二條** 殺他人之牛馬者, 處一月以上六月以下重禁錮, 附加二圓以上二十圓以下罰金。

**第四百二十三條** 記載前條以外, 殺他家畜者, 處二圓以上二十圓以下罰金, 但致害者, 待其告訴, 論其罪。

**第四百二十四條** 關於他人權利義務之證書, 毀棄滅盡者, 處二月以上四年以下重禁錮, 附加三圓以上三十圓以下罰金。


## 第四編 違警罪

**第四百二十五條** 犯左錄諸件者, 處三日以上十日以下拘留, 又處一圓以上一圓九十錢以下科料。

一。不遵守規而火藥及其他破裂之物品搬運諸市街者。

二。不準規而貯藏火藥及其他可破裂之物品, 又自可發火物品者。

三。不得官許, 製造烟火, 又販賣之者。

四。於人家稠密處, 濫爲烟火玩, 其他火器者。

五。建造修理蒸氣器械, 其他烟筒火竈 及掃除之而違背其規則者。

六。受官署之督促而不修理將崩壞家屋者。

七。得官許之前, 解剖死屍者。

八。自己所有地內, 知有死屍而不申告官署, 又私移他所者。

九。毆打人至創傷疾病者。

十。密爲賣淫, 又爲其媒合容止者。

十一。潛伏於空室者。

十二。不定住居, 又無平常營生產業, 徒徘徊者。

十三。於官許墓地外, 私埋葬者。

十四。爲曲庇犯違警罪人, 僞證之者。但被告人爲僞證免刑 則從第
　　　二百十九條例。

**第四百二十六條** 犯左錄諸件者, 處二日以上五日以下拘留, 又處五十
錢以上一圓五十錢以下科料。

一。於人家近傍, 又山林田野, 濫爲火禁者。

二。方水火及其他變, 受官吏之求, 傍觀而不肯之者。

三。販賣不熟菓物, 又腐敗飮食者。

四。違背爲保護健康所設規則, 爲豫防傳染病規則者。

五。在可人通行途于井溝, 其他凹所, 不覆其蓋, 又不爲防圍者。

六。於路上, 嗾犬及其他獸類, 使驚逸者。

七。怠於看守發狂人, 使徘徊路上者。

八。怠於繫鎖狂犬猛獸等, 放于路上者。

九。變死人, 不受檢視而埋葬者。

十。毀損墓碑 及路上神佛, 又汚瀆者。

十一。汚損神祠佛堂, 其他公建造之物者。

十二。公然罵詈嘲弄者, 但待其訴, 論其罪。

**第四百二十七條** 犯左錄諸件者, 處一日以上三日以下拘留, 又處二十

錢以上一圓二十五錢[以下]科料。

一。濫爲車馬疾驅, 妨害行人者。

二。不肯制止而牽車馬於群集地者。

三。夜中無燈火疾驅車馬者。

四。堆積木石等於道路, 而不設防圍, 又怠標識點燈者。

五。投擲瓦礫於道路家屋園圃者。

六。棄擲禽獸死屍於道路, 又不除之者。

七。投擲汚穢物道路家屋園圃者。

八。違背警察規則, 爲工商業者。

九。醫師穩婆, 稱托事故, 不應急病人招者。

十。死亡不爲告而埋葬者。

十一。爲流言浮說, 誑惑人者。

十二。妄說吉凶禍福, 又爲祈禱符呪, 惑人圖利者。

十三。于私有地外, 濫設家屋墻壁, 又軒楹者。

十四。不得官許, 開床店於路傍及河岸者。

十五。毀損路上植木市街常燈 及厠場等者。

十六。毀棄汚損所揭示於道路橋梁 其他場, 禁通行, 或示道路等之諸標者。

**第四百二十八條** 記左錄諸件者, 處一日拘留, 又處十錢以上一圓以下科料。

一。官署所定價額物品, 以定價以上販賣。

二。於渡船橋梁, 其他場通行錢, 以定價以上, 取之。又故爲妨通行者。

三。渡船橋梁及其可給通行錢場所, 不出其定額而通行者。

四。於路上爲類賭博商業者。

五。不受官許, 開劇場及其他官物, 又違背其規則者。

六。毀損溝渠下水, 受官署督促, 不浚溝渠下水者。

七。食物及其他商品, 羅列於路傍, 不肯制止者。

八。不得官許, 放獸類於官有地, 又爲牧畜於其地者。

九。爲身體刺文, 又業之者。

十。解放他人所繫牛馬及其獸類者。

十一。解放他人所係舟筏者。

**第四百二十九條** 犯左錄諸件者, 處五錢以上五十錢以下科料。

一。繫舟筏於可害橋梁又堤防之場所者。

二。牛馬諸車 及其他物件, 橫置道路, 又堆積木石薪炭等, 爲妨害行人者。

三。并牽車馬, 爲妨害行人者。

四。并舟於水路, 爲通船妨害者。

五。投棄氷雪塵芥等於路上者。

六。受官署督促, 不掃除道路者。

七。不肯制止, 遊戲路上, 爲行人妨害者。

八。牛馬, 忽其牽繫, 爲行人妨害者。

九。禁止出入之場所, 濫爲出入者。

十。榜示禁止通行處, 犯通行者。

十一。發高聲放歌於道路, 不肯制止者。

十二。酩酊喧噪於路上, 又醉臥者。

十三。消路上常燈者。

十四。樂爲書汚 及爲人家墻壁之貼紙者。

十五。毀損邸宅之番號標札招牌, 又貸家賣家之貼紙, 其他報告榜標等者。

十六。於他人田野園圃, 採食其荣菓, 又採折花卉者。

十七。犯公園規則者。

十八。遮於他人田圃, 强通行之, 又牽牛馬者。

**第四百三十條** 記載前數條之外, 犯各地方便宜所定違警罪者, 各從其 罰則, 處斷。

行副護軍 臣 嚴

# 日本司法省視察記 一・二

—

## 일본 사법성 시찰기 일·이

여기서부터는 영인본을 인쇄한 부분으로 맨 뒤 페이지부터 보십시오.

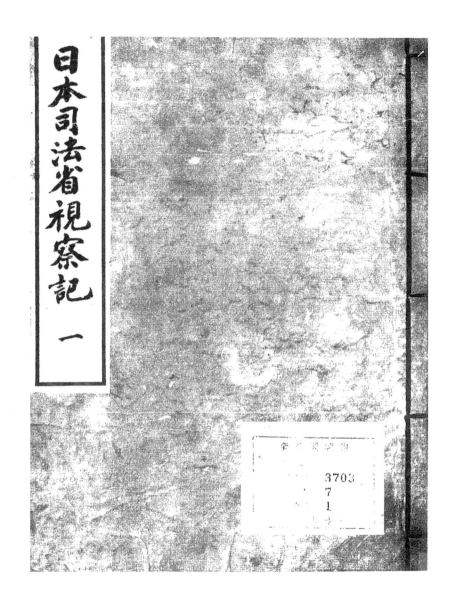

日本司法省視察記 一

3703
7
1

所掌司法省即日本掌法掌禁之所也在東京宮

城東南數年前被回祿之灾經紀新建擬倣洋制其

為法在神世時有拔介剪髮等刑散見於該國史乘

中世纔用唐制又其後謂倣

大明之律而溢刑慘罰一切相反人或有犯較前判決

定其輕重所謂不文之律及復多焉其律書曰令義

觧曰大寶令曰百個條皆深秘之非刑官無有見之

者乃於戊辰日主視政一變制度發誓國中日破舊

来陋習基天地公道於是立科差煩尚法頻密令日

行之明日廣之至辛未悉除前規建置司法省有三

局八課之制焉就同攝內設大審院裁判所檢事局

上等裁判所又有各地方裁判所各區裁判所之名

以民事刑事告訴告發勸解糾問公判宣告等例互

相照檢始爲一百九十二條又改爲三百十八條蓋

廢拷訊行懲役同等權爲設法之大綱也彼之言曰

與其施刑而誑服毋若平問而得情罪疑而受枉不

若予生以自新扵是乎有舂米榨油燒尾耘田搬土

石開荒地之類舊有閏刑以治華士族今廢不講小

大貴賤均視齊敵卽法律上同等權者也倣司寇詰

奸之規而置警察巡查爲取國人與罪之義而有代

言偉聽焉戊辰以來三數年改易不恒愈出愈新庚
午有新律綱頒癸酉有改定律例斷為金石之科者
至上年之冬頒示刑法四百三十條治罪法四百八
十條將以明年壬午一月為實施之期而現今所行
新舊互用俟實施而盡廢之只以刑法治罪法行之
蓋刑法治罪法憲法訴訟法民法商法乃佛人所謂
六法也效未盡就具不及布如訴訟一款是也故取
事務章程刑法治罪法訴訟法監獄則新律綱頒改
定律例撮要改定律例七冊翻謄編次仰塵
睿鑑極涉猥屑夫日人之變更易於茶飯各國之寧務

每合水乳未可以令行新法遽謂其遵守久遠也

司法省·省在麴町區
八代洲街·

司法省為管理關於裁判幷司法警察事務虗列左

諸局各幹理其主務·

議事局　刑事局　民事局

司法官員合計

四千二百二十人

內三千九百四十七人　諸裁判所

內二百七十三人內外國二人·　司法省

法學生徒總員

二百二十九人

海外留學 佛國

內四人

內百人 寄宿

內百二十五人 通學

司法省一年內輸入輸出公貨、

一歲中支消金額百七十八萬五千圓。

司法官員區別、

敕任 九人

奏任 二百八十二人

判任 千六百六十九人

等外 千五百一人

御用掛　六人、

御傭　七百五十三人内・外國人、二人。

卿大輔判事檢事年俸月俸表・

卿　月給五百圓

大輔　月給四百圓

判事　判事補

勅任叅　任判事任

檢事　檢事補

9

大審院諸裁判所廢大中小屬官更以分等定。

一等屬　　　八等　月俸六拾圓

二等屬　　　九等　同五十圓

三等屬　　　十等　同四十五圓

四等屬　　　十一等　同四十圓

五等屬　　　十二等　同三十五圓

六等屬　　　十三等　同三十圓

七等屬　　　十四等　同二十五圓

八等屬　　　十五等　同二十圓

九等屬　　　十六等　同十五圓

10

十等屬　十七等　同十二圓

司法省職制事務章程

職制

卿一人

一統率部下官員無監督判事而總理所管百般事
務。

一部下官員及判事進退黜陟奏任以上則具狀之
判任以下則專行之。

一奉行恩赦特典。

一於主管事務有可設法布令者或有法令可補正
者則得奏請其意見。

13

一於施行主任之法案得列于元老院議席辨論其

利害施行主任者言法案成後本省急施行者也元
老院議士法官也司法執成法之職也固不
可相混然其所議係司法
所管則卿得叅其議也

大輔一人

輔卿職掌　卿有事故則得代理

小輔一人

掌亞大輔

大書記官三人

權大書記官　今無現任

小書記官二人

權小書記官一人

受卿命各幹理其主務。

一等屬

二等屬

三等屬

四等屬

五等屬

六等屬

七等屬

八等屬

九等屬

十等屬
從事於各局課。

檢事
受卿命派出於諸裁判所掌理檢彈及公訴事件。

檢事補
受事於檢事分掌檢彈及公訴。謂受事於檢事者，言受其指授也。

司法省事務章程.

主管事務記列于左者卿申奏其意見經裁可然後.

施行焉其他卿得專行之.

於其施行之則卿皆任其責.

茅一條　行政裁判事項.

茅二條　變更司法警察事務事項.

茅三條　定規程關於法庭事項.

茅四條　於主管事務作布達事項.

茅五條　沐遣部下官吏及生徒於外國事項.

茅六條　諸裁判所及檢事局廢置开諸裁判所長任

17

免事項.

第七條　各局廢置局長任免事項。

第八條　定諸裁判所及各局處務規程事項

第九條　外國人解傭事項。

第十條　新創事或變更舊規各項。

各局課職務次芽

議事局

一書記官定議事員之會期則凡事之緊要者及其

渋疑難者會議之。

一司法卿及輔隨時臨其議席。

一其所擔當之事務逐月掲錄製爲月報又其諸公

文編纂者保存。

一局中分掌事務從其便宜命其名置其掛而任其

事。

刑事局

一凡各所申請事件之關係刑事者受卿命創其案。

一凡關係刑事者視其法律良否改定興廢之案起。

草。

民事局

一凡各所申請事件之關係民事者受卿命創其案。

一凡關係民事者視其法律良否改定興廢之案起。

草。

內記課

一掌長次官直閣直達之事類任書記事又授受各

課書類。

庶務課

一授受各官廳及人民事関係本省之一切文書配
付于各局課又各局課致送者登記于簿冊以應

其程則為配達處分.

一諸局課中畊漏事務受卿之命臨時處分.

一月報外別考課表編成.

職員課

一管理司法官貟履歷簿及進退黜陟等事.

一掌代言人願書照閱試驗之事.

一管理外國人身上之事其條約書類保存.

21

編纂課

一任諸編纂諸翻譯事。

一編纂及翻譯書類等上頻定付樣便宜刊行。

一管守本省所掌一切書類又掌司法部內各所書
籍名簿。

表記課

一點檢各所進達民事刑事諸表及各局課月報等。
各從其類成且條記考案。

會計課

一本省及諸部所關一切金錢出納及贓贖營繕用

度。

生徒課

一. 總提法學校監督生徒等.

檢事局

局長

一依檢事職制章程一切禁飭。

大審院職制

長一人·以一等判事充之.

院長掌分課命主任隨時任各庭聽理民刑事件.

刑事

第一掌判理民事刑事上告破毀裁判不法者·審判內

外交涉事涉重大者與判事犯罪.

第二掌審閱死罪案.

章程

第一條　大審院為受民事刑事上告破毀上等裁判

所以下審判不法者·處以主持統一之法憲.

第二條　破毀審判不法者移諸他裁判所使判決之
或大審院得隨便宜自判決之。

第三條　既移諸他裁判所使判決之其裁判所不從
者則破毀其裁判以附於相當裁判所。

大審院之旨則大審院自判決之。

第四條　陸海軍裁判所之所爲裁判者若有過權限

第五條　各判事犯罪除其違警罪外大審院審判之。

第六條　審判內外交涉民刑事件涉重大者。

第七條　審閱各上等裁判所送呈死罪案批可送還。

其否者更擬律還仲之。

26

上等裁判所職制。東京大阪

長一人。以勅任判事充之。

判事

所長掌分課命主任隨時臨各庭聽理民刑事件。

第一掌受管內控訴覆審之。

判事補

第二掌判決管內死罪獄。

受事於判事而審判之。言受判事

章程

第一條　上等裁判所。覆審其不服於地方裁判所。裁

判而控訴者。

第二條 判決各地方裁判所具申死罪案取大審院

批可然後付原裁判所使宣告。

第三條 審批各地方裁判所送呈終身懲役案。

地方裁判所職制

東京　京都　大阪　橫濱　新潟　神戶
函館　長崎　水戶　熊谷　弘前　仙臺
福島　靜岡　松本　全澤　名古屋
高知　浦知　廣島　熊本　鹿兒島　松江

長一人，以僉任判事充之。

所長掌分課命主任與他判事同。

判事

掌初審民事審判刑事懲役以下。

判事補

受事於判事而審判之。

章程

第一條　地方裁判所審判一切民事及刑事懲役以
下。

第二條　地方裁判所。民事審判無輕重皆爲初審。

第三條　民刑事交涉於內外者。輕則直裁決之。重則
一面聽理之。一面具申于司法卿。

第四條　死罪則審訊之具文案證憑及擬律案遞送
於上等裁判所得其行下而宣告之上等裁判所經
大審院批可
而下付者也。

第五條　終身懲役則具擬律案取上等裁判所審批
然後宣告之。

東京裁判所支廳管轄區分及取扱假規則.

第一條　第一第二第七大區巴町支廳第三第四第

八第九大區富士見町支廳第五第六第十第十一

大區三長町支廳訴出.

第二條　民事訴訟金額十圓以下.

第三條　刑事訴訟懲役三十日以下.

第四條　於民事訴訟欲為控訴者照準本年太政官

布告第九十三號控訴于東京裁判所.

但他管之甲本管之乙掛詞訟亦準本條.

第五條　於刑事裁判欲上告者照準本年太政官布

31

告第九十三號上告。

第六條　凡係民事詞訟之事不論金額多少事之輕

重任其情願於支廳勸解。

各地方裁判所支廳設置。

一各管下擇便宜地定其區劃設支廳置代理官照

當分府縣裁判所章程事務可取扱事。

但其代理而於死罪終身懲役可乞批可者都屬

本廳所長所屬其他事情繁難者亦所長取決之。

一本廳並支廳管內定其區劃置區裁判所勸解等

事務取扱事。

區裁判所假規則。

第一條　區裁判所隨土地便宜畫其區而置之。

但本支廳所在之地設一庭於其廳內分日時用該
廳庭行區裁判所事務。

第二條　民事全額百圓以爲極百圓以下該地方隨
其便宜得定其程限。

但其係土地人事等者隨便宜豫定程限得以裁判。

第三條　刑事三年懲役以爲極三年以下該地方隨
其便宜得定其程限其或事情繁難者具審案取決
於本管廳爲可。

第四條　以民事控訴者。照明治八年苐九十三號布

告直出上等裁判所。

第五條　除違警罪外以刑事上告者照明治八年苐

九十三號布告直出大審院。

第六條　凡係民事之事。不拘金額多少事之輕重任

詞訟人情願勸解之。

第七條　勸解乞者作訴狀直出于該廳得以陳述其

事由。

第八條　勸解必要雙方本人自出頭後可。

第九條　凡勸解不拘枚定規者。

34

但雖勸解者係不參若還參者據裁判所成規處分。

支廳並區裁判所補呼儀總以其地方名冠之。

何裁判所。名地支廳。何名地區裁判所，

糾問判事職務假規則

第一章　職員。

第一條　各府縣裁判所判事若判事補中置糾問掛。

此稱糾問判事。

但於大審院上等裁判及裁判所設置之縣臨時從

便宜。

第二條　糾問判事於糾問事務時。不得不通常裁判

之事。

第二章

第三條　現行犯直告糾問判事時不待檢查官自為

檢事處分行而後付之檢事。

第四條　受取檢事所送罪犯文書證憑時必速行紀

問。

第五條　糾問則獨引屬官行之逐節錄口書口書成

則讀之使聞本犯花押若實印模印本犯若不肯時。

令記其事由而糾問判事署名捺印於紙尾。

第六條　糾問判事臨罪犯塲為檢視檢事屬官一人。

同伴。

第七條　糾問判事為得罪犯證憑犯人家宅臨檢及

就其窩藏臨檢其家得差押職證又得委任警察官

38

臨檢之。

第八條 若罪犯窩藏家已在管外則通牒於其地科

問判事得求其科問。

第九條 科問判事論輕重罪呼出被告人若拘引又

拘雷等得以行之。

但拘引巡查及等外更不得行之。

第十條 科問判事科問依時宜得以解假拘雷。

但要保管人出保管誓約書。

第十一條 若被告人已在管外通牒於其地科問判

事得以求科問。

第四章　證人問供。

第十二條　糾問判事得以呼出罪犯證人若證人已
在管外從第十一條規則。

第十三條　証人各人隔別問訊逐節口書錄之口書
成則讀聞証人甘結花押若寶印若栂印而糾問署
名捺印于紙尾。

第十四條　口書字句不許改竄塗抹及追書若挿入
塗抹追書者必要本證人認印。

第十五條　証人若疾病事故不能出頭從於呼出則
引屬官臨其家問訊或委住警察官問訊。

第十六條　證人稱疾病事故者發見其非實時引致
問訊以病故不實件付之檢事。

第五章　科問濟。

第十七條　科問判事終科問事被告人罪止違警或
無罪見還通知檢事後移之警察官或釋放之。

第十八條　被告輕重罪見還即具證憑文書還付檢
事。

檢事章程。

第一條　檢事按檢之務罪犯發覺之時始豫防未發
干預。

41

第二條　檢事求公判其裁判不脈上告之時。裁判議

干冒又論、爭其裁判之當否。

第三條　裁判得後犯人送付各部官其乞赦典者。其

意見上司法卿。

第四條　凡重大罪犯及國事犯及內外交涉之重犯。

各檢事即速具上於司法卿一面行處分一面乞指

揮。

第五條　地方警察官吏補助檢事。按檢現行罪犯遞。

送檢事而警察官吏檢察事務付檢事受管督其怠

忽責戒檢事之事。

第六條　檢事ㅣ爲罪犯捕拿ㅣ移牒警官使役巡査從其
緊急直爲措令ㅣ

第七條　警官中一人ㅣ更審檢事局承檢事措揮專便
檢察事務之事ㅣ

法學寄宿生徒規則

茅一節總則。

茅一條　法學寄宿生徒以佛蘭書語專修法律學。

茅二條　修學年間定爲八年而前四年爲豫科後四年爲本科。

茅三條　學年始於九月十一日終於翌年七月十日。

茅四條　學年分爲前後二期前期自九月十一日至翌年二月十日後期自二月十一日至七月十日。

茅五條　每學期行大試驗每土曜日行小試驗其劣等者退交之。

45

茅六條　至本科終業、非常優等者、應時便宜命留學

佛國爲可。

茅七條　以左列記載日、定爲休日。

日曜日、

大祭日、

土曜日、但午前茅
十一時半、

夏期休業、自七月一日、至九月十日、

冬期休業、自十二月二十九日、至一月四日、

臨時休日即柺其時可揭示之、

茅八條　左記之者可自官給之、

一食料、

一衣服、但以明治九年當省第三十一號布、達者徵募生徒限一年兩度給之、

一帽靴、但一年兩度給之、

一衣服澣補、但官給未服、外自費之、

一藥餌、

一學用筆紙墨之類、

一炭與燈油之類、

一小遣錢、壹名付一月金壹圓五十錢、

第九條　學課上必用之書籍自官貸渡之且傍觀其他書籍於縱覽室、

47

第十條　罹疾病者加療於各其寢室及校內病室罹

傳染病者入他病院爲可

罹疾病者欲療養於親屬等處者可願出其旨於證

入但不受治療於本課醫員者可自費藥餌

第十一條　看父母病之外不許歸省

但歸省除往復不得過三十日

第十二條　際大試驗之期願出歸省者或有不許

第十三條　夏期休業之間必令下宿之

但歸省旅行可屆出其旨

第十四條　夏期休業之間歸省旅行下宿者給賄料

及小遣錢其他塲合則不給小遣錢。

第十五條　正課時間有不得已之事故願出臨時外
出者可因事情而許之。

雖正課時間非常塲合則可許外出。

第十六條　外出之時必戴法字帽著用洋服及袴。

第十七條　外出之時送各其名票於門俟歸校之時
受取名票。

許臨時外出者付臨時外出票名票共姜出門俟爲
可。

第十八條　外出者必及門限歸校。

但門限隨時揭示。

第十九條　外出中有病氣又有不得已之事故不及
門限者得證人之證書歸校而以證書直送于事務
掛但過午後十時則不許。

若難及十時歸校而外宿則詳記其事由以證人之
證書越翌日午前八時可送之.

第二十條　外宿者越翌日午前八時難以歸校速以
其旨届出於證人同日午後十時必可歸校。

第二十一條　外出中罹疾病難以歸校者因其病症。
遣醫負診察之爲可。

50

第二十二條　外出之時、證人不在、不能得證書者、送
代證人證書自其翌日、三日內、送證人之本書證為
可。

第二節

第二十三條　從教場出席之鐸報直出教場、各自定
席、不可侵他人之席。

第二十四條　教師就席及退場之時、立禮為可。

第二十五條　受業中禁妄出教場外者、若有不得已
之事故、以其旨告于教師及教員、得其認許後、始可
出場。

第二十六條　教塲中禁喧噪擧動。

第二十七條　機椅子掛衣等禁濫書及毁損。

第二十八條　禁先於教師教員而出教塲者。

第二十九條　非課業時間禁入教塲課業濟後禁畱

教塲。

必可起立。

第三十條　質疑於教師教員及問荅於教師教員則

第三十一條　禁他人質問時已又質問。

第三十二條　受業中不許外來人應接。

但有不得已之事故可以受教師教員之認許。

52

第三十三條 有疾病不能出席於教塲者届出其吉。

可送受醫員診察之以關席證書差出。

但病氣關席者許當日外出。

第三節舍則。

第三十四條 外來人應接必於應接所為之禁各自

舍室之延。

第三十五條 舍中禁玩芖物及稗史類持入。

第三十六條 禁妄呼吟唱及舍中奔走。

第三十七條 至就寢時限。可直減燈就寢禁談話及

其他妨安眠之所為。

第三十八條　屆出病氣旨者禁外就寢時限前就寢。

第三十九條　夜中禁攜燈出室外。

第四十條　屆出病氣旨者禁外寢室書籍及持燈入者。

第四十一條　禁食堂外飮食。

第四十二條　定時外禁喫飯浴湯。

第四十三條　禁妄小便部屋及賄所立入。

第四十四條　禁庭中植物折取及移栽。

第四十五條　禁不潔物於舍室教場休憩等所。

第四十六條　禁校內外不品行之所為。

第四十七條　此規則及其他時時告示規則愆戾者

及課負指揮違戾者足以從輕重禁之又可命退校。

　　第四節

第四十八條　身元保證人者於其引受證書添照準

印鑑而送之。

但該證書要區長奧印。

第四十九條　生徒保證人身元正外本籍及寄宿籍

間東京府十五區內搆一戶居住者為限為可。

但官吏準官吏外滿二十年以下來許學校生徒保

證人。

第五十條　生徒轉籍及在籍之府縣分合

等節可送届書柊證人。

第五十一條　證人轉籍轉居及在籍之府縣分合氏

名變改及改印則其副届書照準印鑑而送之。

第五十二條　證人歸縣旅行及死亡等時速立代證

人送生徒身元引受證書及照準印鑑。

第五十三條　證人之願伺書總宛送二通。

但用紙可半紙。

司法警察假規則

第一章

第一條　凡司法警察處分止得爲拘畱人身體進入
入居宅押人物料開人書簡等事司法警察官者但
以受司法警察官委任者以爲限。

第二條　司法警察處分之事罪犯者探察檢視取其
證付于各裁判所。

第三條　受司法卿之命行司法警察官之事者如左

第一　檢事補及檢事。

第二地方警部及警部補長武爲警部之事。地方。從便宜。區戶

57

第三警察官吏於其違警犯有全權除其外他罪犯

則檢事補照心得攝行檢事檢視之職務

但檢事泒出之縣受地方之命

警視廳長官及地方長官除東京府外於其急務時

則直專行司法警察事而後乃報檢事

但檢事泒出之府縣地方官行內常檢事之事

第二章　檢事司法警察職務

第四條　檢事除違警犯外總其罪犯所付之告訴被

害人告發者受取之及自現行犯檢視後作檢視明

細書其他則受取司法警察官檢視明細書求其裁

判於相當裁判所。

第五條 犯罪之地檢事又犯人所囬地及寄囬地檢
事又犯人見出地檢事得以行前條職務之事。

第六條 重罪犯若犯情繁難者檢事付之私問判事。
請下調下調濟後檢事更以扠取證憑文書訴于裁
判所。求其裁判。

第七條 糾問判事之下調於檢事不服之時。再於他
私問判事求下調或直付判事求裁判。

第三章 警部司法警察職務。

第八條 現行罪犯爲警部及先聞之者直至犯所行

59

一切檢事可行之事。

第九條　若一事件付檢事而警部爲同時檢視至犯
所時亦警部讓于檢事。

第十條　檢事及糺問判事委任警部行自己職權內
一部時警部奉行之。

第十一條　警部所扱取之告訴告發文書若視行犯
檢視明細書及其他書類速送檢事以供檢事處分
故不得淹滯拘罟。

第三章　司法警察現行犯處分。

第十二條　現行犯罪及終於現行之罪犯謂之現行

犯衆人皆名映傳其犯主者若凶器文書其他罪犯

証憑物携帶之犯人恵察時雖過時日者亦以現行

犯准。

第十三條 現行重犯凡查見知之時急速飛報司法

警察官犯人進拿之屍體若凶器物具一切證跡看

護原態保存以防他人之擾動又禁見證人離散以

待司法警察官來着司法警察官其得最先報知者。

即刻往臨犯所行檢視處分。

但司法警察官凡在遠隔者凡查宜行檢視處分報

于司法警察官得其報之司法警察官以疾病障礙

委任巡查得終其處分。

第十四條　司法警察官視察犯罪情狀犯所模樣行

齒被齒見證人取證憑物件押而檢視之乃作明細

書是謂檢視處分。

第十五條　司法警察官合其居場檢視終迄間禁諸

人不得出去場所若背者得以直付拘雷判事。

第十六條　司法警察官喚巡查及被齒見證人近隣

人及知事犯前後事情者等一切關係人聽其供述。

乃作各人口書受其花押若寶印。

但不能自押又無證印者使其拇印。

62

第十七條　扵現行犯證跡拿捕被告人則直爲其科

問口書受被告人花押若寶印若捘印被告人逃走

時命巡查追捕之。

第十八條　司法警察官差押凶器贓物文書其他證

憑物件示于被告人求其答辭并口書記入。

第十九條　差押之物件記入扵明細書中而物件則

封印若器物則不封印。

第二十條　司法警察官使技術人。醫師分析師过築工雕刻工之類。

驗察扵面前乃作證書花押若寶印二人以上俱驗

察則作隔別證書。

第二十一條　司法警察官已終其檢視處分得其罪

證時被告人拘留若保管合其明細書及口書證人

口書及證憑文書物件速送判事求其裁判。

第四章　司法警察官非現行處分。

第二十二條　除現行法外罪犯若告訴若告發者及警

部告訴告發之文書送付者則檢其書類又一

應問認思案其所觸法律之時具其文書送付科問

判事。

但依時宜第十七條二十條二十一條規則通用。

警察規則附錄 外國公使及公使館屬負。

第一條 外國公使以我國憲法羈縻之通義也其所
屬負及家屋車馬亦然、

第二條 内國人為公使被傭在其名籍與其屬隸相
同若有逮捕糺問等之事則外務省諭旨于公使公
使諾之後行之盖行之事公使不得關與焉、

第三條 内國人被傭則告其名籍于外務省同省告
諸司法警察官警察官常記其姓名若有可捕者而
逢此人則與其簿記照焉見其真則送諸公使館詳
告事于公使而後行之。

外國公使館。

第四條　入公使館。非得其諾則不允焉若犯重科者。

迨而入館則告諸門者得館主之諾而捕之。

第五條　公使館並書記官宅者例雖其車馬家畜不

容觸焉若有不得已則請諸外務省而後處之。

公使屬員犯罪並犯罪內國人住於公使館內者。

第六條　公使附屬外國人現行殺傷剽盜等之大罪

者若得其證跡則拘留其人于現塲直告諸公使館。

送附諸公使館後告諸外務省。

第七條　聞犯罪之事或因他之露暴明審罪科者內

國人而住于公使館內則庶斷其周回後告諸外務

省外務省請諸館主後要其人縛之若館主拒之則

復告諸外務省而虗之。

警視廳處務規則章程

諸局一般權限。

局長受事於總監幹理局務。

局長督勵指揮課長以下僚屬及特務警員其賞罰黜陟其狀於總監。

但關於特務警員之進退則豫為照會於巡查總長。

局長管掌之事務係於成規定則前例慣行者則代總監而專決施行。否則以處分方案具狀於總監而請命。

局長管掌之事務中有必要之場合則直為往復於警

察使。

局長以局務日報呈於總監。

副局長助局長之職務而局長有事故則乃得其代理。

課長受事於局長指揮課僚處辨課務而其例規外則

開具意見於局長而請命。

課長以課中等外吏之黜陟賞罰具狀於局長。

課長以課務日報呈於局長。

課案屬於課長指揮而分掌事務。

課僚之關於自己身上事之呈請願書於總監者必先

經由於課長課長呈于局長局長具申於總監而請

70

命課長之請願書亦爲經由扵局長而呈總監。

凡局中稱掛者與課相準。

內局

局長一人

副局長一人

局長者按楡他局及巡査本部消防本署呈納扵總
監之文書而問議扵主務者又以意見其陳扵總監。

局中事務分爲四課。

茅一課國事上一般警察。

茅二課關扵政事之結社集會新聞紙雜誌圖畵等

刊行及廣告演劇．

第三課關於外國人之事務翻譯及銃器彈藥及銃

獵．

第四課受付銃監往復之文書監督電信及玄關詰

書記局．

局長附書記．

副局長一人，或二人．

局長一人．

局中之事務別爲文書會計二部，

文書部．

部中事務·分為三掛。

第一履歷掛　監督廳員之進退黜陟及履歷給仕。

第二規則掛　照查本廳施設之內外諸規則及應

負賞罰。

第三記錄掛　記錄編纂及製表。

會計部。

部長一人·以副長充之。

部長附書記。

部中事務分為五掛。

第一檢查掛。　關扵會計之一般檢查。

73

第二出納掛、 經費之出納、

第三調度掛、 需用物品之調度、

第四營繕掛、 廳舍之營繕、

第五雜役掛、 本廳搆內外之掃除及破損火災之

注意及監督小使、

第一局

局長一人、

副局長一人、

局長附書記、

局中事務分爲三課、

第一課營業幷市場度量衡及關於國事之結社集

會.

第二課建築道路車馬水陸運輸水火消防.

第三課衞生事務及屠獸場危險害於健康物品之

販賣製造.

第二局.

局長一人.

副局長一人.

局長附書記.

局中事務分爲四課.

第一課犯罪檢．

第二課貸坐敷娼妓及私娼．

第三課監倉幷懲役塲及乞食無賴．

第四課棄兒遺兒失迹者幷遺失物內國難破船漂．

巡査本部．

總長一人。

副總長一人．

總長者督勵指揮方面監督以下之諸員幹本部內外之諸務．

護持本部諸員之秩序平和以擔保責任．

巡查長以下之賞罰黜陟並具狀於總監。

但特務員之賞罰黜陟則依當該局長之照會具申

意見於總監。

奉行巡查賞罰黜陟之辭令。

巡查部長以下之賞罰賜暇其他定規前例慣行者專

決施行若有志願巡查之人則試驗後具狀於總監。

事務口報呈於總監。

副總長者助總長而總長有事故之時則乃得其代理

中分本部為內外勤二類。

內勤部

第一本部事務所.

事務長一人. 以方面監督充之.

受總長之命管理本部一切事務.

事務. 以巡查長以下充之.

受事於事務長分掌文書往復名簿製表及巡查

志願人試驗馬四等事.

第二醫務所.

醫長一人.

受總長之命檢查其巡查志願人之體格治療診

斷巡查之疾病.

醫員

補助醫長手術.

外勤部.

分部為常務特務二類.

特務常務.

方面監督五人.

分管內為五方回擔任各一方回.

巡視其當之方面內屯所及交番所監督其行務.

或代總長而巡查長以下便宜指揮.

巡查屯所.

配置扵各郡區從別表．

巡査長以下處務規程別定之．

皇居詰．

豫備員．

衞生掛．

道路掛．

諸車掛．

鐵道掛，

旅店並下宿掛，

市塲掛，

遊園觀物塲掛.

刑事探偵掛.

風俗掛.

服扵特務而巡査從其人員之多寡事務之程

質以警察使巡查長副長部長便宜管督.

特務者或屯在本部或泒出他所各從事扵主

務.

服扵特務必附屬局長勤務則受該局長之指

揮身分則屬總長之管轄.

警察署.配置扵各郡區從別表.

警察使.

執行所管內行政司法ᆞ一切警察事務ᆞ

附屬之書記巡查ᆞ竝監督指揮而其賞罰黜陟ᆞ具狀於
總監ᆞ

但係於巡查之進退者則預爲照會於總長ᆞ

凡有申請警察官之注意承認檢視等事者則可聽其
所請而隨宜區處ᆞ巡查拿捕罪犯拘致人或督見而
不可放縱者亦同ᆞ

但係別般規則者則從其規則ᆞ

職務上必要之場合則恊致所管內屯在之巡查長以

下任其執行。

在邗管內雖爲派出特務警員監視其場邗而必要之
場合則幇助該警員、

審糺違式之詿違事之犯而照例處分。

物品遺失及拾得者之申告並聽受卽可分明決了者
則照例處分其否者則移于本廳。

事務日報呈于總監。

警察副使 上同而掌其亞。

書記、

警察使警察副使有事故則可得其理代。

巡查、以特務負、充之、

受警察之命從事於探偵捕拿、

消防本署、

司令長、

大司令以下署負之賞罰黜陟具狀於總監就管掌之

事務係於成規定則前例慣行者則專決施行消防

手之賞罰黜陟及賜暇亦同、

司令副長、

大司令。

受司令長之命文書之往復名簿之製表及消防手志

願人之檢查及器械馬匹等並掌之。

司令長副長有事故則可得以代理。

中司令。

小司令。

屬於大司令之指揮分掌其事務。

醫員。

受司令長之命檢查其消防手志願人之體格而隊員

職務上之員傷者治療診斷。

消防分署。

中司令。

小司令.

消防手.

消防隊分遣所.

小司令.

消防手.

鍛冶橋監獄署.

市谷監獄署.

石川監獄署.

典獄.

書記看守長以下署負之賞罰黜陟具狀於總監.

就管掌事務規定則前例慣行者專決施行.

年報日報呈于總監.

副典獄.

書記.

典獄副典獄有事故則可得其代理.

看守長.

看守副長

看守

警察署配置及人員表,

警察署二十五處,束京府下爲十五區又五郡而大區五處設二署故爲二十五.

警察使二十五人。

警察副使二十五人。

書記八十人。每署置三人大署五處。置四人故爲八十人。

特務巡查八十六人。每署置三人而大署十一處置四人故爲八十六人。

合二百十六人。

巡查屯所配置人表。

巡查屯所三十一處。東京府下分爲五方面每方置六屯所而方面外又置一屯故爲三十一處。

巡查正副長三十一人。

巡查副長二百七十人。每屯所下自六人上至十八人。

巡查七百七十人，每屯所各二十六人，小屯五

派出所三百三十處，每屯所派出者五人，上自下自四十二人。

派出巡查二千二百四十四人，每所上自九十六人，至四十二人。

合三千九十五人。

各警察署警察使假心得，

第一條　警察使者所轄內維持安寧而犯罪之未萌

者預防警戒犯罪之己發者搜查逮捕使其罪惡至

於絕迹爲達保後之實專以民情熟察爲主，

第二條　警察使就職務上不可以意見自決者具状

于總監。

第三條　人民之訴書願書屆書等警言察使必親聽而

取其書畫一通或以口述又或以書面事實明暸書

記與本人共署名捺印。

第四條　前條書面警察使亦必署名捺印.

但本書交付各局以其書謄主要畱置簿冊。

第五條　不問重罪輕罪視察其刑犯之現狀依司法

警察假規則第八條第十四條而處分. 此則司法
省主管.

第六條　凡有訴犯罪者而三日之內罪人不就縛則

記載其主要扵簿冊並其證憑物件而送于第二局。

但被盜難而須報告其物品扵各地者之坼則宜扵

翌日午前十一時送于第二局。

第七條 聞知國事之犯則速爲具狀於總監若總監

不在則其由內局長。

但非常急遽之場合則相當處置後得具狀。

第八條 人命強盜其他重大之事件直以電信與其

他方法急報於第二局。

第九條 凡拿捕犯罪人則送于第二局但數罪並發

之時只得主罪之證憑而其餘以本犯之日供記於

調書。

第十條 死傷之處者因視驗規則而處分以其視驗

書類速送于第二局。

第十一條，刪除，

第十二條　犯罪探偵拿捕等關渉於他府縣及開拓使則速爲申告於第二局。任該局之處分。

第十三條　就探偵拿捕等事若第二局員派出警察署之時則受其商議。

第十四條　凡違犯於規則條例則差遣他官出行而送付調書於第二局。

但，犯密賣溢者在於此限。

第十五條　凡有得遺失物而届出者則詳記其品目。

渡受領書扵本人而以其書類及物品送致于第二

局。

但其物品巨大或已腐傷不可送致則便宜處分而

送致書類。

第十六條　宿直以書記一人刑事巡查一人爲勤。

府縣官職制

明治八年十一月 達廢府縣職制事務章程定府縣官

職制成別丹以此旨相達候事。

明治十一年七月二十五日太政大臣三條實美

職制

府知事一人。

縣令一人。

第一 府知事縣令。部內行政事務之摠理也。法律及

政府命令之執行也專掌之。

第二 府知事縣令。雖屬於內務之監督而施各省主

任之事務則必受各省卿之指揮。

第三　府知事縣令執行法律及政府之命而可以
為要用者則設其實施之順序布達部內就其適宜
處分蒙許之事件則設立規則布達部內而發行後
直為報告于各省主務之卿。

第四　府知事縣令之布達及處分法律若與政府命
令相背又或侵權限者則太政大臣或各省主務卿。
命為取消。

第五　府知事縣令施行政事務當稟請於主務之卿。
待指揮而後處分者則當從別定規則。

第六 府知事縣令得徵收地方税以充部內之支費
而要具其穀簀決簀以報告于內務卿大藏卿其有
府縣會之方則當付之枵會議。

第七 府知事縣令其屬官則判任進退之其分課則
必令命之。

第八 府知事縣令其郡長以下吏負則判任進退之
其郡務則指揮監督之。

第九 府知事縣令宥非常事變則通議枵鎭臺及分
營之将校乃得便宜處分。

第十 府知事縣令得名集府會縣會之名集及其會

議之中止專行之。

第十一 府知事縣令發議案。就付府會縣會其決議
之後或認可或不認可。

大書記官。

小書記官。府則大小書記各置一員。縣則大小間但
置一人而若夫開港之縣事務頻劇則上
請而依府例。
各置一員。

第一 書記官者輔府知事縣令掌部內行政事務之
僉判。

第二 府知事縣令若不在任又或有事故則書記官。
受代理之任屬。自一等。
至十等。

屬者受事扵府知事縣令而分掌庶務。

警部自一等
至十等。

警部者受事扵府知事縣令掌管內之警察。

典獄

典獄者受事扵府知事縣令總理監署之事務。

副典獄

掌典獄之亞。

書記

各其從事扵其主務。

看守長

掌監獄之戒護且視察看守之勤惰。

看守

從事於監獄之戒護。

郡長一人，八等
相當，

第一 郡長之俸給以地方稅之支出。一月八十圓以
下。從各地方官便宜府知事縣令定之。

第二 郡長以該府縣本籍人任之。

第三 郡長受事於府知事縣令而施行法律命令於
郡內總理一郡之事務。

第四 郡長依法律命令規則而係委任之條件則便

宜處分後報告于府知事縣令。

第五　郡長之處分有不當者則府知事縣令命為取
消。

第六　郡長監督町村戶長。

郡書記。自十等至
十七等。

郡書記之俸給自地方稅支出而其額則從府知

事縣令之適宜所定其選仕進退則休郡長之具

狀府知事縣令乃命之。

市街地之府置區長及書記則總與郡長郡書記

相同。

列左。

第一 分郡及數郡置一郡長及定區事。

第二 郡區經界之組替及町村之飛地組替事。

第三 豫筭官給之經費而定一歲之常額事。

第四 未有例規之官金出納之事。

第五 設官金管守之規則及官金免損付托之方法事。

第六 府縣官舍及監獄新爲建築事。

第七 水旱所罹者租稅則皆以定限後二月延期事。

第八 地種變換事.

第九 依土地之變替地租減收事.

第十 檢地價而定租額事.

第十一 河港道路堤防橋梁開墾等類關涉於他管
者及定額外官費支出之土功起復事.

第十二 諸貸下金逐納期限許以六月以外延期又
棄捐之事.

第十三 官林伐採之事.

但爲供治水修道而用三等官林竹木者不在此限.

第十四 官地官尾及其木石賣却事.

第十五　用爲酒類之稅率者定其價事。

第十六　爲官用之土地買上事。

第十七　社寺除稅地之境域更正事。

第十八　官林拂下事。

第十九　官民有禁伐林之事。

第二十　森林地及竹木定官民有區別事、

第二十一　鑛山借區境界事、

第二十二　鑛山借區稅徇豫並減免事、

第二十三　坑法違犯者處分之事、

第二十四　舊日金銀貨及通貨損傷者交換事、

第二十五　外國人內地旅行事。

第二十六　外國人居畱地外住居事。

第二十七　居畱地地所競貸扵外國人事。

第二十八　內外人結婚願許可事。

第二十九　學校補助之金例規外又爲支消事。

第三十　私立學校停止事。

第三十一　以府知事縣令之名與外國人結條約事。

第三十二　以府知事縣令之名爲官金辦償貸借之
契約事。

第三十三　從無規例之恩典施行事。

105

第三十四　杜寺之刱立再興復舊等員數增加之請

願許之與否之事。

第三十五　開墾地之鍬下十年荒地免稅五年以上

付與年季事。

但計其年期自當初起筭越此年限者亦凖以本支

八。以布告布達指令被專任之事件及有定規成例

之事件則地方官宜以各自責任而處分之不在

于稟請於上司之例若夫難以例規依行之事情

則要其特別處分者乃得具其理由而申請。

一諸會社設立之願諸礦開採之願圖書板權之願。

賣藥之願等。依條約規則而經由於地方官者以

與府縣掌權事務稟請各省之類。不同故知事縣

令書奧書加印以公証其事實以進達於主務各

省。

一嗣後發行法律規則中之條件。府縣長官。稟請於

上司照後處分者每件揭以明文。

一除事屬重大或例規所無及非常事務外凡地方

之常務條件前條所不揭載者則許其地方官之

便宜處分後報告。

107

元老院職制章程

議長

副議長

議官

以上一等官地位

　　　　　　官等

大書記官　　四等

權大書記官　　五等

小書記官　　六等

權小書記官　　七等

大書記生　　八等

權大書記生　　九等

中書記生　　十等

權中書記生　　十一等

小書記生　　十二等

權小書記生　　十三等

職制

議長一人。特選仕之。

臨議場整頓議長導守本院章程並執行條例規

則管判官以下進退。

副議長一人，特選任之。

議長缺員又有事故欠席則代理其事務。

幹事二員。

議員中特選任之幹理院中庶務會計等事。

議官，

從本院章程掌議議案。

以上敕任官。

大書記官，

承議長命出議場演場中議事讀議案記議事簿

上奏文案之作。

111

權大書記官.

屬議長或議官分任其課務.

小書記官.

權小記官.

掌同權大書記官.

以上奏任官.

大書記生.

掌各課屬書記計算等事.

權大書記生.

中書記生.

權中書記生。

小書記生。

權小書記生。

掌同大書記生。

以上判任官。

章程

第一條　元老院議法官也凡新法制定舊法改正議

定之時。

第二條　議官以特選任之。

第三條　議官勅任者用第一華族第二勅奏官昇者。

第三有功勞於國者。第四有政治法律學識者。

第四條　議案以勅命自內閣交附。

第五條　議案係本院議定者經檢視者有類別其別

者自內閣定之。

第六條　要急施之事件無暇經元老院檢視者自內

閣便宜布告後得付檢視。

第七條　新法制定或舊法廢止改正者具意見上奏

而其批可者自內閣成案後再下本院議定檢視

第八條　象議省使長官及法制官就其主任案事內

閣委員至元老院辨明議案理趣。

114

第九條　大臣參議省使長官出頭元老院得陳意見

但不入議員數。

第十條　元老院大臣參議省使長得求出頭

第十一條　元老院掌立法府關建白書。

第十二條　元老院開閉以詔命。

事務

第一條　議長副議長幹事執事本院職制章程照左

數條任其事務。

第二條　議長選議官得為委員又令議員得以公選

委員。

第三條　議長副議長共有疾病事故任他副議長之

事經太政大臣裝請。

第四條　議長於議場行其職務可就副議長議官之

列若議長有疾病事故不得出席或會議中爲說明

自己意見欲入議官之列使副議長就議長之席爲

可。

第五條　議長缺員則副議長總代議長之任若於副

議長會議中爲說明自己意見欲入議官之列則其

間幹事及議官中可得假撰自己代理之人。

第六條　議長聽衆員議論之相半決其可否。

第七條 幹事之臨議席雖就議官之列然從定務便。

不臨議席。

第八條 幹事之脈定務特受委員之選任不計何時。

自至委任局得陳其意見。

第九條 幹事之就本院庶務會計等事有成規者則

得決行之。

第十條 就本院庶務會計等事以幹事之名得與諸

省長官往復。

第十一條 幹事於會計年度每豫算明年經費可以

製表。

行
副
護
軍
臣
嚴

1

刑法目錄

第一編　總則

　第一章　法例

　　第二章　刑例

　　　第一節　刑名

　　　第二節　主刑處分

　　　第三節　附加刑處分

　　　第四節　徵償處分

　　　第五節　刑期算計

　　　第六節　假出獄

3

第七節 期滿免除

第八節 復權

第三章 加減例

第四章 不論罪及減輕

第一節 不論罪及宥恕減輕

第二節 自首減輕

第三節 酌量減輕

第五章 再犯加重

第六章 加減順序

第七章 數罪俱發

第八章　數人共犯

第一節　正犯

第二節　從犯

第九章　未遂犯罪

第十章　親屬例

第二編　公益關重罪輕罪

第一章　對皇室罪

第二章　關國事罪

第一節　關內亂罪

第二節　關外患罪

第三章　靜謐害罪

第一節　兇徒聚眾罪

第二節　行妨害官吏職務罪

第三節　囚徒逃走罪及罪人藏匿罪

第四節　附加刑執行遁罪

第五節　私造軍用銃礮彈藥及所有罪

第六節　往來通信妨害罪

第七節　侵人住所罪

第八節　官封印破棄罪

第九節　拒公務行罪

第四章 害信用罪

第一節·貨幣僞造罪

第二節 僞造官印罪

第三節 官文書僞造罪

第四節 私印私書僞造罪

第五節 免狀鑑札及疾病證書僞造罪

第六節 僞證罪

第七節 度量衡僞造罪

第八節 身分詐稱罪

第九節 公選投票僞造罪

第五章　害健康罪

第一節　關阿片烟罪

第二節　汚穢飲料淨水罪

第三節　關傳染病預防規則罪

第四節　危害品及健康害可物品製造規則
　關罪

第五節　害健康可飲食物及藥劑販賣罪

第六節　爲私醫藥罪

第六章　害風俗罪

第七章　毀棄死屍及墳墓發掘罪

第八章　商業反農工業妨害罪

第九章　官吏瀆職罪

　第一節　害官吏公益罪

　第二節　對官吏人民罪

　第三節　對官吏財産罪

第三編　身體財産對重罪輕罪

　第一章　身體對罪

　　第一節　謀殺故殺罪

　　第二節　歐打劍傷罪

　　第三節　關殺傷宥恕及不論罪

第四節　過失殺傷罪

第五節　關自殺罪

第六節　擅人逮捕監禁罪

第七節　脅迫罪

第八節　墮胎罪

第九節　幼者及老疾者遺棄罪

第十節　幼者畧取誘拐罪

第十一節　猥褻姦淫重婚罪

第十二節　誣告反誹毀罪

第十三節　祖父母父母對罪

第二章 財産對罪

　第一節　竊盜罪

　第二節　強盜罪

　第三節　遺失物埋藏物關罪

　第四節　家資分散關罪

　第五節　詐欺取財罪及受寄財物關罪

　第六節　贓物關罪

　第七節　放火失火罪

　第八節　決水罪

　第九節　船舶覆沒罪

第十節 家屋物品毀壞及害動植物罪

第四編 遠警罪

刑法

第一編　總則

第一章　法例

第一條　凡於法律可罰罪科別爲三種

一重罪

二輕罪

三違警罪

第二條　法律中無其正條者雖何等所爲不得罰之

第三條　此法律不得及在于須布以前犯罪

若所犯在須布以前未經判決者則比照新舊兩法

13

從輕處斷.

第四條　此刑法.不得適用於以所關陸海軍之法律

而可論者.

第五條　此刑法中無正條而他法律規則.如載刑名

者.各從其法律規則.

若他法律規則.別不揭載其總則者.從此刑法總則

第二章

第一節　刑名

第六條　刑別.爲主刑及附加刑.

主刑者宣告之

附加刑者仒法律定其宣告者與不宣告者

第七條　重罪主刑如左以所載仒左者為重罪主刑

一死刑

二無期徒刑

三有期徒刑

四無期流刑

五有期流刑

六重懲役

七輕懲役

八重禁獄

15

九輕禁獄

第八條　輕罪主刑如左以所載于左者爲輕重罪主刑

一重禁錮

二輕禁錮

三罰金

第九條　違警罪主刑如左以所載于左者爲違警罪主刑

一拘留

二科料

第十條　附加刑如左以所載于左者爲附加刑

一剥奪公權

二停止公權.

三禁治産.

四監視.

五罰金.

六浸収.

第十一條 施刑及檢束犯人之方法細目則別有規

則定之.

第二節 主刑處分

第十二條 死刑者絞殺盖規則所定謂官吏臨檢獄

內以施者.

第十三條　死刑者非有司法卿之命則不得施之

第十四條　當大祀令節國祭日禁而不施死刑

第十五條　婦女以死刑枝宣告者或懷胎則暫為貸
之非分娩後過一百日則不施刑

第十六條　死刑者遺骸其親屬或故舊有請之則下
付焉但不許用禮式而葬之

第十七條　徒刑者不分別無期及有期遣海島而服
定役

第十八條　婦女徒刑者不遣海島在內地懲役塲而
有期徒刑者服役十二年以上乃至十五年以下

服定役.

第十九條　罪當徒刑兩年滿六十者免每人所服之

定役而服于可堪其體力之定役.

第二十條　流刑者不分有期及無期幽閉于島地之

獄而不服定役.

有期流刑者服後十二年以上乃至十五年以下.

第二十一條　罪當無期流刑而已經過五年則以行

政者之處分免其幽閉限島中之地得住居焉.

有期流刑經過三年者亦同也.

第二十二條　懲役者八之於內地懲役塲以服定役

但年滿六十者從第十條例.

重懲役者服役九年乃至十一年.輕懲役者六年乃

至八年.

第二十三條　禁獄者八之於內地獄中不服定役.

重禁獄者九年乃至十一年.輕禁獄者六年乃至八

年.

第二十四條　禁錮者拘留之於禁錮場.重禁錮者服

定役而輕禁錮者不服定役.

禁錮者不分輕重十一日乃至五年.

仍各於本條.區別其長短.

第二十五條　服定役罪囚之工錢從監獄規則以其

・若干分者供獄舍費用其餘給與罪囚但現在服役

而未滿一百日者不在此限內・

多寡・

第二十六條　罰金爲二圓以上仍各於本條區別其

第二十七條　罰金自裁判所確定之日使限一月內

完納之若有限內不完納者則折算一圓於一日換

輕禁錮雖其未滿一圓者仍算之於一日・

換罰金於禁錮不必須裁判因檢察官之請求兩裁

判官會之但禁錮期限不得過二年・

若有禁錮中納罰金則扣除其既所經過之日數以

免禁錮又有親屬若他人代納之者亦同焉

第二十八條 拘留者留置於拘留塲不服定役其刑

期一日乃至十日仍各於本條區別其長短

第二十九條 科料者五錢乃至一圓九十五錢仍各

於本條別其多寡

第三十條 科料者自裁判確定之日使限十日內完

納之若有限內不完納者則比照第二十七條換之

拘留

第三節 附加刑處分

第三十一條 剥奪公權者剥奪左權也

一國民之特權

二爲官吏之權

三有勳章年金位記貴號恩結之權

四佩用外國勳章之權

五八兵籍之權

六於裁判所爲保證人之權但單陳述事實者不在

於此限內

七爲後見人之權但得親屬之許可以爲子孫者不

在此限內

八代離散者．為管財人或管理會社及共有財産之

權．

九為學校長及教師及學監之權．

第三十二條　従處重罪刑者．不特須宣告焉．終身剝

奪之公權．

第三十三條　枝處禁錮者不特須宣告焉失現任且

刑期間停行公權．

第三十四條　扵輕罪刑．旣付監視者．不特須宣告焉

限監視之期停行公權．

免主刑付監視者亦同．

第三十五條 枝處重刑罪者不特須宣告爲終主刑期之間禁自理財產

第三十六條 流刑罪囚枝免幽閉則雖有禁治產然以行政官之處分得免其幾分

第三十七條 枝處重罪刑者別不特須宣告爲付監視各三分其本刑之短期與其一分等時間

第三十八條 所附加於輕罪刑之監視則宣告爲但各所載於本條之外不得付監視矣

第三十九條 死刑及無期刑期滿而得免除者則不特須宣告付監視五年

第四十條　監視之期限則自終主刑日起算焉主刑
期滿而得免除則自就捕日起算焉．
若免主刑付監視而止焉則自裁判日起算矣．

第四十一條　既付監視者從其情勢以行政者之處
分假得免監視．

第四十二條　所附加罰金宣告之若一月內不輸完
納則照第二十七條輕禁錮於主刑期滿後施行焉．

第四十三條　所宣告而沒收物件．載之左．但於法律
規則特設沒收例者各從其法律規則．
一既於法律．所爲禁制之物件．

二既所用干犯罪之物件。既於犯罪。所供用之物件。

三因罪犯所得之物件。

第四十四條 既於法律。所爲禁制之物件則不問之

所有主而浸收焉既於犯罪。所供用及因犯罪所得

則非犯罪人所有若無所有主之外。不得浸收之。

第四節 徵償處分

第四十五條 所費於刑事裁判者科全數若其幾分

於犯人兩其所用之數別有規則定之額。

第四十六條 犯人雖處刑若放免也贓物當還給者。

損害當賠償者。應於害者之需而不得免也。

第四十七條　係數人共犯則所費扵裁判贓物當還

給者。損害當賠償者。使共犯人皆連坐之。

第四十八條　所費扵裁判贓物當還給者損害當賠

償者。因袚害者之需得審判之扵刑事裁判所犯人。

若有其贓物則雖無請需直還付之袚害者。

　　第五節　刑期算計

第四十九條　計算刑期稱一日者則二十二時。稱一

月者三十日。至稱一年者從曆。

受刑日則不問時刻算入為一日矣而放免日則不

算為一日。

第五十條　刑非裁判確定後則不得施行之。

第五十一條　刑期起算扵刑名宣告日若上訴者從

左之例。

一犯人自上訴其言正當則起算扵前判宣告日若
其言不正當則起算扵後判宣告日。

二檢察官訴之則不分別其言正否起算扵前判宣
告日。

三猶在訴上訴中或得保釋或枷責付者則其日數
不得筭入扵刑期。責付邦諼。

第五十二條　刑期限內逃走而再就捕者則除其逃

走間之日數算前後受刑日。

## 第六節　假出獄

第五十三條　旣處重輕罪刑者，謹守獄則，有悛改之狀勢則其刑期經過四分三之後，行政上處分之，而得許之假出獄。

無期徒刑四則經過十有五年之後亦同焉。

流刑四則比照第二十一條，免幽閉之外，不用假出獄之例。

第五十四條　徒刑罪囚雖免許假出獄，仍使之居住於島地。

第五十五條　旣枝許假出獄者, 於行政上處分之則得免禁治産之處分, 但付于本刑期限內所特定之監視。

第五十六條　假出獄中, 更犯重輕罪者, 直禁出獄而其出獄中之日數, 不得算入於刑期。

第五十七條　刑期限內, 所更犯重輕罪者, 不許假出獄。

第七節　施期滿免除

第五十八條　遁施刑者, 因過所定於法律之期限, 得免除。

31

第五十九條　主刑得期滿而免除年限如左。

一死刑則三十年。

二無期徒刑則二十五年。

三有期徒刑則二十年。

四重懲役重禁獄則十五年。

五輕懲役輕禁獄則十年、

六禁錮罰金則七年。

七拘留科料則一年、

第六十條　剝奪公權停止公權及監視不得期滿而
免除。

附加罰金與主刑同得期滿而免除

沒收得經五年而期滿免除但禁除物不在期滿免

除限內．

第六十一條　期滿免除起算扵遁施刑日．若一就捕

而再逃則起算扵其逃走日係闕席裁判則起算扵

其宣告日，

第六十二條　對執行刑遁者命逮捕則自最終令狀

出之日起算期滿免除．

第八節

第六十三條　枝剝奪公權者自終主刑日至五年之

33

後因其情勢而將來得復公權。

同。

得主刑期滿而免除者自付監視日過五年之後亦

第六十四條　因大赦得免罪者直得復權而因特赦。

得免罪者赦狀中非有記載則不得復權因赦得復

權者則已爲免監視者。

第六十五條　復權非勅裁則不可得之。

第三章　加減例

第六十六條　於法律加重減輕罪刑照所載于左之

數條加減焉但八死刑則不得加矣。

第六十七條　重罪刑服左之等級加減焉。

一　死刑。

二　無期徒刑。

三　有期徒刑。

四　重懲役。

五　輕懲役。

第六十八條　關國事重罪刑服左之等級加減焉。

一　死刑。

二　無期流刑。

三　有期流刑。

四重禁獄

五輕禁獄

第六十九條　該輕懲役者可輕減則處重禁錮二年
乃至五年以乙爲一等

該重禁獄者可減輕處輕禁錮二年乃至五年以爲
之一等

第七十條　該禁錮罰金者可減輕則各四分所載本
條之刑期金額而減一分以爲一等其可加重亦加
四分之一以爲一等輕罪刑不得加入重罪但禁錮
得加爲而至七年

第七十一條　禁錮減盡之時處拘留罰金減盡之時
處科料減禁錮罰金及其短期十日以下寡數一圓
九十五錢以下之時亦得處拘留科料

第七十二條　該拘留科料者可以減之時照禁錮罰
金例以其四分之一加減之滿一等
遠警罪刑不得入輕罪但拘留加得至十二日減不
得降一日以下科料加得至二圓四十錢減不得降
五錢以下

第七十三條　禁錮拘留加減之因生其期限零數未
滿一日則除棄之

第七十四條　附加罰金從主刑加減而以其金額四分之一加減爲一等若減盡則止科主刑。

第四章　不論罪及減輕。

第一節　不論罪及宥恕減輕。

第七十五條　遇不可強制之抗拒如非其意所爲不論其罪。

因天災與意外之變遇不可避之危難其所爲出於自己及親屬身體防衞亦同。

第七十六條　本屬長官從命令以其職務爲之者不論其罪。

第七十七條　犯罪所爲如非故意不論其罪但於法律規則別定罪目者不在此限。

其罪犯在於可知之事實者不論其罪。

其罪犯可重而不知者不得以從重論。

以不知法律規則之致犯之則不得以故意爲之論。

者不論其罪。

第七十八條　犯罪時因喪失知覺精神不辨別是非

第七十九條　犯罪時未滿十二歲者不論其罪但滿

八歲以上者過滿十六歲之間得以留置於懲治場。

第八十條　犯罪時滿十二歲以上未滿十六歲者其

兩為是非之辨別與否皆審案之若不能辨別而犯

之者不論其罪但因其情狀過滿二十歲之間以置

置於懲治場

第八十一條 犯罪時滿十六歲以上未滿二十歲者

若有辨別而犯之則宥恕其罪減二等於本刑

宥恕其罪減一等於本刑

第八十二條 瘋癲者犯罪則不論其罪但因其情狀

過五年之間得以留置於懲治場

第八十三條 遠警罪雖滿十六歲以上未滿二十歲

者不得宥恕其罪

40

滿十二歲以上未滿十六歲者宥恕其罪減一等扵

本刑未滿十二歲者及瘖瘂者不論其罪。

第八十四條　此節記載之外別有不論罪宥輕減

等條記載扵各本條.

第二節　自首減輕

第八十五條　犯罪兩事未發覺之前自首扵官者減

一等扵本刑但係謀殺故殺者之自首減輕不在此

限.

第八十六條　對財産犯罪者自首還給贓物賠償損

害則自首減等之外.仍減二等扵本刑雖不全却還.

償其半穀以上則減一等。

第八十七條　對財產犯罪而首服於枝害者與竊首

官者同照前二條處斷。

第八十八條　此節記載之外別揭本條自首之例者

從各其本條。

第三節　酌量減輕

第八十九條　分別重罪輕罪遠警罪若其所犯情狀

可以原諒者則酌量之得以減輕於本刑。

於法律上本刑雖可加重減輕其可以酌量者則仍

得以減輕之。

第九十條　可以酌量減輕者減一二等扵本刑。

第五章　再犯加重

第九十一條　先處重罪刑者再犯該重罪則加一等扵本刑。

第九十二條　先處重罪輕罪刑者再犯該輕罪則加一等扵本刑。

第九十三條　先處違警罪刑者再犯該違警罪則加一等扵本刑但一年內再犯違警罪扵裁判所管轄地內則不得以不再犯論。

第九十四條．再犯加重如非初犯裁判確定之後不

得以論之。

第九十五條　刑期限內、再犯罪宣告其刑之時先以
定役之可服者執行之、未服定役者。後之者其初犯
再犯共該刑所服定役者。及共該刑未服定役者。先
其重者執行之、

該罰金科料者不拘順序各以懲収。

第九十六條　已経判決於陸海軍裁判所者再犯重
罪輕罪之時初犯之罪非從常律處断者則不得以

再犯論。

第九十七條　因大赦得免罪者雖再犯罪不得以再

犯論。

第九十八條 雖三犯以上者其加重法同再犯例、

第九十九條 因犯罪之情狀照總則本刑之可以加
重減輕於同時從左順序定其刑名、但從犯及未遂
犯罪減等其他各本條記載之特別加重減輕者以
其加減者爲本刑、

一、再犯加重、

二、宥恕減輕、

三、自首減輕、

四、酌量減輕、

45

第七章　數罪俱發

第百條　犯重罪輕罪未經判決二罪以上倶發則一

從重者處斷重罪刑以刑期長者爲重刑期⋯⋯⋯

定後者爲重

輕罪刑從其所犯情狀最重者處斷

第百一條　違警罪二罪以上倶發者各科其刑⋯⋯重

罪輕罪倶發者一從重者

第百二條　前發一罪已經判決後發餘罪其牲高等

者不論之其重者受論之以前發刑後發刑通算値

其前發之刑該罰金科料而已納完者照第二十七

・條例折算之通算後發刑期若前發罪判決時未發

罪再犯罪俱發者較其再犯一從重者通算前發之

刑,

第百三條 數條俱發雖一從重者其沒數或懲償之

處分從各本法,

第八章 數人共犯,

第一節 正犯,

第百四條 二人以上現行犯罪者皆為正犯者各科

其刑。

第百五條 教唆人使犯重罪輕罪者亦為正犯。

第百六條　因正犯身分其刑之可以加重者不得反

於他正犯從犯反教唆者。

第百七條　因犯人多數其刑之可以加重者算入教

唆者不得爲多數。

第百八條　指定其事教唆犯罪之時參酌乘犯人教

唆其指定以外犯罪及其所現行之罪異於方法教

唆者之所指示者照左例處斷教唆者。

一　若其所犯之罪重於教唆則止從其指定罪科定。

二　若其所犯之罪輕於教唆則從現行罪科刑。

第二節　從犯

第百九條　知其將犯重罪輕罪而給與器具及誘導

指示其他以豫備事件幇助正犯使之容易犯罪者

爲從犯減一等於正犯刑但正犯現行之罪重於從

犯所知則止照其所知之罪減一等。

第百十條　因身分其刑之可以加重者爲從犯則從

其重者減一等。

減免。

因正犯身分雖可以減免其刑從犯刑則不得從輕

## 第九章　未遂犯罪

第百十一條　雖謀其犯罪爲其豫備其事未行者非

49

本條區別刑名記載則不科其刑。

第百十二條 犯罪之際雖已行其事障礙於犯人意

外幷錯未遂則於已遂者之刑減一二等.

第百十三條 如犯重罪而未遂之者照前條例處斷。

如犯輕罪而未遂之者非本條區別記載則不得照

前條例處斷。

如犯違警罪而未遂之者不論其罪。

第十章 親屬例.

第百十四條 此刑法中稱親屬以左記載者云.

一祖父母父母夫妻.

二 子孫及其配偶者。

三 兄弟姉妹之子及其配偶者。

四 兄弟姉妹及其配偶者。

五 父母之兄弟姉妹及其配偶者。

六 父母之兄弟姉妹之子。

七 配偶者之祖父母父母。

八 配偶者之兄弟姉妹及其配偶者。

九 配偶者之兄弟姉妹之子。

十 配偶者之父母之姉妹。

第百十五條　稱祖父母者。高曾祖父母外祖父母同。

稱父母者繼父母嫡母同稱子孫者庶子曾玄孫為外

孫同稱兄弟姉妹者異父異母之兄弟姉妹同其為

養子於養家其親屬例與實子同

第二編　關公益重罪輕罪

　第一章　對皇室罪

第百十六條　對天皇三后皇太子加危害者及將加

之者處死刑

第百十七條　對天皇三后太子為不敬者處三月以

上五年以下重禁錮附加二十圓以上二百圓以下

罰金

對皇室陵爲不敬者亦同。

第百十八條 對皇族加危害者處死刑其將加之者。

處無期徒刑。

第百十九條 對皇族爲不敬者處二月以上四年以

下重禁錮附加十圓以上百圓以下罰金。

第百二十條 犯此章所記載之罪而處輕罪刑者付

六月以上二年以下監視。

第二章 關國事罪。

第一節 關內亂罪。

第百二十一條 凡以顚覆政府僣竊邦土其他紊亂

朝憲之目的起內亂者從左區別處斷。

一　首魁及教唆者處死刑。

二　為羣眾之指揮其他為樞要之職務者處無期流刑其情輕者處有期流刑。

三　資給兵器金穀及為諸職務者處重禁錮其情輕者處輕禁錮。

四　乘教唆附和隨行及受指揮供雜役者處二年以上五年以下輕禁錮。

第百二十二條　以起內亂之目的劫掠兵器彈藥船舶金穀其他軍備之物品者同已起內亂之刑。

第百二十三條 以變亂政府之目的謀殺人者雖不
至舉兵同內亂論其教唆者及下手者處死刑

第百二十四條 犯前三條之罪者於未遂之時科本
刑

第百二十五條 招募兵隊及準備兵器金穀其他爲
內亂之豫備者照第百二十一條例各減一等
爲內亂陰謀未及預備者各減二等

第百二十六條 雖爲內亂之預備及陰謀於未行其
事之前自首於官者免本刑止付六月以上三年以
下監視

第百二十七條　知內亂之情而給與集會所於犯人者處二年以上五年以下輕禁錮。

第百二十八條　乘內亂而對人之身體財産犯不関內亂重罪輕罪者照通常刑從重處斷。

第二節　関外患罪。

第百二十九條　與於外國抗敵本國及與外國交戰時抗敵同盟國其他背叛本國附屬敵兵者處死刑。

第百三十條　交戰之時誘導敵兵入本國管內及交付關軍事土地家屋物件於敵國者處死刑。

付本國同盟國之都府城塞兵器彈藥船艦其他交

56

第百三十一條　漏泄本國同盟國之軍情機密於敵
國者及通知兵隊屯集之要地道路之險夷於敵國
者處無期流刑、

第百三十二條　誘導敵國間謀入本國管內及藏匿之者亦同、

受委住於陸海軍供給物品及爲工
作者交戰之際通謀敵國及収受其賂遺違背命令
以致軍備缺乏者處有期流刑、

第百三十三條　對外國私開戰端者處有期流刑其
止豫備者減一二等、

第百三十四條　外國交戰之際於本國布告局外中

57

立之時。違背其布告者。處六月以上三年以下輕禁

錮附加十圓以上百圓以下罰金。

第百三十五條　犯此章所記載之罪。處輕罪刑者付

六月以上二年以下監視。

第三章　害靜謐罪。

　第一節　兇徒聚眾罪。

第百三十六條　兇徒嘯聚多眾。謀暴動雖有官吏說

諭仍不解散者首魁及敎唆者。處三月以上三年以

下重禁錮附和隨行者處二圓以上五圓以下罰金。

第百三十七條　兇徒嘯聚多眾。喧閙官廳。強逼官吏

反騷擾村市其他爲暴動者首魁及教唆者處重懲

役應其嗾喚煽動以助勢者處輕懲役其情輕者減

一等附和隨行者處二圓以上二十圓以下罰金,

第百三十八條 暴動之際殺死人若燒燬家屋船舶

倉庫等者其現下手及放火者處死刑。

首魁及教唆者知情不制者亦同。

第二節 妨害官吏行職務罪。

第百三十九條 當官吏以其職務執行法律規則及

執行行政司法官署之命令以暴行脅迫抗拒其官

吏者處四月以上四年以下重禁錮附加五圓以上

59

五十圓以下罰金。

以暴行脅迫使其官吏行不可為之事件者亦同

第百四十條　犯前條之罪因毆傷官吏者照毆打劍

傷之各本條加一等從重處断。

第百四十一條、對官吏職務扵其目前以形容言語、

侮辱之者處一月以上一年以下重禁錮附加五圓

以上五十圓以下罰金。

雖非其面前以刊行文書圖畫及公然演說侮辱之

者亦同、

第三節　囚徒逃走及藏匿罪人罪。

第百四十二條　已決囚徒逃走者處一月以上六月以下重禁錮

若毀壞獄舍獄具反爲暴行脅迫而逃走者處三月以上三年以下重禁錮

第百四十三條　已決囚徒雖犯逃走之罪不以再犯論

論其在刑期限內再逃走者以再犯論

第百四十四條　未決之囚徒入監中逃走者同第百四十二條例但於判決原犯罪時照毀罪俱發例處斷

第百四十五條　囚徒三人以上通謀而逃走照第百

61

四十二條例各加一等

第百四十六條　爲使囚徒逃走給與凶器之具及指
示逃走方法者處三月以上三年以下重禁錮附加
二圓以上二十圓以下罰金因致囚徒逃走加一等。

第百四十七條　刼奪囚徒反爲暴行脅迫助囚徒逃
走者處一年以上五年以下重禁錮附加五圓以上
五十圓以下罰金。

若係處重罪刑囚徒處輕懲役。

第百四十八條　看守囚徒反護送者使囚徒逃走亦
同前條例。

第百四十九條　犯前數條所記載之輕罪而未遂者

照未遂犯罪例處斷．

第百五十條　看守及護送者因其懈怠而不覺囚徒

逃走處二圓以上二十圓以下罰金．

若係處重罪刑四徒處三圓以上三十圓以下罰金．

第百五十一條　知爲犯罪人及逃走之囚徒及付監

視者而藏匿隱避之者處十一日以上一年以下輕．

禁錮附加二圓以上二十圓以下罰金．

若係處重罪刑四徒加一等．

第百五十二條　欲使他人免罪而隱蔽可爲其罪證

63

之物件者處十一日以上六月以下輕禁錮附加二

圓以上二十圓以下罰金。

第百五十三條　犯前二條罪者係犯人親屬不論其

罪。

　　第四節　遁附加刑執行罪。

第百五十四條　剝奪公權及停止公權者私行其權

則處一月以上一年以下重禁錮附加二圓以上二

十圓以下罰金。

第百五十五條　付監視者違背其規則處十五日以

上六月以下重禁錮，

第百五十六條　前二條之罪非其刑期限內再犯之

不得以再犯論。

第五節　私製造貯藏軍用銃礟彈藥罪。

第百五十七條　不受官命不得官許而製造陸海軍

供用銃礟彈藥及其他破裂質物品者處二月以上

二年以下輕禁錮附加二十圓以上二百圓以下罰

金輸入其物者亦同。

私販賣前項物品者處一月以上一年以下輕禁錮

附加十圓以上百圓以下罰金。

第百五十八條　雖犯前條罪止以職工雇人供正犯

使令者照各本刑減二等。

第百五十九條 犯前二條罪而未遂者。照未遂犯罪例處斷。

第百六十條 私有第百五十七條所記載之物品者。處二圓以上二十圓以下罰金。

第百六十一條。所供於第百五十七條所記載之物品。製造之器械兩惟可供其用者不問何人所有沒収其物。

第百六十二條 損壞道路橋梁河溝港埠妨害往來者。處二月以上二年以下重禁錮附加二圓以上二

十圓以下罰金。

茅百六十三條 以詐偽威力。妨害郵便及阻止之者。

亦同前條。

茅百六十四條 損壞電信器械柱木及功斷條線致

電氣不通者處三月以上三年以下輕禁錮附加五

圓以上五十圓以下罰金。

雖損壞器械柱木條線妨害電信而不至不通減一

等。

茅百六十五條 欲妨害滊車之往來而損壞鐵道及

標識其他為危險之儌者。處重懲役。

第百六十六條　欲妨害船舶之往來而損壞燈臺浮
標其他損壞保護航海安寧之標識反點示詐僞之
標識者亦同前條。

第百六十七條　前數條所記載之罪其事務官吏及
雇人職工自犯之照各本刑加一等。

第百六十八條　犯第百六十二條之罪因殺傷人者。
照歐打割傷各本條從重處斷，

第百六十九條　犯第百六十五條第百六十六條之
罪因顚覆漲車覆沒船舶者處無期徒刑致人死者。

處死刑.

第百七十條 犯此節所記載之輕罪而未遂者 照未

遂犯罪例處斷。

第七節 侵人住所罪

第百七十一條 晝間無故入人所住之邸宅及有省

守人連造物者處十一日以上六月以下重禁錮而

若有左所記載之行爲加一等。

一喩越損壞門戸墻壁及開鎖鑰而入者。

二攜帶凶器及其他可供用犯罪人物品而入者。

三暴行而入者。

四二人以上而入者。

第百七十二條　夜間無故入人所住之邸宅及有省

守人建造物者處一月以上一年以下重禁錮。

若有前條所記載加重之行爲加一等。

第百七十三條　無故入皇居禁苑離官行在所及皇

陵內者照前二條例各加一等。

第八節　破棄官封印罪。

第百七十四條　破棄因官署之處分特所施于家屋倉

庫其他物件之封印者處二月以上二年以下重禁

錮。

若省守者自犯加一等。

第百七十五條　破棄官封印而盜取毀壞其物件者、

照盜罪及毀壞各本條從重處斷。

第百七十六條　看守者懈怠不覺其破棄封印及盜

取毀壞件者處二圓以上二十圓以下罰金、

第九節　拒行公務罪。

第百七十七條　陸海軍將校有要求出兵權官署之

求而無故不肯之者處二月以上二年以下輕禁錮、

附加五圓以上五十圓以下罰金。

第百七十八條　當編入陸海軍兵隊者毀傷身體作

為疾病其他以詐計圖免役者處一月以上一年以

下重禁錮附加三圓以上三十圓以下罰金。

若囑託他人詐稱氏名應徵募者亦同其受囑託應徵募者。照第二百三十一條例處斷。

第百七十九條　醫師化學家其他因職業受解部分析及鑑定之命於官署者無故不肯之者處四圓以上四十圓以下罰金。

第百八十條　裁判所倚爲証人當陳述證據而無故不肯之者亦同前條。

第百八十一條　當傳染病流行之際。船舶入港。疑於載其患者。醫師受檢查其患及陳述消毒方法之命。

無故不肯之者處五圓以上五十圓以下罰金。

獸類傳染病流行之際獸醫犯此條罪者減一等。

第四章　害信用罪。

第一節　僞造貨幣罪。

第百八十二條　僞造行使內國通用金銀貨及紙幣者處無期徒刑。

若癈造行使者處輕懲役。

第百八十三條　僞造行使內國所通用之外國金銀貨者處有期徒刑。

若癈造行使者處二年以上五年以下重禁錮。

第百八十四條　偽造變造行使得官許所發行之銀
行紙幣者從內外國之區別照前二條例處斷。

第百八十五條　偽造行使內國通用銅貨者處輕懲
役。

若變造行使者處一年以上三年以下重禁錮。

第百八十六條　前毀條所記載之貨幣偽造變造已
成而未行使者照各本刑減一等其未成者減二等。

若預備偽造器械而未著手者各減三等。

第百八十七條　知偽造變造貨幣之情而受催職工
者照前毀條所記載犯人之刑各減一等。

若爲職工補助供雜役者照職工之刑減一二等。

第百八十八條 知僞造變造貨幣之情而給與房屋者照僞造變造各本刑減二等。

第百八十九條 輸入僞造變造之貨幣於內國者同照僞造變造之刑。

第百九十條 知僞造變造之情而受取其貨幣行使者照僞造變造而行使者之刑各減二等。

其未行使者各減三等。

第百九十一條 犯前數條所記載之罪處輕罪之刑者付六月以上二年以下監視。

第百九十二條　偽造變造貨幣及輸入取受者扵未

行使之前自首扵官者兔本刑止付六月以上三年

以下監視。

若職工雜役及給與房屋者自首扵未行使之前兔

本刑。

第百九十三條　扵取受貨幣之後知其偽造變造而

行使者處其價額二倍之罰金但其罰金不得降扵

二圓以下。

第二節　偽造官印罪。

第百九十四條　偽造御璽及使用其偽璽者處無期

徒刑·

第百九十五條　偽造各官署印及使用其偽印者處

重懲役·

第百九十六條·　偽造所押用于產物商品等之官記

號印章及使用其偽印者,處輕懲役。

偽造所押用于書籍什物等官記號印章及使用其

偽印者,處一年以上三年以下重禁錮,

第百九十七條　盜用御重國璽官印記號印章之影

蹟者,照前毀條所記載偽造之刑,各減一等。

若監守者自犯,同偽造刑。

第百九十八條　僞造變造所發行之各種印紙界紙
及郵便切手及知其情使用者處一年以上五年以
下重禁錮附加五圓以上五十圓以下罰金。

第百九十九條　已貼用之各種印紙及郵便切手再
貼用者處二圓以上二十圓以下罰金。

犯罪例處斷。

第二百條　犯此節所記載之輕罪而未遂者照未遂

第二百一條　犯此節所記載之罪處輕罪刑者付六
月以上二年以下之監視。

第三節　僞造官文書罪。

第二百二條　偽造詔書及增減變換者處無期徒刑.

毁棄詔書者亦同.

第二百三條　偽造官文書及增減變換而行使者處

輕懲役毁棄官文書者亦同.

第二百四條　偽造公債證書地券其他官吏公證文

書及增減變換而行使者處輕懲役.

若係無記名公債證加一等.

第二百五條　官吏偽造管掌文書及增減變換而行

使者照前條例各加一等毁棄文書者亦同.

第二百六條　因偽造官文書偽造官印及盜用者照

偽造官印各本條從重處斷。

第二百七條　犯此節所記載之罪因減輕處輕罪刑
者付六月以上二年以下之監視。

第四節　偽造私印私書罪。

第二百八條　偽造他人私印而使用者處六月以上
五年以下重禁錮附加五圓以上五十圓以下罰金。

若盗用他人印影者減一等。

第二百九條　偽造為替手形其他以裏書為賣買證
書若交換金額約定手形及增減變換而行使者處
輕懲役詐為手形證書裏書而行使者亦同。

第二百十條　偽造賣買貸借贈遺交換其他關權利

義務證書及增減變換而行使者處四月以上四年

以下重禁錮附加四圓以上四十圓以下罰金。

其餘私書者處一月以上一年以下重禁錮附加二

圓以上二十圓以下罰金。

第二百十一條　犯此節所記載之罪而未遂者照未

遂犯罪例處斷。

第二百十二條　犯此節所記載之罪而處輕罪刑者。

付六月以上二年以下之監視。

第五節　偽造免狀鑑札及疾病證書罪。

第二百十三條　偽造官免狀及鑑札而行使者處一

月以上一年以下重禁錮附加四圓以上四十圓以

下罰金但偽造官印及盜印者則照偽造官印各本

條處斷

第二百十四條　詐稱屬籍身分氏名其他以詐偽行

為受免狀鑑札者處十五日以上六月以下重禁錮

附加二圓以上二十圓以下罰金

官吏知情而下付其免狀鑑札者加一等

第二百十五條　為免公務冒用醫師代名偽造疾病

証書而行使之者不分為自己與為他人處一月以

82

上一年以下重禁錮附加三圓以上三十圓以下罰
金。

醫師受囑託造其詐僞證書者。

第二百十六條　欲免陸海軍徵兵僞造疾病證書而
行使者及受囑託造其詐僞證書者照醫師前照例。
各加一等。

第二百十七條　增減變換兌狀鑑札及疾病證書而
行使者亦同僞造刑。

第六節　僞證罪。

第二百十八條　爲關刑事證人校呼出裁判所者及

83

欲曲庇枚告人掩蔽事實而爲僞證從左例處斷.

一爲曲庇重罪而爲僞證者處二月以上二年以下重
禁鍆附加四圓以上四十圓以下罰金.

二爲曲庇輕罪僞證者處一月以上一年以下重禁
鍆附加二圓以上二十圓以下罰金.

三爲曲庇違警罪僞證者依違警罪本條處斷.

第二百十九條　枚告人因僞證免正當刑則僞證者
之刑依前條例各加一等.

第二百二十條　欲陷害枚告人爲僞證者照左例處
斷.

一爲陷重罪僞證者處二年以上五年以下重禁錮。

附加十圓以上五年以下罰金。

一爲陷輕罪僞證者處六月以上二年以下重禁錮。

附加四圓以上四十圓以下罰金。

一爲陷違警罪僞證者處一月以上三月以下重禁錮附加二圓以上十圓以下罰金。

第二百二十一條　校告人因僞證處刑之後僞證罪發覺反坐僞證者於其刑若反坐之刑輕於前條所記載僞證刑者照前條例處斷。

於其刑期限內僞證罪發覺則照經過日數得減反

坐刑期但減不得降扵前條僞證刑．

第二百二十二條　枝告人因僞證處死刑則減反坐
之刑一等發覺扵其未執行之前減二等．

若以陷枝告人死刑目的僞證者反坐死刑發覺扵
其未執行之前減一等．

第二百二十三條　關民事商事及行政裁判僞證者
處一月以上一年以下重禁錮附加五圓以上五十
圓以下罰金．

第二百二十四條　爲鑑定及通事枝呼出裁判所者，
爲詐僞陳述照前數條所記載僞證例處斷．

第二百二十五條 若以賄賂其他方法囑託於人爲
僞證及詐僞之鑑定通事者亦同僞證例,

第二百二十六條 犯此節所記載之罪者自首其事
件不至裁判宣告之前兔本刑,

第七節 僞造度量衡罪,

第二百二十七條 僞造變造度量衡而販賣者處二
年以上五年以下重禁錮附加十圓以上五十圓以
下罰金但僞造官記記號印章及盜用者照僞造官印
各本條從重處斷,

第二百二十八條 知僞造變造之情而販賣其度量

衡者減前條刑一等。

第二百二十九條　商賈農工畜厰增減定規之度量
衡者處一月以上三月以下重禁錮附加二圓以上
二十圓以下罰金。

託於人爲僞証刑各減一等。

第二百三十條　受人囑託僞造變造度量衡者照囑

　　第八節　詐稱身分罪。

第二百三十一條　對官署以文書及言語詐稱其屬
籍身分氏名年齡職業者處二圓以上二十圓以下
罰金。

第二百三十二條　詐稱官職位階僣用官服飾徽章及內外國勳章者處十五日以上二月以下輕罪錮。

附加二圓以上二十圓以下罰金。

第九節　僞造公選投票罪。

第二百三十三條　僞造公選投票及增減其數者處一月以上一年以下輕禁錮附加二圓以上二十圓以下罰金。

第二百三十四條　以賄賂令爲投票及受賄賂爲投票者處二月以上二年以下輕禁錮附加三圓以上三十圓以下罰金。

89

第二百三十五條　檢查投票及計算其數者僞造其

投票及爲增減處六月以上三年以上輕禁錮附加

四圓以上四十圓以下罰金。

第二百三十六條　造調書報告投票結局者增減其

數其他有詐僞行爲者處一年以上五年以下輕禁錮附

加五圓以上五十圓以下罰金。

第五章　害健康罪。

　　第一節　關阿片烟罪。

第二百三十七條　輸入阿片烟及製造販賣者處有

期徒刑。

第二百三十八條　輸入喫阿片烟器具及製造販賣

者處輕懲役。

第二百三十九條　稅關官吏知其情令輸入阿片烟

及其器具者照前二條例各加一等。

第二百四十條·爲喫阿片烟給與房屋而圖利者處

輕懲役。

引誘人令喫阿片烟者亦同。

第二百四十一條　喫阿片烟者處二年以上三年以

下重禁錮。

第二百四十二條　蓄藏阿片烟及喫烟器具或受寄

者處一月以上一年以下重禁錮。

第二節　汚穢飲料淨水罪。

第二百四十三條　汚穢供人飲料淨水。因使之至不
能用者處十一日以上一月以下重禁錮附加二圓
以上五圓以下罰金,

第二百四十四條　用害人健康物品,變換腐敗水質
者處一月以上一年以下重禁錮附加三圓以上三
十圓以下罰金。

第二百四十五條　犯前條罪,致人於疾病及死者,照
毆打創傷各本條,從重處斷。

笫三節 関傳染病預防規則罪.

笫二百四十六條 遠背為預防傳染病所設之規則.

上陸扵入港船舶及搬運物品扵陸地者處一月以

上一年以下輕禁錮又處二十圓以上二百圓以下

罰金.

笫二百四十七條 不制者加前條刑一等.

笫二百四十八條 船長自犯前條罪及知人犯之而

傳染病流行之際遠背預防規則,

出扵流行地方往他處者處十五日以上六月以下

輕禁錮若處十圓以上百圓以下罰金.

第二百四十九條　獸類傳染病流行之際遠背預防

規則出獸類枋他處者處十一日以上三月以下輕

禁錮又處五圓以上五十圓以下罰金。

第四節　關危害品及害健康物品造製規則

罪。

第二百五十條　不得官許創設生危害物品製造所

者處二十圓以上二百圓以下罰金。

若創設害健康物品製造所者處十圓以上百圓以

下罰金。

第二百五十一條　雖得官許創設前條所記載製造

所遠背預防危害係護康健規則者照前條例各減
一等.

第二百五十二條　犯前二條罪致人於疾病死傷者.
照過失殺傷各本條從重處斷.

　　第五節　販賣害康健飲食物及藥劑罪.

第二百五十三條　混和害人健康物品於飲食物販
賣者處三圓以上三十圓以下罰金.

第二百五十四條　違背規則販賣毒藥劇藥者處十
圓以上百圓以下罰金.

第二百五十五條　犯前二條罪使人疾病及至死者.

照過失殺傷各本條從重處斷。

第六節　私爲醫業罪。

第二百五十六條　未得官許而爲醫業者處十圓以上百圓以下罰金。

第二百五十七條　前條之犯人誤治療方法因致人死傷者照過失殺傷各本條從重處斷。

第六章　害風俗罪

第二百五十八條　公然行猥褻者處三圓以上三十圓以下罰金。

第二百五十九條　公然陳列害風俗丹子圖畫其他

猥褻物品及販賣者處四圓以上四十圓以下罰金.

第二百六十條　開張賭塲圖利及招結博徒者處三月以上一年以下重禁錮附加十圓以上百圓以下罰金.

第二百六十一條　現賭財物爲博奕者處一月以上六月以下重禁錮附加五圓以上五十圓以下罰金.

知其情而給與房屋者亦同但賭飮食物者不在此限.

賭博器具財物現在其塲者沒收之.

第二百六十二條　興行釀集財物以富籤僥倖利益

之業者處一月以上六月以下重禁錮附加五圓以

上五十圓以下罰金。

第二百六十三條 對神祠佛堂墓所其他禮拜所公

然爲不敬者處二圓以上二十圓以下罰金。

妨害諕教若禮拜者處四圓以上四十圓以下罰金。

第七章 毁棄死屍及發掘墳墓罪。

第二百六十四條 毁棄可埋葬死屍者處一月以上

一年以下重禁錮附加二圓以上二十圓以下罰金。

第二百六十五條 發掘墳墓見棺槨死屍者處二月

以上二年以下重禁錮附加三圓以上三十圓以下

罰金

因毀棄死屍者處三月以上三年以下重禁錮附加

五圓以上五十圓以下罰金

第二百六十六條　犯此章所記載之罪而未遂者照

未遂犯罪例處斷

第八章　妨害商業若農工業罪

第二百六十七條　以僞計威力妨害不可缺於眾人

需用穀類若賣買食用物者處一月以上六月以下

重禁錮附加三圓以上三十圓以下罰金

其餘妨害賣買物品者減一等

99

第二百六十八條　以僞計威力妨害競賣八札者處

十五日以上三月以下重禁錮附加二圓以上二十

圓以下罰金.

前條.

第二百六十九條　以僞計威力妨害農工業者亦同

第二百七十條　農工雇人欲增其雇賃及爲癈農工

業景況以僞計威力妨害於雇主及他雇人者處一

月以上六月以下重禁錮附加三圓以上三十圓以

下罰金.

第二百七十一條　雇主欲減雇賃及爲癈農工業景

況以偽計威力妨害於雇人及他雇主者亦同前條。

第二百七十二條　流布虚偽風説低昂穀類若衆人
需用物品價直者處十圓以上百圓以下罰金。

第九章　官吏瀆職罪

第一節　害公益罪

第二百七十三條　官吏不公布施行其管掌法律規
則及妨害他官吏公布施行者處二月以上六月以
下輕禁錮附加十圓以上五十圓以下罰金。

第二百七十四條　官吏有要求兵隊若使用之權當
地方騷擾兵權可以鎮撫之時不爲其處分者處以

三月以上三年以下輕禁錮附加二十圓以上百圓以下罰金.

第二百七十五條　官吏違背規則爲商業者,處五十圓以上五百圓以下罰金.

第二節　官吏對人民罪.

第二百七十六條　官吏擅用威權,使人行其不可爲之權利及妨害其可爲之權利者,處十一日以上二月以下輕禁錮附加二圓以上二十圓以下罰金.

第二百七十七條　有妨害人身體財産之犯人而預審判事檢事警察官吏受其報.不速爲保護處分者.

處十五日以上三月以下輕禁錮附加二圓以上二十圓以下罰金。

第二百七十八條　逮捕官吏不遵守法律所定之程式規則而逮捕人及不正監禁人者處十五日以上三月以下重禁錮附加二圓以上二十圓以下罰金。

若監禁日數過十日者每加一等。

第二百七十九條　司獄官吏不遵守程式規則監禁囚人若至囚人出獄之期而不放免者亦同前條例。

第二百八十條　前條所記載之官吏及護送者屛去囚人飲食衣服其他施苛刻所為者處三月以上三

年以下重禁錮附加四圓以上四十圓以下罰金、

因致囚人死傷照歐打剏傷各本條加一等從重處

斷。

第二百八十一條　水火震災之際官吏怠懈四人之

監禁致死傷者照歐打剏傷各本條加一等、

第二百八十二條　裁判官檢事及警察官吏欲使校

告人陳述罪狀時加暴行若陵虐者處四月以上四

年以下重禁錮附加五圓以上五十圓以下罰金、

因致被告人死傷照歐打剏傷各本條加一等從重

處斷。

第二百八十三條　裁判官檢察官無故不受刑事之

訴又遷延不審理者處十五日以上三月以下輕禁

錮附加五圓以上五十圓以下罰金

其係民事之訴者亦同

第二百八十四條　官吏受人囑託收賄賂及聽許之

者處一月以上一年以下重禁錮附加四圓以上四

十圓以下罰金

因爲不正處分者加一等

第二百八十五條　裁判官關民事裁判收受賄賂及

聽許之者處二月以上二年以下重禁錮附加五圓

以上五十圓以下罰金.

因爲不正裁判者加一等.

第二百八十六條　裁判官檢事警察官吏關刑事裁

判収受賄賂反聽許之者處二月以上二年以下重

禁錮附加五圓以上五十圓以下罰金.

因曲庇被告人者處三月以上三年以下重禁錮附

加十圓以上百圓以下罰金.

其陷害被告人者處二年以上五年以下重禁錮附

加二十圓以上二百圓以下罰金.

若其枉斷之刑重於此刑者,照第二百二十一條例.

106

反坐

第二百八十七條　裁判官檢事警察官吏雖不受収
賄賂若聽許之而徇情挾怨曲庇陷害其被告人者

同前條例

第二百八十八條　前數條所記載之賄賂已所収受
者沒収之費用者追徵其價

第三節　官吏對財產罪

第二百八十九條　官吏竊取自所監守金穀物件者
處輕懲役

增減變換毀棄官文書簿冊者照第二百五條例處

斷.

第二百九十條　徵収租稅及諸般ノ額ノ官吏正穀

外徵収金穀者處二月以上四年以下重禁錮附加

五圓以上五十圓以下罰金.

第二百九十一條　犯此節所記載ノ罪處輕罪刑者

付六月以上二年以下監視.

第三編　對身體財産重罪輕罪.

第一章　對身體罪.

第一節　謀殺故殺罪.

第二百九十二條　豫謀殺人者以謀殺罪論處死刑.

第二百九十三條 施用毒物殺人者以謀殺論處死

刑

第二百九十四條 以故意殺人者以故殺罪論處無

期徒刑

第二百九十五條 支解折割及以慘刻而為故殺人

者處死刑

第二百九十六條 欲傷于犯重罪輕罪及欲免已之

罪而故殺人者處死刑

第二百九十七條 意在殺人詐稱誘導以陷危害致

死者以故殺論其預謀者以謀殺論

第二百九十八條　行謀殺故殺誤殺他人者仍以謀

故殺論

第二節　毆打劊傷罪

第二百九十九條　毆打劊傷人因致死者處重懲役

第三百條　毆打劊傷人瞎兩目聾兩耳折兩股斷舌

毀敗陰陽或喪失其精神致毒疾處輕懲役

其瞎一目聾一耳折一股其他殘廢身體致廢疾者

處二年以上五年以下重禁錮

第三百一條　毆打劊傷人令罹疾病二十日以上及

至不能營職業者處一年以上三年以下重禁錮

其疾病休業不至二十日者處一月以上一年以下

重禁錮。

雖不至疾病休業成身體剏傷者處十一日以上一

月以下重禁錮。

第三百二條　豫謀毆打剏傷人令至休業廢篤疾及

致死者照前毀條所記載之刑各加一等。

第三百三條　欲優于犯重罪輕罪及欲免已犯之罪

兩毆打剏傷人者亦同前條例。

第三百四條　因毆打誤剏傷他人者仍科毆打剏傷

本刑。

111

第三百五條　二人以上共毆打創傷人者從現下手

成傷輕重各科其刑若共毆成傷不能知其輕重者

照其重傷刑減一等但教唆者不在減等限

第三百六條　當二人以上共毆打人之時雖不自傷

人幫助令成傷者減現成傷刑一等

第三百七條　施用害健康之物品使人疾苦者照預

謀毆打創傷例處斷

第三百八條　雖非殺人意詐稱誘導以陷危害致疾

病死傷者以毆打創傷論

第三節　關殺傷宥恕及不論罪

第三百九條　因受暴行於自己身體直發怒殺傷暴

行人者宥恕其罪但因所爲不正自招暴行者不在

此限.

第三百十條　毆打互相剏傷不能知其下手先後者.

各得宥恕其罪.

第三百十一條　本夫覺知其妻姦通於姦所直殺傷

姦夫姦婦者宥恕其罪但本夫先縱容姦通者不在

此限.

第三百十二條　欲防止晝間無故入人所住之邸宅

若踰越損壞門戶墻壁者殺傷之者宥恕其罪.

第三百十三條　前繆條所記載可宥怨罪照各本刑

減二等若三等，

第三百十四條　正當防衛身體生命之際出於不得

已殺傷暴行人者不分其爲自已爲他人不論其罪，

但因所爲不正自招暴行者不在此限，

第三百十五條　在左諸件中出於不得已殺傷人者，

不論其罪，

一對財產出於防止爲放火若暴行者，

二出於防止盜犯若追遂盜賊者，

三出於防止夜間無故入人所住之邸宅若踰越損

114

壞門戶墻壁者.

第三百十六條  雖出於防衛身體財産非不得已而
加害暴行人及危害已去之後乘其勢加害暴行人
者不在不論罪之限但因其情狀照第三百十三條
例得以宥恕其罪.

第四節  過失殺傷罪.

第三百十七條  疎虞懈怠反不遵守規則慣習過失
致人死者處二十圓以上二百圓以下罰金.

第三百十八條  因過失剗傷人以致廢篤疾者處十
圓以上百圓以下罰金.

第三百十九條　因過失創傷人至於疾病休業者處

二圓以上五十圓以下罰金．

　草五節　關自殺罪．

第三百二十條　教唆人自殺及受囑託爲自殺人下

手者處六月以上三年以下輕禁錮附加十圓以上．

五十圓以下罰金其他爲自殺補助者減一等．

第三百二十一條　圖自己利教唆人自殺處重懲役．

　茅六節．擅逮捕監禁人罪．

第三百二十二條　擅逮捕人反監禁於私家者處十

一日以上二月以下重禁錮附加二圓以上二十圓

116

以下罰金但監禁日數每過十日者加一等、

第三百二十三條　擅監禁制縛人歐打拷責之及屏

去飲食衣服、其他施苛列所爲者處二月以上二年

以下重禁錮附加三圓以上三十圓以下罰金、

第三百二十四條　犯前條罪因致人疾病死傷者、照

歐打割傷各本條從重處斷、

第三百二十五條　擅監禁人而水火震災之際怠懈

其監禁因致死傷者亦同前條例、

　　第七節　脅迫罪、

第三百二十六條　擬將殺人及擬將放火於人所住

之家屋而脅迫者處一月以上六月以下重禁錮附

加二圓以上二十圓以下罰金

擬歐打劍傷其他擬暴行及擬放火財產若擬毀壞

刧掠而脅迫者處十一日以上二月以下重禁錮附

加二圓以上十圓以下罰金

同前條例

第三百二十七條　持凶器犯前條罪者各加一等

第三百二十八條　擬將加害於其親屬而脅迫者亦

第三百二十九條　此節所記載之罪待受脅迫者若

其親屬之告訴論其罪

第八節　墮胎罪．

第三百三十條　懷胎婦女以藥物其他方法墮胎者．

處一月以上六月以下重禁錮．

第三百三十一條　以藥物其他方法者亦同前條．因

致婦女死者處一年以上三年以下重禁錮．

第三百三十二條　醫師穩婆及藥商犯前條罪各加

一等．

第三百三十三條　威逼誆騙懷胎婦女墮胎者處一

年以上四年以下重禁錮．

第三百三十四條　知懷胎婦女而歐打其他加暴行

因至墮胎者處二年以上五年以下重禁錮其意出

於墮胎者處輕懲役．

第三百三十五條 犯前二條罪因致婦女廢篤疾及

死者照歐打割傷各本條從重處斷．

第九節 遺棄幼者老者罪．

第三百三十六條 遺棄未滿八歲幼者者處一月以

上一年以下重禁錮．

遺棄自不能生活老者疾病者者亦同．

第三百三十七條 未滿八歲幼者反老疾者遺棄於

寒閒無人之地者處四月以上四年以下重禁錮．

第三百三十八條　得給料受人寄托可保養者䖃前

二條罪各加一等。

第三百三十九條　遺棄幼者老疾者因致廢疾者處

輕懲役致篤疾者處重懲役致死者處有期徒刑。

第三百四十條　知自已所有地若看守之地內有遺

棄之幼者老疾者而不扶助者又不申告官署者處

十五日以上六月以下重禁錮。

若知有癃疾昏倒者而不扶助者及不申告者亦同。

121

第十節 畧取幻者誘拐罪

第三百四十一條 未滿十二歲幻者畧取及誘拐而
自爲藏匿及交付他人者處二年以上五年以下重
禁錮附加十圓以上百圓以下罰金

第三百四十二條 畧取十二歲以上未滿二十歲幻
者兩自爲藏匿及交付他人者處一年以上三年以
下重禁錮附加五圓以上五十圓以下罰金
其誘拐而自藏匿及交付他人者處六月以上二年
以下重禁錮附加二圓以上十圓以下罰金

第三百四十三條 知其畧取誘拐之幻者而爲自己

家屬婢僕又以其他名稱受収之者照第二條例各

減一等．

第三百四十四條　記載前數條之罪待其柹害者又

其親屬之告訴而論其罪但柹畧取誘拐幼者從式

而爲婚姻則無告訴之效．

付外國人者處輕懲役．

第三百四十五條　畧取誘拐未滿二十歲幼者而交

第十一節　猥褻姦淫重婚罪．

第三百四十六條　對未滿十二歲男女爲猥褻所行

者又對十二歲以上男女以暴行脅迫爲猥褻所行

124

者處一月以上一年以下重禁錮附加二圓以上二

十圓以下罰金．

第三百四十七條 對十二歲男女以暴行脅迫爲猥

褻所行者處二月以上二年以下重禁錮附加四圓

以上四十圓以下罰金，

第三百四十八條 強姦十二歲以上婦女者處輕懲

役，

用藥酒等令人昏迷又使精神錯亂而姦淫者以強

姦論，

第三百四十九條 姦淫未滿十二歲幼女者處輕懲

役若強姦則處重懲役.

第三百五十條 記載前數條之罪者待枚害者又其親
屬告訴論其罪.

第三百五十一條 犯前記載數條之罪者因致死傷
人者照歐打創各本條從重處斷但因強姦致廢篤
疾者處有期徒刑致死者處無期徒刑.

第三百五十二條 混行未滿十六歲男女勸誘爲媒
者處一月以上六月以下重禁錮附加二圓以上二
十圓以下罰金.

第三百五十三條 姦通有夫之婦者處六月以上二

年以下重禁錮其相姦者亦同

此條之罪待本夫告訴論其罪但本夫先爲縱容姦

通者不效告訴

第三百五十四條 有配耦者重爲婚姻時處六月以

上二年以下重禁錮附加五圓以上五十圓以下罰

金

第十二節 誣訴及誹謗罪

第三百五十五條 以不實之事誣告他人者照第二

百二十條記載之僞證例處斷

第三百五十六條 雖爲誣告若自首於枝告人推問

127

之前者免本刑．

第三百五十七條　因誣告處斷枝告刑時照第二百二

十一條二條記載之例處斷．

第三百五十八條　摘發人惡事醜行而誹毀之者不

問事實有無照左例處斷．

一以公然演說誹毀人者處十一日以上三月以下

重禁錮附加三圓以上三十圓以下罰金．

二公布書類畫圖又作為雜劇偶戲而誹毀人者處

十五日以上六月以下重禁錮附加五圓以上五十

圓以下罰金．

第三百五十九條　誹毀已死人者非出於誣岡則照

前條例處斷

第三百六十條　醫師藥商稳婆又代言人辯護人若

神官僧侶扵其身分職業因受委托之事漏告所知

得之陰私者以誹毀論處十一日以上三月以下重

禁錮附加三圓以上三十圓以下罰金但受裁判所

呼出陳述事實者不在此限

第三百六十一條　記載此節誹毀罪待枝害人及死

者親屬告訴論其罪

第十三節　對祖父母父母罪

第三百六十二條　子孫於其祖父母父母無論謀死

故殺處死刑其關自殺罪者照凡人刑加二等.

第三百六十三條　子孫對其祖父母父母犯毆打斬創

傷之罪其他若監禁脅迫遺棄誣告誹毀等罪照各

記載本條之凡人刑加二等.但其致廢疾者處有期

徒刑致篤疾者處無期徒刑致死者死刑.

第三百六十四條　子孫對其祖父母父母.缺其衣食

供給其他奉養之必要者處十五日以上六月以下

重禁錮附加二圓以上二十圓以下罰金.

第三百六十五條　子孫對其祖父母父母殺傷之罪

不得用特別宥恕及不論罪之例但不知其犯者不

在此限.

第二章　對財産罪.

　第一節　竊盜罪.

第三百六十六條　竊盜人之所有物者爲竊盜者處.

二月以上四月以下重禁錮.

第三百六十七條　乘其水火震災他變犯竊盜者處.

六月以上五年以下重禁錮.

第三百六十八條　踰越損畋門戶墻壁及開鎖鑰入

邱宅倉庫犯竊盜者亦與前條同.

131

第三百六十九條　二人以上,共犯前三條罪者,各加
一等。

第三百七十條　攜帶凶器入人住居二卽宅犯竊盜
者,處輕懲役。

第三百七十一條　雖自已所有物,若為典物,已交付
他人又因官署命令使他人着守時竊取之者,以竊
盜論。

第三百七十二條　於田野竊取穀類菜菓,其他產物
者,處一月以上一年以下重禁錮。

第三百七十三條　於山林竊取竹木礦物,其他產物,

又於川澤池沼湖海竊取人所生養關營業之産物
者亦與前條同

第三百七十五條　犯此節所記載之輕罪而未遂者

照未遂犯罪例處斷

第三百七十六條　犯此節所記載之罪處輕罪刑者

付六月以上二年以下監視

第三百七十七條　祖父母父母夫妻子孫其配耦者

又同居兄弟婦妹互相竊取財物者不在以竊盜論
之限

若他人共犯分財物者以竊盜論

133

第二節　強盜罪.

第三百七十八條　脅迫他人或加暴行強取財物者.

，爲強盜罪,處輕懲役。

第三百七十九條　強盜而有左記載情狀者,加一等.

一二人以上共犯時,

二携帶凶器犯時.

第三百八十條　強盜之傷人者,處無期徒刑,致死者,

處死刑.

第三百八十一條　強盜之強姦婦女者,處無期徒刑.

第三百八十二條　竊盜得財而爲拒本主取還,臨時.

脅迫者以強盜論.

第三百八十三條 用藥酒等物令人醉迷強取財物
者以強盜論處輕懲役.

第三百八十四條 犯此節所記載之罪者因其減輕
兩處輕罪刑者付六月以上二年以下之監視.

第三節 關遺失物埋藏物罪.

第三百八十五條 遺失及漂流物品拾得隱匿不還
本主及所有主者又不申告官者處十一日以上三
月以下重禁錮又處二圓以上二十圓以下罰金.

第三百八十六條 扵他人所有地內掘得埋藏品物

隱匿者亦與前罪同,

第三百八十七條 犯此條記載之罪者係於揭三百

七十七條之親屬時不論其罪.

第三百八十八條 家資分散之際或藏匿脫漏其財

産者又增加虛僞負債者處二月以上四年以下重

禁錮.

柯虛僞契約知其情而承諾之者若其媒介者並減

一等.

第三百八十九條 家資分散之際牒簿之類藏匿毀

棄及柯分散決定之後債主中一人或數人爲私債

其負債而害及他債主者處一月以上二年以下重禁錮.

第五節 詐欺取財罪及闌受寄財物罪.

第三百九十條. 欺罔人又恐喝人財物及證書類騙取者爲詐欺取財罪處二月以上四年以下重禁錮.

附加四圓以上四十圓以下罰金,

因官私文書僞造者又增減竄換者照僞造各本條從重處斷.

第三百九十一條 乘幼者智慮淺簿又人精神錯亂之時其財物及證書類授與者以詐僞取財論.

第三百九十二條　販賣其物件又當其交換變其物質反僞其分量者交付人者以詐欺取財論.

第三百九十三條　冒認他人動産金銀等物不動産家宅田土等販賣交換者又爲抵當典物者以詐欺取財論.

自己之不動産已爲抵當典物而欺隱之賣與他人.

又重爲抵當典物者亦同.

第三百九十四條　前數罪付之六月以上二年以下監視.

第三百九十五條　費消受寄財物又借用物典物其他受委托之物件金額者處一月以上二年以下重

禁錮若騙取拐帶其他所爲有詐欺者以詐欺取財

罪論.

第三百九十六條 雖係自己所有藏匿脫漏官署押

留之物件者處一月以上六月以下重禁錮但家資

分散之際犯此罪者照三百八十八條例處斷.

第三百九十七條 犯此節記載之罪兩未遂者照未

遂犯罪例處斷.

第三百九十八條 犯此節記載之罪者第三百七十

七條揭條中係親屬則不論其罪.

第六節 關贓物罪.

第三百九十九條　知強竊盜贓物而受之又寄藏故
買及爲牙保者處一月以上三年以下重禁錮附加
三圓以上三十圓以上罰金。

第四百條　犯前條罪者付之六月以上二年以下監
視。

第四百一條　関詐欺取財其他物件犯罪者知而受
之又寄藏故買者及爲牙保者處十日以上一年以
下重禁錮附加二圓以上二十圓以下罰金。

第七節　放火失火

第四百二條　於人所住居家屋放火燒燬者處死刑。

第四百三條　於人不住居之家屋其他達造物放火

燒燬者處無期徒刑,

第四百四條　於廢屋及柴草肥料等所貯屋舍放火

燒燬者處重懲役,

第四百五條　於人所乘載之船舶瀛車放火燒燬者,

處死刑,

第四百六條　於山林之竹木,四野之穀麥,又露積柴

草竹木其他物件放火燒燬者處輕懲役,

第四百七條　於自己家屋放火燒燬者處二月以上

二年以下重禁錮,

141

第四百八條　犯枚火罪而處輕罪刑者付六月以上

二年以下監視、

第四百九條　於他人家産失火燒燬者處二圓以上

二十圓以下罰金、

第四百十條　火藥及其他可激烈之物品又破裂煤

氣并蒸鑵生人家屋財産者分別其故意與過失然

後照失火放火之例處斷、

　　第八節　決水罪、

第四百十一條　決潰堤坊及毀壞水閘及人之居住、

使漂失其家屋者處無期徒刑、

若漂失人不住居之家屋其他建造物者處重懲役

第四百十二條　決潰堤防毀壞水閘荒廢田園礦坑

牧場者處輕懲役

第四百十三條　損他人之傻益又爲圖自巳之傻益

決潰堤防毀壞水閘其他妨害水利者處一月以上

二年以下重禁錮附加二圓以上二十圓以下罰金

斷

第四百十四條　因其過失而起水害者照失火例處

第九節　覆沒船舶罪

第四百十五條　以衝突其他所爲覆沒乘載人船者

143

處死刑而但船中無死亡則處無期徒刑。

第四百十六條　以前條所爲而覆沒不乘載人之船

舶者處輕懲役。

第十節　壞毀家屋物品及害動植物罪。

第四百十七條　毀壞人家屋及其他達造物者處一

月以上五年以下重禁錮附加二圓以上二十圓以

下罰金。

因以致人死傷者照歐打劊傷各本條從重處斷。

第四百十八條　毀壞所屬人家屋墻壁及園池粧餙

又田園樊圍牧場柵欄者處十日以上三月以下重

禁錮附加二圓以上二十圓以下罰金、

第四百十九條　毀損人之稼穡竹木其他需用之植

物者處十一日以上六月以下重禁錮又處三圓以

上三十圓以下罰金

第四百二十條　毀壞土地經界爲表者又移轉之者

處一月以上六月以下重禁錮附加二圓以上二十

圓以下罰金

第四百二十一條　毀棄人器物者處十一日以上六

月以下重禁錮又處三圓以上三十圓以下罰金、

第四百二十二條　殺他人之牛馬者處一月以上六

月以下重禁錮附加二圓以上二十圓以下罰金.

第四百二十三條 記載前條以外殺他家畜者處二
圓以上二十圓以下罰金但致害者待其告訴論其
罪.

第四百二十四條 關於他人權刑義務之證書毀棄
滅盡者處二月以上四年以下重禁錮附加三圓以
上三十圓以下罰金.

第四編 違警罪.

第四百二十五條 犯左錄諸件者處三日以上十日
以下拘留又處一圓以上一圓九十錢以下科料.

一不遵守規而火藥及其可破裂之物品搬運諸市
街者、

二不遵規而貯蔵火藥及其他可破裂之物品又自
可發火物品者、

三不得官許製造烟火又販賣之者、

四於人家稠密處濫爲烟火玩其他火器者、

五建造修理蒸氣器械其他烟筒火竈及掃除之兩

違背其規則者、

六受官署之督促而不修理將崩壞家屋者、

七得官許之前剖死屍者。

八自己所有地内知有死屍而不申告官署又私移

他所者。

九毆打人至創傷疾病者。

十容為賣淫又為其媒合容止者。

十一潛伏於空屋者。

十二不定住居父無平常營生產業徒徘徊者。

十三於官許墓地外私埋糞者。

十四為曲庇犯違警罪人偽證之者但被告人為偽

證免刑則從第二百十九條例。

第四百二十六條　犯左錄諸件者處二日以上五日

以下拘留又處五十錢以上一圓五十錢以下科料。

一於人家近傍又山林田野、濫爲火禁者。

二方水火及其他變受官吏之死傍觀而不肯之者。

三販賣不熟菓物又腐敗飮食者。

四違背爲保護健康所設規則爲預防傳染病規則者。

五在可人通行途于井溝其他凹所不覆其盖又不爲防圍者。

六於路上嗾犬及其他獸類使驚逸者。

七急於著守發狂人使徘徊路上者。

八急於繫鎖狂犬猛獸等放于路上者。

九　斃死人不受檢視而埋葬者。

十　毀損墓碑及路上神佛又污瀆者。

十一　污損神祠佛堂其他公建造之物者。

十二　公然罵詈嘲弄者但待其訴論其罪。

第四百二十七條　犯左錄諸件者處一日以上三日
以下拘留又處二十錢以上一圓二十五錢科料。

一　濫為車馬疾驅妨害行人者。

二　不肯制止兩辛車馬於羣集地者。

三　夜中無燈火疾驅車馬者。

四　堆積木石等於道路而不設防圍又怠標識點燈
者。

者、

五 投擲尾礫於道路家屋園圃者、

六 棄擲禽獸死屍於路道又不除之者、

七 投擲污穢物道路家屋園圃者、

八 違背警察規則為工商業者。

九 醫師稱託事故不應急病人招者、

十 死屍不為告而埋糞者。

十一 為流言浮說詐惑人者、

十二 妄說吉凶禍福又為稱禱符呪惑人圖利者、

十三 于私有地外濫設家屋墻壁又軒檻者、

十四　不得官許開床店扵路傍及河岸者。

十五　毁損路上植木市街常燈及厠場等者，

十六　毁棄汚損所揭示扵道路橋梁其他塲禁通行，

或示道路等之諸標者。

第四百二十八條　記左錄諸件者處一日扚留又處

十錢以上一圓以下料料。

一　官署所定價額物品以定價以上販賣。

二　扵渡船橋梁其他塲通行錢以定價以上取之又

故爲妨通行者。

三　渡船橋梁及其可給通行錢塲所不出其定額而

通行者、

四於路上爲類賭博商糶者、

五不受官許開劇塲及其他觀物又違背其規則者、

六毀損溝渠下水受官署督促不浚溝渠下水者、

七食物及其他商品羅列於路傍不肯制止者、

八不得官許放獸類於官有地又爲牧畜於其地者、

九爲身體刺文又業之者、

十解放他人所繫牛馬及其獸類者、

十一解放他人所係舟筏者、

第四百二十九條　犯左錄諸件者處五錢以上五十

錢以下科料．

一繫舟筏于可害橋梁又堤防之塲所者．

二牛馬諸車及其他物件橫置道路又堆積木石薪
炭等為妨害行人者。

三幷牽車馬為妨害行人者。

四幷舟于水路為通船妨害者。

五投棄氷雪塵芥等于路上者。

六受官署督促不掃除道路者。

七不肯制止遊戲路上為行人妨害者。

八牛馬忽其牽繫為行人妨害者。

九禁止出入之塲所濫爲出入者。

十榜示禁止通行處犯通行者。

十一發高聲放歌於道路不肯制止者。

十二酗酒喧噪於路上又醉臥者。

十三消路上常燈者。

十四樂爲書汚及爲人家墻壁之貼紙者。

十五毀損邸宅之番號標札招牌又貸家賣家之貼
紙其他報告榜標等者。

十六於他人田野園圃採食其菜菓又採折花卉者。

十七犯公園規則者。

十八遮於他人田圃强通行之又牽牛馬者。

第四百三十條 記載前毀條之外犯各地方便宜所

定違警罪者各從其罰則處斷。

行副護軍臣嚴

# 日本司法省 視察記 一・二

일본 사법성 시찰기 일・이

# 옮긴이


## 강혜종(姜慧宗)

연세대학교에서 영어영문학·국어국문학을 전공하고, 동대학원 국어국문학과에서 석·박사 학위를 받았다. 현재 연세대 강사로 재직 중이며, 조선시대 정론산문, 법텍스트 등에 관심을 두고 연구하고 있다. 최근 논문으로「古歡堂 姜瑋의「擬三政捄弊策」에 나타난 작자의식과 서술적 특징」(2020),「계유년(1633) 法制策 검토」(2020) 등이 있다.


## 유종수(柳鍾守)

경상대학교 법학과를 졸업하고, 한국고전번역원 부설 번역교육원에서 연수부와 전문과정을 거친 뒤 번역위원으로『승정원일기』를 번역하였다. 현재 조선대 인문학연구원 소속으로 한국고전번역원 번역 사업에 참여하고 있다. 역서로『일본국문견조건』(보고사, 2020),『동행일록』(보고사, 2020)이 있다.

조사시찰단기록번역총서 7

# 일본 사법성 시찰기 일·이

2020년 10월 30일 초판 1쇄 펴냄

**편저자** 엄세영
**옮긴이** 강혜종·유종수
**발행인** 김흥국
**발행처** 보고사

**책임편집** 이순민
**표지디자인** 손정자

**등록** 1990년 12월 13일 제6-0429호
**주소** 경기도 파주시 회동길 337-15 보고사 2층
**전화** 031-955-9797(대표), 02-922-5120~1(편집),
　　　 02-922-2246(영업)
**팩스** 02-922-6990
**메일** kanapub3@naver.com / bogosabooks@naver.com
http://www.bogosabooks.co.kr

ISBN 979-11-6587-108-6  94910
　　　 979-11-5516-810-3  (세트)
ⓒ 강혜종·유종수, 2020

정가 35,000원